Jürgen Schraten

Zur Aktualität von Jan Assmann

Aktuelle und klassische Sozial- und Kulturwissenschaftler|innen

Herausgegeben von
Stephan Moebius

Die von Stephan Moebius herausgegebene Reihe zu Kultur- und SozialwissenschaftlerInnen der Gegenwart ist für all jene verfasst, die sich über gegenwärtig diskutierte und herausragende Autorinnen und Autoren auf den Gebieten der Kultur- und Sozialwissenschaften kompetent informieren möchten. Die einzelnen Bände dienen der Einführung und besseren Orientierung in das aktuelle, sich rasch wandelnde und immer unübersichtlicher werdende Feld der Kultur- und Sozialwissenschaften. Verständlich geschrieben, übersichtlich gestaltet – für Leserinnen und Leser, die auf dem neusten Stand bleiben möchten.

Jürgen Schraten

Zur Aktualität von Jan Assmann

Einleitung in sein Werk

VS VERLAG

Bibliografische Information der Deutschen Nationalbibliothek
Die Deutsche Nationalbibliothek verzeichnet diese Publikation in der
Deutschen Nationalbibliografie; detaillierte bibliografische Daten sind im Internet über
<http://dnb.d-nb.de> abrufbar.

1. Auflage 2011

Alle Rechte vorbehalten
© VS Verlag für Sozialwissenschaften | Springer Fachmedien Wiesbaden GmbH 2011

Lektorat: Frank Engelhardt / Cori Mackrodt

VS Verlag für Sozialwissenschaften ist eine Marke von Springer Fachmedien.
Springer Fachmedien ist Teil der Fachverlagsgruppe Springer Science+Business Media.
www.vs-verlag.de

Das Werk einschließlich aller seiner Teile ist urheberrechtlich geschützt. Jede Verwertung außerhalb der engen Grenzen des Urheberrechtsgesetzes ist ohne Zustimmung des Verlags unzulässig und strafbar. Das gilt insbesondere für Vervielfältigungen, Übersetzungen, Mikroverfilmungen und die Einspeicherung und Verarbeitung in elektronischen Systemen.

Die Wiedergabe von Gebrauchsnamen, Handelsnamen, Warenbezeichnungen usw. in diesem Werk berechtigt auch ohne besondere Kennzeichnung nicht zu der Annahme, dass solche Namen im Sinne der Warenzeichen- und Markenschutz-Gesetzgebung als frei zu betrachten wären und daher von jedermann benutzt werden dürften.

Umschlaggestaltung: KünkelLopka Medienentwicklung, Heidelberg
Umschlagfoto: Privat
Druck und buchbinderische Verarbeitung: Ten Brink, Meppel
Gedruckt auf säurefreiem und chlorfrei gebleichtem Papier
Printed in the Netherlands

ISBN 978-3-531-16505-9

Inhaltsverzeichnis

Einleitung	7
1 Soziale Dimensionen des Werks: Biografische Notizen	11
2 Kognitive Dimensionen des Werks	13
2.1 Das kulturelle Gedächtnis	13
2.1.1 Die soziale Konstruktion des Gedächtnisses	14
2.1.2 Kommunikatives und kulturelles Gedächtnis	18
2.1.3 Mythomotorik	21
2.2 Schriftkultur	30
2.3 Politische Identität	37
2.4 Symbolisierungen kultureller Identität	48
2.5 Integrative Identität: Mythos und Weisheitsliteratur	51
2.5.1 Der Prozess der Thematisierung	55
2.5.2 Der Prozess der Selbstthematisierung	63
2.6 Distinktive Identität: Monumentaler Diskurs und Kosmotheismus	67
2.6.1 Die Umsetzung der Staatsideologie im Pyramidenbau	69
2.6.2 Die Umsetzung der Staatsideologie im Kosmotheismus	74
2.6.3 Chronotope der Staatsideologie	80
2.6.4 Implizite Theologie der Staatsideologie	84
2.6.5 Revolution der Staatsideologie	89
2.6.6 Kennzeichen der Ausdifferenzierung: Frömmigkeit und politische Gewalt	98
2.7 Mythomotorik eines kulturellen Gedächtnisses: Moses, der Ägypter	104
3 Wirkungsgeschichtliche Dimensionen des Werks	131
3.1 Monotheismus und Gewalt	131
3.1.1 Altes Testament und kulturelles Gedächtnis	132
3.1.2 Verzerrung im Spiegel	146
3.2 Boom der Erinnerungskulturen	151
3.2.1 Das Gedächtnis der Kulturwissenschaften	154
3.2.2 Erinnerungen, Medien und Struktur	163
Literatur	171

Einleitung

Auf den ersten Blick erscheint Ägyptologie als eine sehr spezifische, nicht vergleichend arbeitende Fachwissenschaft, deren sachlich und sozial eindeutig begrenzte Thematik den denkbar größten zeitlichen Abstand zu kultur- und sozialwissenschaftlichen Gegenwartsdiagnosen hat. Und weil Jan Assmann von 1976 bis zu seiner Emeritierung 2003 Professor für Ägyptologie an der Ruprecht-Karls-Universität in Heidelberg gewesen ist, stellt sich dem Leser womöglich zunächst die Frage: Worin liegt die Aktualität von Jan Assmann für gegenwartsbezogene Kultur- und Sozialwissenschaften? Darauf gibt es mindestens drei gute Antworten: Eine institutionelle, eine öffentlichkeitsbezogene und eine kultur- und sozialwissenschaftliche.

Die institutionelle Antwort lautet, dass Jan Assmann nach seiner Emeritierung seit 2005 als Honorarprofessor für Religionsgeschichte und allgemeine Kulturwissenschaft an der Universität Konstanz tätig ist und am dortigen Exzellenzcluster *Kulturelle Grundlagen von Integration* maßgebliche Arbeit leistet. Dies weist darauf hin, dass eingehende Kenntnisse über die reichhaltig dokumentierte, sehr frühe Phase der Menschheitsgeschichte in Ägypten erhebliche Verständnishilfen für aktuell relevante Problemstellungen bereit halten.

Die zweite Antwort bezieht ihre Substanz aus der Beobachtung der allgemeinen, von Massenmedien geprägten Öffentlichkeit, in der Jan Assmann bekannt und präsent ist. So sendete beispielsweise das ZDF im Juni 2009 an drei Sonntagen zur besten Sendezeit die mehrteilige Reportage „Die biblischen Plagen" aus ihrer populärwissenschaftlichen Reihe „Terra X", die archäologische und historische Themen für ein breites Fernsehpublikum aufbereitet. In dem Dreiteiler über die biblische Schilderung der zehn Plagen, die Gott Jahwe dem heiligen Text zufolge über Ägypten heraufbeschwor, um den Pharao zur Freilassung der Hebräer zu bewegen, war Jan Assmann einer von drei interviewten Experten (neben einem Theologen und einem Biologen), der dem Publikum verständlich und kompetent Auskunft erteilte.

Es gibt aber auch weniger erfreuliche und sehr viel konfliktträchtigere Aufmerksamkeit: In seiner Weihnachtsausgabe 2006 veröffentlichte das Nachrichtenmagazin *Der Spiegel* mit dem reißerischen Aufmacher „Gott kam aus Ägypten" eine Titelgeschichte „Das Testament des Pharao" (Spiegel 52/2006: 112-123), ergänzt durch ein Interview mit Jan Assmann (Spiegel 52/2006: 118 f.). Der Autor des vom Interview unabhängigen Artikels, Matthias Schulz, schlug dabei unübersehbar antisemitische Töne an, die öffentliche Empörung auslösten. Durch die Referenz auf Jan Assmann und das nebenbei abgedruckte Interview entstand der Eindruck, dass auch er diese antisemitischen Thesen verträte – was nicht der Fall war und ist. Während ein offener Protestbrief Assmanns an den *Spiegel* ungedruckt blieb, bot der Journalist Hannes Stein am 13. Januar 2007 in der Tageszeitung *Die Welt* in einem weiteren Interview Jan Assmann die Gelegenheit, sich deutlich zu distanzieren. Die Einzelheiten dieser Debatte werden im dritten Abschnitt dieses Buches geschildert.

Beide Fälle zeigen, dass Jan Assmann ein öffentlich präsenter Ägyptologe ist, der zu gegenwärtig debattierten Fragen immer wieder zu Rate gezogen wird.

Die kultur- und sozialwissenschaftliche Antwort nach der Relevanz der Werke Jan Assmanns soll im Rahmen der vorliegenden Publikation in vier Aspekte unterteilt werden: Da ist zum einen das Thema der *Erinnerungskulturen*, das seit den 1990er Jahren in internationalem Maßstab einen sehr fruchtbaren und wirkungsmächtigen interdisziplinären Forschungsbereich der Geistes-, Kultur- und Sozialwissenschaften ausmacht. Kaum eine Publikation zu diesem Thema kommt ohne den Verweis auf die Arbeiten Jan Assmanns und seiner Ehefrau Aleida Assmann aus, die beide bereits in den 1980er Jahren insbesondere mit einer Re-Aktualisierung von Gedächtniskonzepten sowie Untersuchungen zur Auswirkung von Schriftlichkeit und Literatur das Feld für diese neue Forschungslandschaft bereiteten. Zweitens hat Jan Assmann eine Reihe von Veröffentlichungen vorgelegt, die – um es in soziologischen Jargon zu übersetzen – frühe gesellschaftliche Ausdifferenzierungsprozesse an einem empirischen Fall untersucht haben: Nämlich wie sich im alten Ägypten eine Vorstellung von der eigenen Staatlichkeit allmählich in die Bereiche Staat, Kult und Religion ausgliederte, freilich nicht in einem linearen Prozess. Die in diesem Rahmen stehenden Untersuchungen zu ägyptischer Religiosität und einer gesellschaftlich vertikalen Gerechtigkeitsidee liefern eine Anschlussmöglichkeit für den dritten Themenkomplex: Die europäische Kulturgeschichte weist geradezu eine Faszination für die altägyptische Vergangenheit aus, exemplarisch wahrnehmbar an Mozarts *Zauberflöte*.[1] Genaugenommen handelt es sich bei der Ägypten-Rezeption der Barock- und Aufklärungszeit, die insbesondere in den kulturellen Riten der Freimaurer schlagenden Ausdruck fand (und findet), um eine *Ägyptologie vor Entzifferung der Hieroglyphen*. Jan Assmann erschließt auch diese wissenschaftlich meist missachteten Quellen, nicht *trotz* ihrer geschichtswissenschaftlich unhaltbaren Vermutungen, sondern *wegen* ihres prägenden *kulturellen* Einflusses. Zum vierten sprechen die Kultur- und Sozialwissenschaften seit einigen Jahren vom *postsäkularen Zeitalter*, weil ein zentrales Grundmotiv vieler Theorien der Moderne – nämlich jenes von der evolutionären Abnahme der Religiosität in *aufge-*

---

1 Diese Faszination hält bis in die Gegenwartskultur an, wenn man an Kinofilme wie Roland Emmerichs *Stargate* (1994) denkt – dieses Segment ist allerdings nicht das Thema von Jan Assmann.

klärter Gesellschaft – sich als empirisch falsch erwiesen hat. Ob es nun um das gewaltträchtige Konfliktpotenzial von Weltreligionen geht oder um die zeitgleiche Präsenz verschiedener religiöser Konzepte im Rahmen globalisierter Nationalstaaten – Jan Assmann hat zu diesen Themen schlagkräftige Argumente vorzubringen, weil sein Fachgebiet Ägyptologie seit jeher mit der Entstehung des Staates und der Ausdifferenzierung religiösen Sinns befasst ist.

1 Soziale Dimensionen des Werks: Biografische Notizen

Die biografischen Notizen beginnen mit der vielleicht überraschenden Auskunft, dass Jan Assmann eigentlich Johann Christoph Assmann heißt. Doch bereits seine Eltern nannten ihn, wie das in seiner Heimat Lübeck für einen Johann durchaus üblich ist, nur Jan. Da alle wissenschaftlichen Schriften nur einen Jan Assmann kennen, schließt sich auch diese Publikation dieser norddeutschen Gepflogenheit an. Als Schüler galten Jan Assmanns Hauptinteressen der Musik und dem Griechischen, so dass nach dem Abitur eine Entscheidung für eine Studienrichtung zu fällen war, die zugunsten der Gräzistik ausfiel. Motiviert von der Idee einer Kulturgeschichte des Mittelmeerraumes traten die Klassische Archäologie, der Erwerb einschlägiger Sprachkenntnisse und schließlich die Ägyptologie als Studienfächer hinzu. 1960 verbrachte Jan Assmann ein Studienjahr in Paris, gefolgt von weiteren Besuchen in der Stadt, die 1962 zu einer entscheidenden intellektuellen Begegnung führten: Mit dem gerade erschienenen *La Pensée Sauvage* von Claude Lévi-Strauss, das als *Das wilde Denken* ins Deutsche übersetzt wurde (vgl. Lévi-Strauss 1973). In diesem Buch rehabilitierte Lévi-Strauss das Denken bis dahin *primitiv* genannter Kulturen als eine *andere*, aber keineswegs der Abstraktionskraft entbehrende oder unsystematische Betrachtung der Welt. Damit eröffnete es Jan Assmann einen spezifischen Blickwinkel auf fremde Kulturen, der für ihn prägend wurde: Auch das ägyptische Weltbild der fernen Vergangenheit konnte als Variante betrachtet werden, durch „Gruppenbildungen von Dingen und Lebenwesen den Anfang einer Ordnung im Universum zu etablieren." (Lévi-Strauss 1973: 21) 1963 bei einem Aufenthalt im schwedischen Uppsala gab der Kontakt mit einem ägyptologischen Archiv den entscheidenden Impuls zur Kombination von strukturalistischer Theorie und ägyptischer Archäologie. Schließlich stiftete ein Reisestipendium des Deutschen Archäologischen Instituts in Kairo 1966/67 die Grundlage für eine bis heute andauernde archäologische Tätigkeit in Ägypten, insbesondere an den thebanischen Beamtengräbern der Saiten- und Ramessidenzeit. Die signifikante Neuerung, die Jan Assmann hierbei in die Ägyptologie einbrachte, bestand darin, diese Gräber nicht mehr nur als Bauwerke, sondern als Textquelle zu erschließen. Form und Inhalt der in den Gräbern aufgezeichneten Texte wurde als Anknüpfungspunkt zur Rekonstruktion des altägyptischen Verständnisses der Welt betrachtet.

Eine wichtige Grundlage in der weiteren ägyptologischen *als* kulturwissenschaftlichen Arbeit der folgenden Jahrzehnte bildet nach 1968 die wissenschaftliche Kooperation mit seiner Ehefrau Aleida Assmann, die neben der Ägyptologie einen Schwerpunkt in der Anglistik hat. Die intensiven linguistischen Studien beider in den 1970er Jahren, die unter dem prägenden Einfluss des Strukturalismus standen, erzeugten in der Kombination mit der Ägyptologie eine spezifische Spannung: Denn hier wurde eine in zeitloser Abstraktion fundierte Theorie mit archäologisch abgesicherter Geschichtswissenschaft konfrontiert. Das Ergebnis war die Gründung des Arbeitskreises „Archäologie der literarischen Kommunikation" im Jahre 1979, der keine feste personelle Zusammensetzung und abgegrenzte Themenstellung hat, und seit seiner Gründung jeweils über ein Dutzend Tagungen und daraus hervorgehende Sammelbände an die Öffentlichkeit brachte. Die Aufgabenstellung dieser Gruppe liefert für das Verständnis des Gesamtwerks von Jan Assmann eine rahmende Beschreibung: Das Literarische kommt als Kulturprodukt und damit als Ergebnis gesellschaftlicher Handlungsweisen in die Welt. Um es zu verstehen, sind Kenntnisse über diese Ursprünge von entscheidendem Wert. Daher haben Altertumswissenschaften und Kulturanthropologien entscheidende Beiträge zu diesem Arbeitskreis geliefert. Als wegweisend zeichnet die Gruppe sicher aus, dass sie von Beginn an den europäischen Horizont überschritt und auch Fächer wie Sinologie und Indologie in die Forschungen einbezog.

Institutionell war Jan Assmann, der sich 1971 habilitierte, von 1976 bis 2003 als Professor für Ägyptologie an der Ruprecht-Karls-Universität in Heidelberg beschäftigt. Seither ist er Honorarprofessor für allgemeine Kulturwissenschaft an der Universität Konstanz.

Er absolvierte verschiedene Forschungs- und Auslandsaufenthalte, unter anderem als Fellow am Wissenschaftskolleg zu Berlin (1984/1985), Gastprofessuren in Paris (Collège de France und École Pratique des Hautes Études, EHESS), in Jerusalem (Hebräische Universität Jerusalem, Dormitio-Abtei) und in den USA (Rice University, Houston; Yale University, New Haven; University of Chicago). Jan Assmann ist unter anderem Mitglied der Heidelberger Akademie der Wissenschaften und des Wissenschaftlichen Beirats des Kulturwissenschaftlichen Instituts Essen. 1996 wurde er mit dem Max-Planck-Forschungspreis ausgezeichnet, erhielt 1998 den Preis des Historischen Kollegs und die Ehrendoktorwürde der Evangelischen Theologischen Fakultät der Westfälischen Wilhelms-Universität Münster. 2004 folgte die Ehrendoktorwürde „Doctor of Social Sciences honoris causa" an der Yale University in New Haven, USA und 2006 die Ehrendoktorwürde Dr. phil. h.c. der Hebräischen Universität Jerusalem. Im Jahre 2006 wurde Jan Assmann das Bundesverdienstkreuz Erster Klasse verliehen und er erhielt den Alfred-Krupp-Wissenschaftspreis. Ein Jahr später folgte der Europäische Essay-Preis Charles Veillon. Mit diesem kleinen Ausschnitt der wichtigen akademischen Mitgliedschaften und Auszeichnungen sei exemplarisch dokumentiert, dass die wissenschaftlichen Leistungen Jan Assmanns weltweit anerkannt sind.

2 Kognitive Dimensionen des Werks

Die kognitiven Dimensionen des Werks werden in sieben Abschnitte unterteilt aus einer gesellschaftswissenschaftlichen Perspektive gegliedert. Die ersten drei Abschnitte befassen sich mit jeweils einem Hauptargumentationsstrang von Jan Assmanns vermutlich erfolgreichstem Werk *Das kulturelle Gedächtnis* (Assmann, Jan 2005a): Diese Unterteilung wird dem Untertitel des Werkes entnommen und ermöglicht die sinnvolle Integration anderer Arbeiten. Im ersten Unterabschnitt wird das kulturelle Gedächtnis definiert und vom kommunikativen unterschieden. Im zweiten Unterkapitel wird Schriftlichkeit thematisiert, weil sie einen evolutionär entscheidenden Schritt zur Verbreitung eines kulturellen Gedächtnisses darstellt, aber auch Probleme der Integrität hervorruft. Diese Fragen der Integration von Kollektiven werden in Kapitel 2.3 unter dem Titel „Politische Imagination" zunächst theoretisch erörtert. Das Werk Jan Assmanns zeichnet sich aber auch dadurch aus, dass es ausführliche ägyptologische Untersuchungen vorweist, aus denen sich die theoretischen Konzepte herausschälen. Deshalb schließt in Kapitel 2.4 die Nachverfolgung der Verbreitung symbolisierter Identitäten an, um dann den integrativen Modus von dem sich allmählich herausbildenden distinktiven Modus zu unterscheiden. Den historisch bedeutsamsten Umschlag einer distinktiven Identität erblickt Jan Assmann in der Herausbildung so genannter „sekundärer Religionen" (Assmann, Jann 2003c: 11) im Monotheismus. Deren Auswirkungen, in Verknüpfung mit seinem eigenen Konzept des kulturellen Gedächtnisses, hat Assmann in *Moses der Ägypter* entfaltet und damit eine anhaltende, interdisziplinäre Debatte ausgelöst. Daher bildet die Einführung in die Argumentationslinien, aber auch Probleme von *Moses der Ägypter* das abschließende Unterkapitel dieses kognitiven Teils der Einführung. Die Kritiken und Reaktionen darauf werden den nachfolgenden wirkungsgeschichtlichen Teil dieser Publikation einleiten.

2.1 Das kulturelle Gedächtnis

Das „im deutschsprachigen Raum meistdiskutierte Konzept der kulturwissenschaftlichen Gedächtnisforschung" (Erll 2005: 27) findet sich von Jan Assmann erstmals 1992 systematisch entfaltet in *Das kulturelle Gedächtnis*.[1] Dieses Werk wartete gegenüber bis dahin vorherrschenden Konzepten mit zwei Besonderheiten auf: Zum einen wurden vergangenheitsbezogene Texte, die narrative Perspektivierungen und normative Prägungen enthielten, nicht länger zugunsten einer angeblichen *Objektivität* von Geschichte als *Ideologie* und *Mythos* zurückgewiesen (vgl. Assmann, Aleida 2006: 30), sondern gerade die Entstehung und Funktionen solcher Wertungen bildeten ab hier den Kern des Forschungsinteresses. Wie Jan Assmann es zur Einführung für das englischsprachige Lesepublikum prägnant zum Ausdruck brachte: „Mnemohistory is reception theory applied to history." (Assmann, Jan 1997: 9) Es ist sicher kein Zufall, dass sich innerhalb der Bundesrepublik diese Auffassung allmählich im Nachklang der Konflikte Bahn brach, in denen seit Ende der 1970er Jahre um den Platz des Andenkens an die Schoah in der hiesigen Öffentlichkeit gestritten worden war. Somit ist die Arbeit zum *kulturellen Gedächtnis* auch als wissenschaftlicher Beitrag zur Frage nach den normativen Mechanismen erinnerter Geschichte zu verstehen. Und verbunden damit wird zum anderen *Erinnerung* nicht mehr als Verzerrung und unvollkommene Variante *der* Geschichte missachtet, sondern als identitätsbildende und handlungsleitende Version der Vergangenheit in der jeweiligen Gegenwart wissenschaftlich reflektiert. Diese beiden Besonderheiten lassen sich im folgenden anhand der drei Einzelaspekte Erinnerung, Schrift und politische Identität in frühen Hochkulturen erläutern, die auch den Untertitel von Assmanns Standardwerk bilden.

Zunächst wird die Bedeutsamkeit der Erinnerung für den zeitgenössischen Umgang mit der Vergangenheit in drei Unterabschnitten zur sozialen Konstruktion des Gedächtnisses, zur Unterscheidung von kommunikativem und kulturellem Gedächtnis und zum Begriff der Mythomotorik erläutert.

2.1.1 Die soziale Konstruktion des Gedächtnisses

Ausgangspunkt der Untersuchung von Erinnerungskultur bildet bei Jan Assmann die Annahme, dass wir es hierbei mit einer gruppenbezogenen Erscheinung zu tun haben, und zwar in einem doppelseitigen Sinne: Denn zum einen seien keine Gruppen von Beständigkeit zu finden, die sich *nicht* auf eine gemeinsam geteilte Vergangenheit berufen – genau genommen mache erst die Behauptung, morgen *dieselbe* Gruppe zu sein wie gestern und heute, eine Gruppe aus. Zum anderen

---

[1] Die zahlreichen Vorarbeiten, die meistens aus dem unmittelbaren Umfeld von Jan und Aleida Assmann – oder von ihnen selbst – stammen, werden in die Betrachtung mit einbezogen. Trotz dieser Vorarbeiten kann das Erscheinen von *Das kulturelle Gedächtnis* aufgrund seiner Rezeptionsgeschichte als Startpunkt einer expliziten Debatte zu Gedächtniskonzepten gelten.

2 Kognitive Dimensionen des Werks

entstehe Vergangenheit überhaupt erst, indem Bezug auf sie genommen werde. Aus dem fortwährenden Fluss der Ereignisse würden nur diejenigen als Vergangenheit durch das Bewusstsein erinnert, die bezeugt seien und die eine „charakteristische Differenz" (Assmann, Jan 2005a: 32) zur Gegenwart aufwiesen. Es muss also zu einem erkennbaren Bruch gegenüber der Vergangenheit kommen, damit diese bewusst als solche wahrgenommen wird: Gesellschaft besteht zu einem großen Teil aus der fortlaufenden Aktualisierung von Zuständen, ohne dass diesen anhaltende Aufmerksamkeit geschenkt würde und sie Eingang in die Erinnerung fänden. Erst die hervorhebende Kennzeichnung, durch Zeugnisse dauerhaft bewahrt, macht sie für die Erinnerung verfügbar. Derjenige Faktor, der einen solchen Unterschied zum Gestern am nachdrücklichsten ins Bewusstsein der Akteure treten lässt, ist der Tod als unwiderruflicher Kontinuitätsbruch. Dies mag auch verdeutlichen, warum ein Ägyptologe zu den führenden Initiatoren des neuen Forschungsansatzes *Erinnerungskulturen* gehört: Sowohl die bis auf den heutigen Tag atemberaubende Bauleistung der Pyramiden als auch die nicht minder beeindruckende Konservierung ebenso alter menschlicher Körper durch Mumifizierung sind als kulturelle Versuche zu deuten, den *Kontinuitätsbruch Tod* zumindest symbolisch zu überwinden. Diese beiden kulturellen Artefakte inspirieren bis auf den heutigen Tag zahlreiche fiktionale Erzählungen, die ihre Aufmerksamkeit letztlich aus dem schieren Unglauben beziehen, dass Menschen bereits vor 4600 Jahren zu solch beeindruckenden Energie- und Organisationsleistungen wie den Pyramiden von al-Giza im Stande gewesen sind. Damit wird indirekt ein weiteres Mal der Erfolg dieser Bestrebungen nach Ewigkeit dokumentiert, wobei Jan Assmann an dieser Stelle darauf verweist, dass der verbreitete Sprachgebrauch, wonach „der Tote in der Erinnerung der Nachwelt *weiterlebt*" (Assmann, Jan 2005a: 33) einer perspektivischen Täuschung unterliege: Denn die Leistung gehe nicht etwa vom Toten, sondern von den noch Lebenden aus, ihn „kraft der Erinnerung als Mitglied der Gemeinschaft festzuhalten" (Assmann, Jan 2005a: 33). Der bewusste Rückgriff einer Gruppe auf die Vergangenheit erläutere auch, warum der herkömmliche Terminus der *Tradition* zur Kennzeichnung des Forschungsgegenstandes ungeeignet sei, denn dieser Begriff „verkürzt das Phänomen um den Aspekt der Rezeption, des Rückgriffs über den Bruch hinweg" (Assmann, Jan 2005a: 34).

Zentraler Stichwortgeber für die damit angesprochene *soziale Konstruktion des Gedächtnisses* durch den bewussten Rückgriff einer Gruppe auf die Vergangenheit ist der französische Soziologe Maurice Halbwachs.

Maurice Halbwachs (1877-1945) war französischer Soziologe. In einem Umfeld mit hohem Bildungsstandard aufgewachsen, studierte er in Deutschland und rezipierte früh die amerikanische Soziologie. Er war maßgeblich von zwei französischen Denktraditionen geprägt: Zum einen war Henri Bergson (1859-1941) sein Lehrer auf dem Gymnasium und auch später an der Universität, zum anderen lernte Halbwachs von (und kooperierte mit) Émile Durkheim (1858-1917) und dessen Schülern. Seine Promotion von 1909 war, wie die meisten Arbeiten seiner ersten Jahre, empirisch geprägt. Ab 1919 hielt er den zunächst einzigen französischen Lehrstuhl für Soziologie in Strasbourg inne, wechselte 1935 nach Paris an die Sorbonne und wurde 1943 ans Collège de France berufen. Er arbeitete zur Stadtsoziologie und Sozialpolitik und erweiterte die Thesen seines Lehrers Durkheim zur Religionssoziologie und zum Selbstmord. 1925 veröffentlichte er seine erste Arbeit zum kollektiven Gedächtnis, die unter dem Titel *Das Gedächtnis und seine sozialen Bedingungen* in deutscher Sprache erschienen ist. An einem zweiten theoretischen Werk zu diesem Thema arbeitete er viele Jahre, ohne dass es noch fertig gestellt wurde. Es erschien 1950 posthum und ist in deutscher Sprache unter dem Titel *Das kulturelle Gedächtnis* bekannt. Noch zu Lebzeiten Halbwachs' erschien 1941 eine Fallstudie, die mittlerweile unter dem Titel *Stätten der Verkündigung im Heiligen Land* (Halbwachs 2003) auch in deutscher Übersetzung verfügbar ist. Halbwachs war Zeit seines Lebens politisiert, unter anderem erhielten nach 1933 vom Nationalsozialismus Vertriebene seine Unterstützung. Am 26. Juli 1944 wurde er wegen der Widerstandstätigkeit seines Sohnes von der Gestapo in Paris verhaftet und ins KZ Buchenwald verschleppt. Dort starb er am 16. März 1945 an den Folgen der Vernichtung durch Arbeit, worüber Jorge Semprun ergreifend berichtet hat (vgl. Semprun 1995). Nach seinem Tod wurden seine Arbeiten zunächst kaum beachtet, erst in den 1960er Jahren wuchs die Aufmerksamkeit wieder an, bis Halbwachs durch das Thema *Erinnerungskulturen* erneute Prominenz erlangte.

Ein Verständnis der Hauptthese Halbwachs' erzielt man vermutlich am besten, indem man das häufigste Missverständnis über die Rede vom *kollektiven Gedächtnis* ausräumt. Dieser Begriff ist nämlich gerade *nicht* metaphorisch gemeint, so als könne man bei sozialen Gruppen ein Phänomen beobachten, das wie ein Gedächtnis bei den Individuen funktioniere und wirke, sondern Halbwachs denkt die Beziehung genau umgekehrt: Nur wenn Menschen miteinander kommunizieren und interagieren und dabei gemeinsame Elemente ihres Zusammenlebens als bedeutungsvoll ausweisen, finden diese überhaupt Eingang in die Erinnerung, und daher sei auch die individuelle Erinnerung nichts anderes als ein subjektiver Ausschnitt aus solcher kollektiver Erinnerung. Für Halbwachs läuft diese These tatsächlich auf die Leugnung jedes individuellen Anteils an der Gedächtnisleistung hinaus. So weit will Jan Assmann gar nicht gehen, denn der für Erinnerungskulturen entscheidende Punkt ist für ihn bereits erreicht: Erst der Austausch eines Kollektivs über einen gemeinsamen Bezugsrahmen schaffe die Voraussetzung dafür, dass eine Vergangenheit in das kollektive Gedächtnis dieser Gruppe eingehe. Damit ist zugleich auch das Phänomen des Vergessens er-

2 Kognitive Dimensionen des Werks

klärt: Wenn ein Bezugsrahmen für Phänomene der Gegenwart gar nicht entsteht oder verloren geht, gibt es auch keinen Anhaltspunkt, anhand dessen man sich ihrer Existenz rückwirkend vergewissern könnte. Vergangenheit verschwindet dann buchstäblich *spurlos* im Verlauf der Zeit (vgl. Assmann, Jan 2005a: 36 f.). Daran schließt sich die Frage an, was genau denn erforderlich ist, damit sich eine Erinnerung bildet. Zur Beantwortung dieser Frage greift Jan Assmann auf die Fallstudie *Stätten der Verkündigung im Heiligen Land* von Maurice Halbwachs zurück, in der dieser die Herausbildung einer christlichen Erinnerung an die Orte des Geschehens untersucht hatte, obwohl es in den meisten Fällen für die Frühgeschichte dieser Religion weder zuverlässige Augenzeugenberichte noch archäologisch eindeutige Funde gibt. Halbwachs schreibt, „eine solche Art Wahrheit muss sich, um im Gedächtnis einer Gruppe festmachen zu können, in der konkreten Gestalt eines Ereignisses, eines bestimmten Menschen oder eines Ortes darstellen." (Halbwachs 2003: 163) Diese Annahme erweitert und systematisiert Jan Assmann dahingehend, dass Vergangenes nicht nur einen räumlichen Rahmen und einen zeitlichen Bezugspunkt brauche, sondern auch eine konkrete Gruppe, die es als ihren identitären Bestandteil lebendig halte. Und da dieses Vergangene in keinem einzelnen Individuum in all seinen Aspekten umfassend erinnert würde, sondern lediglich in der sozialen Zusammenschau durch die Gruppe als Vergangenheit wieder erscheine, könne von einer *Rekonstruktivität* jeder Erinnerung gesprochen werden: Denn zur Vervollständigung eines Vergangenheitsbildes muss ein Individuum auf Elemente zurückgreifen, die außerhalb seines eigenen Erlebnis- und Erfahrungshorizontes liegen. „Aus diesem Zusammenspiel von Begriffen und Erfahrungen entstehen, was wir *Erinnerungsfiguren* nennen wollen." (Assmann, Jan 2005a: 38) Mit diesem Begriff lassen sich Phänomene der Veränderung wie der Störung von kollektiven Selbstverständnissen erläutern: So ist eine Gesellschaft, die einen revolutionären Wandel durchgemacht hat, eine *neue* Gruppe trotz personeller Kontinuität, wenn beispielsweise nicht mehr die Rechtfertigungen eines Ancien Régime, sondern die Überwindung eines vergangenen Unrechts das Thema der Bezugspunkte bildet, durch die sie sich definiert. Ebenso wird deutlich, wie die rückwirkende Veränderung der Erinnerung etwa durch die systematische Eliminierung von Personen aus Schriften, Bildern und anderen Zeugnissen zu einer Destabilisierung der Gruppe führen kann, weil auch die sich Erinnernden damit nicht mehr zur Gruppe gehören – oder ihre Erinnerung korrigieren müssen.[2]

Anhand dreier Unterscheidungen ordnet Halbwachs den Begriff der *Historie* gegenüber dem der Erinnerung in einer gegenläufigen Richtung an. Während erstens Geschichte an den perspektiv- und wertfreien, universal gültigen Darstel-

---

2 In literarisch beeindruckender Dichte sind diese Phänomene geschildert in George Orwells *1984* (Orwell 1977).

lungen der Vergangenheit interessiert sei, bedürfe das Gedächtnis der Erinnerungsfiguren. Die Geschichte fokussiere zweitens auf Brüche, Wandlungen und Differenzen, während die Erinnerung sich auf Kontinuitäten und Beständigkeit berufe. Und drittens könne es *die Geschichte* sinnvoll nur im Singular geben, während Erinnerungen aufgrund ihrer Verteilung in der sozialen Gruppe immer nur im Plural vorhanden seien. Daraus schlussfolgernd konstruiert Halbwachs das Verhältnis als eine Abfolge: Wenn aus Erinnerungen die Konkretisierungen, Wertungen und Perspektivierungen allmählich heraus gefiltert würden, entstehe als neutrales Substrat *die Geschichte*. Die Arbeit des Historikers finde zwischen den beiden Extrempolen dieser Konstruktion statt: Denn subjektiv allzu reichhaltig ausgeschmückte Erinnerungen seien nur noch *Geschichten* ohne allgemeinen Belang, aber eine von jedem normativen oder emotiven Gehalt befreite Vergangenheit stelle nur noch Fakten vor, die niemandem mehr etwas bedeuteten und daher nur als „funktionsloses Artefakt" (Assmann, Jan 2005a: 44) in wissenschaftlichen Schriften existiere.

Diese soziale Konstruktion von Erinnerung nimmt Jan Assmann zum Ausgangspunkt für eine entscheidende Erweiterung, die Halbwachs nicht erwogen hatte: Statt anhand einer eng begrenzten sozialen Gruppe untersucht Assmann die Fruchtbarkeit des Konzepts auf der Ebene ganzer Kulturen und unterscheidet zu diesem Zweck das kommunikative vom kulturellen Gedächtnis.

2.1.2 Kommunikatives und kulturelles Gedächtnis

Einleitend soll betont werden, dass Jan Assmann insgesamt vier Dimensionen des Gedächtnisses beobachtet: Erstens das *mimetische Gedächtnis* des Handelns, erlernt durch Imitation. Zweitens das *Gedächtnis der Dinge*, womit er die Produkte menschlichen Schaffens bezeichnet wissen will, die aufgrund dieser Herkunft eben auch einen Zeitindex enthielten. Drittens das *kommunikative* und viertens das *kulturelle Gedächtnis* (vgl Assmann, Jan 2005a: 20), die nun ausführlicher dargestellt werden.

Der Unterschied von kommunikativem und kulturellem Gedächtnis macht sich in schriftlosen Kulturen zunächst an einer Lücke fest. Der Historiker und Anthropologe Jan Vansina hat in der Untersuchung von Erzählungen solcher Völker über ihre Herkunft dieses eigentümliche Fehlstück im Zeitablauf festgestellt, das sich auch für die europäische Frühgeschichte bestätigen ließ: Zwischen den Berichten über ihren Ursprung einerseits und den Erinnerungen an Geschehnisse der jüngeren Vergangenheit der Gruppen andererseits tue sich das „floating gap" (zit. n. Assmann, Jan 2005a: 48) einer undokumentierten und undefinierten Zeitspanne auf. Dieser fließende Übergang werde oftmals durch Genealogien

2 Kognitive Dimensionen des Werks

von Herrschern überwunden – so auch im Falle der ägyptischen Pharaonenlisten (vgl. Assmann, Jan 2005a: 67 f., 73). Die solchermaßen in zwei Teile gespaltene Zeit unterscheidet Jan Assmann in absolute und relative Vergangenheit, die sich in schriftlosen Kulturen mit dem Unterschied von kultureller und kommunikativer Erinnerung weitestgehend decke, weil jenseits des kommunikativen Austauschs nur mythische Berichte verfügbar seien.

In den jüngeren Schichten der relativen Vergangenheit befänden sich jene sozial kolportierten Erfahrungen und Erlebnisse, die als kommunikatives Gedächtnis typischerweise etwa 80 bis 100 Jahre umfassten. Diese Zeitspanne ergibt sich aus der Vergangenheit, die drei bis vier Generationen miteinander teilen, indem sie über ihre persönlichen Erinnerungen direkt kommunizieren. Dies heißt auch, dass die strukturelle Veränderung von familiären Sozialstrukturen, wie sie etwa gegenwärtig in Mittel- und Nordeuropa mit der Tendenz von der Drei- zur Zwei-Generationen-Familie zu beobachten ist, eine Schrumpfung des kommunikativen Gedächtnisses bewirken kann, weil es auf ein tatsächlich geteiltes kollektives Gedächtnis zwischen Großeltern- und Enkelgeneration angewiesen ist. Die durchschnittlich höhere Lebenserwartung hingegen bewirkt eine relative Verlängerung dieses Abschnitts. In der Mitte dieser Zeitspanne erscheine zudem eine „kritische Schwelle" (Assmann, Jan 2005a: 51), die nicht etwa arithmetisch berechnet ist, sondern aus den 40 Jahren resultiert, die in etwa den Zeitraum eines aktiven Erwachsenenlebens mit verantwortlichen Handlungen und prägenden Erfahrungen umfasst, denn beim Überschreiten dieser Schwelle durch Erreichen des Ruhestands wachse der „Wunsch nach Fixierung und Weitergabe. [...] Was heute noch lebendige Erinnerung ist, wird morgen nur noch über Medien vermittelt sein." (Assmann, Jan 2005a: 51).

Damit ist das entscheidende Kriterium der Abgrenzung zum kulturellen Gedächtnis genannt: Es setzt ein, wenn biografische Erinnerungen versiegen, weil soziale Interaktion nicht mehr stattfindet, „es ist eine Sache institutionalisierter Mnemotechnik. Das kulturelle Gedächtnis richtet sich auf Fixpunkte in der Vergangenheit." (Assmann, Jan 2005a: 52) Aus diesem Aspekt des Gedächtnisses speist sich eine Rehabilitierung des Mythos, der nicht länger eine Geschichtsfälschung darstellt, sondern als Erinnerungsfigur den lebendigsten Teil der Vergangenheit darstellt: „Vergangenheit, die zur fundierenden Geschichte verfestigt und verinnerlicht wird, ist Mythos, völlig unabhängig davon, ob sie fiktiv oder faktisch ist." (Assmann, Jan 2005a: 76) Der Mythos ist nicht nur Ursprung, sondern auch Begründung des Bestandes der Gruppe, die ihn als den ihren präsent hält. Er verkörpert innerhalb des kulturellen Gedächtnisses die absolute, nicht bestimmbare Vergangenheit.

Relativiert werden muss an diesem Punkt das Verständnis der Abfolge von Geschichte und Erinnerung im Sinne Halbwachs': Aus dem Entschwinden einer

Vergangenheit in die zeitliche Ferne resultiert nicht eine Metamorphose von *Erinnerungen* in *Geschichte*, sondern durch „Arbeit am Mythos" (Blumenberg 2006; vgl. Assmann, Jan 1984: 143), also durch die Verdichtung im sozialen Austausch der Berichte über die eigene Herkunft, entsteht ein bedeutungsgeladenes Begründungsnarrativ. Damit wird auch eine abermalige Einschränkung des Begriffs des kommunikativen Gedächtnisses notwendig: Sinnvoll ist dieser Begriff nur für die Erzählung tatsächlich biografischer Bezüge und die als *eigene* empfundene Vergangenheit, denn die miteinander Lebenden kommunizieren natürlich nicht nur über ihre sinngebende Umwelt, sondern unter anderem auch über fiktive Bezüge oder für Identität indifferent bleibende Angelegenheiten. Mit wachsendem Lebensalter wird es zunehmend schwierig, *Erzählungen über* von tatsächlichen *Erfahrungen* der eigenen Kindheit zu unterscheiden.

Zunächst konzentriert sich die Darstellung auf die Ausformung des kulturellen Gedächtnisses, dem „etwas Sakrales anhaftet. Die Erinnerungsfiguren haben einen religiösen Sinn, und ihre erinnernde Vergegenwärtigung hat oft den Charakter des Festes. […] Kollektiven Identitäten haftet etwas Feierliches, Außeralltägliches an." (Assmann, Jan 2005a: 52f.) „Religiös" wird hier, ganz im Sinne Ulrich Becks (Beck 2008: 69-71) als Kennzeichnung einer spezifischen Einstellung verstanden, die nicht notwendig auf die Zugehörigkeit zu einer als Religionsgemeinschaft konstituierten Gruppe verweist. Eine religiöse Einstellung erfordert auch kein Glaubensbekenntnis. Feste und Riten als die beiden vorherrschenden Formen kulturellen Gedächtnisses in schriftlosen Kulturen, die sich auch in Schriftkulturen erhalten haben, differenzieren das gesellschaftliche Leben in sachlicher, raumzeitlicher und sozialer Dimension aus und bewirken eine unterscheidbare Partizipationsstruktur: Die sachliche Hervorhebung geschieht durch die zeremonielle Formung der Feste und Riten, sie sind in ihrer Gestaltung als solche vom Alltag unterschieden, sei es durch gesonderte Kleidung oder die Herrichtung spezieller Gebäude oder ganzer Landschaften (vgl. Assmann/Müller 2005: 29-31; vgl. Schwarz 2008). Auch werden festliche Riten zu bestimmten Zeiten, oftmals an dafür bestimmten Orten, vollzogen. Diese raumzeitliche Ausdifferenzierung ist in gegenwärtigen, kulturell christlich geprägten Gesellschaften sicherlich am augenfälligsten dadurch gekennzeichnet, dass sich auch in ihrer säkularen Verfassung ein (weitestgehend) erwerbstätigkeitsfreier Sonn- und Festtag erhalten hat. Da die Zeremonien eine Formung erfahren, die oft nicht ohne spezifisches Wissen und fachliche Einweisung durchführbar sind, befördern sie mit der Ausbildung von professionalisierten Übermittlern der mythischen Kenntnisse auch die soziale Stratifikation der Gesellschaft. Diese Formen der Fügung und Spezialisierung gäben der kulturellen Erinnerung einige Stabilität, während das kommunikative Gedächtnis eine eher flüssige Konsistenz aufweise. Eine weitere Unterscheidbarkeit gegenüber dem kommunikativen Gedächtnis resultiere aus der Partizipationsstruktur, denn die Riten und Feste erfordern die persönliche, zudem die besondere Ausformung des Fests oder Ritus berücksichtigende Teilnahme durch zeitliche Anwesenheit, womöglich an dafür bestimmtem Ort. Dies schränkt die Partizipation in mehrfacher Hinsicht ein, während die kommunikative Erinnerung nicht an spezielle Zeiten, Räume, Kenntnisse oder Verhaltensweisen gebunden ist. Damit ist die Außeralltäglichkeit des kulturellen Gedächtnisses noch einmal unterstrichen.

Nach dieser Unterscheidung fokussiert Jan Assmann die Übergänge zwischen den beiden Gedächtnisformen. Am augenscheinlichsten und nach Wissen des Ägyptologen auch ursprünglichsten wirkt für den Übergang der *Kontinuitätsbruch Tod*, der eine „Zwischenstellung" einnehme: „Das Totengedenken ist *kommunikativ*, insofern es eine allgemeine menschliche Form darstellt, und es ist *kulturell* in dem Maße, wie es spezielle Träger, Riten und Institutionen ausbildet." (Assmann, Jan 2005a: 61) Daher gliedert er das Totengedenken in einen retrospektiven Anteil, der sich auf die aufrechterhaltende Gegenwart der Toten in der Erinnerung der gegenwärtigen sozialen Gruppe bezieht, und einen prospektiven Anteil, der das vorsorgende Bemühen der noch Lebenden um die zukünftige Erinnerung ihrer Person umfasst. Diese beiden Elemente des Totengedenkens bildeten im alten Ägypten den Ankerpunkt für eine zugleich politische, kulturelle und religiöse Konzeption der Gesellschaftlichkeit, die eingehende Betrachtung verdient, der Jan Assmann ein eigenes Werk und diese Einführung mehrere Abschnitte widmet (vgl.: 51). Eine unweigerliche Wirkung hat der *Kontinuitätsbruch Tod* auch auf die soziale und sachliche Ausdifferenzierung der Erinnerung, denn zum einen gibt es eine Gewährleistung des kulturellen Gedächtnisses für die Zeit nach dem Ableben nur, wenn das Totengedenken institutionell abgesichert ist, und zum anderen muss die Dauerhaftigkeit dieses Rituals durch die mediale Haltbarkeit der Erinnerung gesichert sein.

2.1.3 Mythomotorik

Wenn der Umgang mit Vergangenheit in die Begriffe *Historie* und *Mythos* unterschieden wird, ist implizit bereits gesagt, dass der Mythos eine Wirkung auf die Gegenwartsgesellschaft entfaltet – das ist seine begründende, erhellende Funktion. Aber die Wirkungsrichtung ist kontingent: Um sie erklären zu können, führt Jan Assmann den Begriff der Mythomotorik ein. Er bezeichnet an drei Schnittstellen eine jeweils entweder dynamisierende oder retardierende Wirkung von Erinnerungen, nämlich erstens in der Wirkung auf die Gesellschaft, zweitens in der Verursachung durch die Form der Erinnerung und drittens in der Unterteilung der Vergangenheit in absolute und relative.

In Rückgriff auf Claude Lévi-Strauss (vgl. Lévi-Strauss 1973) spricht Jan Assmann von der *kalten* und der *heißen* Option des gesellschaftlichen Umgangs mit Geschichte. Der besondere Wert der Begriffe Lévi-Strauss' liege darin, dass mit Kälte nicht etwa auf die Abwesenheit einer Leistung oder Energie hingewiesen werden soll, die in der heißen Option gegeben wäre, sondern dass *beide* Begriffe auf aktiv gestaltenden Umgang mit der Geschichte hinwiesen: Wenn die Vergangenheit dazu dienen soll, einen gesellschaftlichen Wandel zu unterbinden, bedarf es auch hierzu der entsprechenden Formung der Erinnerung. Während Lévi-Strauss bei seiner Begriffsbildung noch auf schriftlose Kulturen und deren Mittel der Riten und Feste fokussiert hatte, kann der Ägyptologe Assmann aus seinem wissenschaftlichen Untersuchungsfeld von den umfassenden kultischen, baulichen und schriftlichen Anstrengungen berichten, die über Jahrhunderte hinweg allein der Dokumentation dienten, „dass sich nichts verändert hat." (Assmann, Jan 2005a: 74) Dass Mythen auch der Mobilisierung gesellschaftlicher Dynamik dienen können, ist sehr viel intuitiver. Lévi-Strauss hatte seine Begriffe noch als verschiedene Stadien einer zivilisatorischen Evolution verstanden, wovon sich Assmann gerade aufgrund der hohen kulturellen Anforderungen an eine stabilisierende kalte Erinnerung absetzt, genauso wie von der Annahme, eine gesellschaftliche Formation müsse als Ganze der kalten oder heißen Option zuneigen: Vielmehr könne gerade an zeitgenössischen mitteleuropäischen Demokratien, die mit historischen Gedenkfeiern und Festtagen auf die politische Mobilisierung ihrer Bürger abzielten und somit in weiten Teilen heiß optierten, auch gezeigt werden, dass Teilbereiche gezielt von dieser potenziell verändernd wirkenden Zuwendung ausgenommen seien, wie etwa das Militär oder die christlichen Kirchen.

Der Fall des pharaonisch beherrschten Ägyptens weist Jan Assmann auch die Untersuchungsrichtung für eine weitere Präzisierung der zunächst in ihrer Wirkung kontingent gerichteten kulturellen Erinnerung: Denn politische Herrschaft könne sich sowohl an der inzentiven, d.h. *entzündenden* Wirkung der Erinnerung als auch an der quietiven, d.h. *beruhigenden* Folge des Vergessens interessiert zeigen. Das Bestreben nach Erinnerung könne man einerseits als retrospektiv charakterisieren, etwa wenn ein Herrscher durch den Nachweis würdiger Vorfahren eine legitimierende Selbstansicht böte, oder mit ihm könne andererseits – wie im Falle des Pyramidenbaus unübersehbar geschehen – durch Sicherstellung der Erinnerung auch eine prospektive Herrschaftsabsicherung beabsichtigt sein. Das Vergessen kann für die staatliche Herrschaft eine ebenso grundlegende Funktion haben. So sind über den ägyptische Fall hinaus in der altorientalischen Geschichte so genannte „Verzichtsgesetze" gut dokumentiert, deren Maßnahmen wie Schuldbefreiung, Begnadigung, Freilassung und Amnestie auch in der Gegenwart noch die Wirkung eines „verordneten Vergessens" (Assmann, Jan 2005a: 72) entfalten können (vgl. Assmann, Jan 2002a: 213).

Aus der Nützlichkeit des inzentiven Erinnerns und des quietiven Vergessens ergebe sich, dass eine Herrschaft, die auf Dauer abziele, zu einer Institutionalisierung der dokumentarischen Tätigkeit gegenüber der Vergangenheit geradezu verpflichtet sei – entweder zum Zweck der Kontrolle oder mit der Ziel einer Sinnstiftung. Inzentiv werde die Vergangenheit innerhalb einer staatlichen Hierarchie aber keineswegs nur *von oben* genutzt; viel häufiger seien es gerade die Beherrschten, die mit Erinnerungen an bessere Zeiten, mildere Herrscher oder verklärte Vergangenheiten eine kritisch dynamisierende Funktion der Geschichte nutzten. Hiervon legen die Prophetengeschichten des Alten Testaments und auch das Neue Testament beredtes Zeugnis ab, sind sie doch in den meisten Fällen anti-elitär intendiert (vgl. Assmann, Jan 2003c: 72).

Zu den beiden bisherigen Unterscheidungen zwischen der heißen bzw. kalten Wirkung auf die Gesellschaft und der inzentiven bzw. quietiven Funktion der Erinnerung tritt nun noch die dritte der Unterscheidung der Vergangenheit in eine absolute und eine relative: Der Mythos als Ursprungserzählung ist meistens in einer unausmessbaren Ferne angesiedelt. Da er den Bestand der erinnernden Gruppe begründet und ihrem Tun eine normative Richtung weist, ist es gewiss von herrschaftssichernder Funktion, wenn er auf einen Zeitpunkt datiert wird, der sich der rationalen Nachverfolgung entzieht. Beispiele sind etwa die „341 Generationen, nach seiner Rechnung 11340 Jahre" (Assmann, Jan 2005a: 73), die von Herodot aus gesehen die dokumentierte ägyptische Geschichte zurückreiche, oder die Datierung der Schöpfung der Welt auf das Jahr 3761 v. Chr. in der jüdischen Zeitrechnung. Ein erhellendes literarisches Bild für den Ort des Mythos entwarf Thomas Mann zu Beginn seiner Romantetralogie *Joseph und seine Brüder* mit dem Blick in den Brunnen (vgl. Mann 1954: 5-51), dessen Grund man in der Ur-Erinnerung zwar erahnen, aufgrund der sich im Dunkel der Tiefe verlierenden Seitenränder aber nicht wirklich ermessen kann: So wirkt die auf dem Boden angesiedelte Geschichte durch ihre schimmernde Gestalt belebend, und durch ihre Ferne beruhigend zugleich. Von dieser absoluten Vergangenheit unterscheidet sich die relative der Geschichte: Sie ist mit zeitlich bestimmbaren, in Dokumenten und Erzählungen rational rekonstruierbaren Ereignissen und Erkenntnissen sehr viel näher. Sie steht der gedanklichen Ausmessung, dem imitierenden Nachvollzug und der kritischen Würdigung offen. In diesem Bereich ist beispielsweise der Beginn der islamischen Zeitrechnung mit dem 16. Juli 622 als Auszug des Propheten Mohammad aus Mekka nach Medina bezeichnet. Dieses Fundament kann als Implementierung eines heiligen Datums in den Bereich der dokumentierten und damit kritisierbaren Geschichte angesehen werden, mit den entsprechenden Folgen: So gibt es Dispute über die Frage, ob der 15. oder 16. Juli 622 das korrekte Datum angibt, genauso wie die Anwendung sowohl des Mond- als auch des Sonnenkalenders (z.B. im iranischen Kalender) aufgrund unterschiedlicher theologischer, also *wissenschaftlicher* Auffassungen auf dieses Datum zugreifen. Diese Zeitrechnung siedelt das Narrativ der islamischen Offenbarung in der Historie an und umgibt sie damit einerseits mit einem höheren Maß an Faktizität, als dies bei Tora und Bibel der Fall ist; andererseits ist es damit auch inmitten rationaler Auseinandersetzungen angesiedelt und gefährdet damit den Geltungsanspruch der Erinnerung.

Eine andere mit den Begriffen *Mythos* und *Geschichte* häufig verbundene Wertung hingegen will Assmann funktional aufgehoben wissen, und zwar diejenige des angeblich prinzipiell nicht gegebenen Wahrheitsgehalts mythischer Narrative. Faktizität sei für einen Mythos unerheblich, weil für die Geschichtsschreibung vor dem Aufkommen der Geschichts*wissenschaft* die normative Imprägnierung des Narrativs das entscheidende Element gewesen sei; somit wäre die Erwartung einer wertfreien Tatsächlichkeit hier bereits begrifflich völlig verfehlt. Diese Einebnung der historischen Werthaltigkeit eines Mythos ist nicht nur wichtig, um seine eigentlich interessante Funktion der gesellschaftlichen Normierung in den Blick zu bekommen – sie ist auch gegenwartskulturell von geradezu kuriosem Interesse, weil zahlreiche massenmediale Publikationen in Presse, Funk und Fernsehen über alte Geschichte und Archäologie ihren Informationswert gerade mit angeblichem Enthüllungswissen in Wahrheitsfragen an die fernste Vergangenheit begründen. Sowohl die eingangs erwähnte ZDF-Dokumentation über „Die biblischen Plagen" als auch der unselige Spiegel-Artikel „Das Testament des Pharao" gehören in diese Kategorie.

Nachdem somit die Mythomotorik konstituierenden Faktoren geklärt sind, kann nun deren kontingente Funktion in ihren zwei Grundrichtungen betrachtet werden: Die offenkundige Funktion des Mythos ist seine fundierende Sinngebung für die Gegenwart: Ursprungserzählungen finden sich in der Vorgeschichte wie im 21. Jahrhundert, sie werden von Nationalstaaten genauso gepflegt wie von sozialen Kleingruppen. Die alternative Aufgabe eines Mythos kann in der kontrapräsentischen Hervorhebung eines Bruchs zur Gegenwart bestehen (vgl. Assmann/Hölscher 1988: 170-196). Jan Assmann macht die Entstehung kontrapräsentischer Erzählungen in Ägypten ab den Krisenzeiten der „Ersten Zwischenzeit" (2150-2040 v. Chr.) aus, als das pharaonische Herrschaftsmodell erstmals zerbrach (vgl. Assmann, Jan 2005b: 109). Entscheidend für den hier besprochenen Zusammenhang ist dabei, dass die archäologischen Spuren und als Texte überlieferten Botschaften dieser Zeitspanne *nicht* mit dem kontrapräsentischen Charakter der *Erinnerungen an diese Zeit* übereinstimmen, mit anderen Worten: Zu einer Phase des Chaos wurden die Mythen der „Ersten Zwischenzeit" für das ägyptische Erinnerungskollektiv erst im Nachhinein. Eine rein historische Deutung müsste sie als fiktive Konstruktionen verwerfen und würde ihre *fundierende* Wirkung für die spätere Zeit verschütten: „Es ist das Mittlere Reich [2040-1650 v. Chr., JüS], das auf die Erste Zwischenzeit zurückblickt, und zwar nicht als ein Goldenes und Heroisches Zeitalter, sondern im Gegenteil als eine Phase katastrophischer Zustände, um sich selbst dann als rettende Wiederherstellung von Frieden und Ordnung auf den Sockel eines Goldenen Zeitalters zu stellen." (Assmann, Jan 2005b: 99) Die kontrapräsentische Funktion des Mythos kann jedoch nicht nur der stabilisierenden Herrschaftssicherung dienen. Ebenso schlagen Erinnerungen an ein katastrophisches Zeitalter in ein revolutionär mobilisierendes Narrativ um, beispielsweise wenn islamistische Extremisten die Situation muslimischer Gläubiger in nachkolonialen und in westlichen Nationalstaaten der Gegenwart mit dem Leben in vor-islamischen Zuständen (*Zeit der Unwissenheit*, arab. al-jahiliyya) gleichsetzen, wie es im Koran und in den Hadithen geschildert ist und damit den Jihad in Form von Krieg und Terrorismus gegen die dortige Gesellschaft rechtfertigen (vgl. Kepel 2004: 42; Ruthven 2000: 187). Ebenso kann eine unbefriedigende Gegenwart durch Kontrastierung mit Mythen einer attraktiv erscheinenden Vergangenheit zur „extremen Defizienzerfahrung" (Assmann, Jan 2005a: 80) stilisiert und zum Anlass für umstürzende Veränderungen werden. Dabei kommt es, dies sei noch einmal hervorgehoben, nicht auf die tatsächlichen historischen Gegebenheiten an, diese können sogar als Inversion in eine gegenteilige Deutung verkehrt worden sein (vgl. Assmann, Jan 2005a: 83 f.). Zur Bezeichnung einer solchen Umwertung greift Jan Assmann den Begriff der „counterhistories" von Amos Funkenstein auf, über deren Funktion und Ziel dieser schreibt: „Their function is polemical. Their method consists of the systematic exploitation of the adversary's most trusted sources against their grain – *die Geschichte gegen den Strich kämmen*. Their aim is the distortion of the adversary's self-image, of his identity, through the deconstruction of his memory." (Funkenstein 1993: 36) Das deutschsprachige Zitat in den Ausführungen von Funkenstein stammt von Walter Benjamin, der in seiner vierzehnten These zum Begriff der Geschichte die Wirkungsweise einer *counterhistory* umschreibt, freilich ohne sie aus seiner dezidiert marxistischen Perspektive[3] widerspruchfrei zur Geltung bringen zu können: „Die Geschichte ist Gegenstand einer Konstruktion, deren Ort nicht die homogene und leere Zeit, sondern die von Jetztzeit erfüllte bildet. So war für Robbespierre das antike Rom eine mit Jetztzeit geladene Vergangenheit, die er aus dem Kontinuum heraus sprengte. Die französische Revolution verstand sich als ein wiedergekehrtes Rom. Sie zitierte das alte Rom genau so wie die Mode vergangene Tracht zitiert. Die Mode hat die Witterung für das Aktuelle, wo immer es sich im Dickicht des Einst bewegt. Sie

---

3 Benjamin bekennt sich in dem Artikel fortwährend zum Historischen Materialismus, den er zwar nicht orthodox liest, der aber dennoch eine Charakterisierung als marxistisch rechtfertigen dürfte.

ist der Tigersprung ins Vergangene. Nur findet er in einer Arena statt, in der die herrschende Klasse kommandiert. Derselbe Sprung unter dem freien Himmel der Geschichte ist der dialektische als den Marx die Revolution begriffen hat." (Benjamin 1977: 258 f.) Diese These XIV des Artikels *Über den Begriff der Geschichte* aus dem Jahr 1940 dokumentiert Erkenntnisse, an denen zur gleichen Zeit auch Maurice Halbwachs gearbeitet hat, greift aber auch am hier vorliegenden Problem des schwierigen Verhältnisses von Mythos und Geschichte gezielt vorbei. Mit Halbwachs war bereits darauf hingewiesen worden, dass eine Gruppe ihre Konstitution ändert, wenn sie sich als *dieselbe* Gruppe auf *andere* Erinnerungen beruft. Dieses Argument sei hier erweitert, um die auch von Jan Assmann geteilte Ansicht, dass eine Neuerung zunächst ausschließlich auf die Ausdrucksmittel der Vergangenheit zurück greifen kann, um sich von der Gegenwart abzusetzen; die *counterhistory* benötigt den Rückgriff auf Erinnerungen: „Auch das Neue kann immer nur in der Form rekonstruierter Vergangenheit auftreten."[4] (Assmann, Jan 2005a: 42) Darauf verweist Walter Benjamin mit dem Rekurs der Französischen Revolution auf das antike Rom: Die aus denselben Individuen gebildete Gesellschaft wird zu einer *neuen* durch den Rückgriff auf eine andere Vergangenheit. Dieser Verweis wird aber bei Benjamin widersprüchlich durch den Verweis auf die vorrangige „Arena der herrschenden Klasse", womit das Rätsel aufgegeben wäre, wie denn der „Tigersprung ins Vergangene" revolutionär wirken kann, wenn die „Jetztzeit" konservativ dominiert ist. Aus heutiger Perspektive gelöst wird dieses Rätsel mit dem letzten Satz der These, in dem der universalistische Wahrheitsanspruch einer materialistischen Geschichtsphilosophie aufleuchtet, die auf Marx rekurriert: Denn dieser Geltungsanspruch einer Wahrheitsfindung „unter dem freien Himmel der Geschichte" gehört (in unterschiedlicher Nachdrücklichkeit) zu jeder *Geschichtswissenschaft*, während Benjamin zuvor unzweideutig von der mythomotorisch mobilisierenden Kraft einer *normativen Deutung* der Vergangenheit spricht. Die Antwort an Benjamin müsste also lauten: Die Gültigkeit um Objektivität bemühter geschichtswissenschaftlicher Darstellungen ist sehr wohl von der Duldung der Herrschenden abhängig, doch die dynamisierende Kraft einer *counterhistory* steht auch den Beherrschten zur Verfügung.

Wenn Mythen nicht fundierend, sondern kontrapräsentisch angelegt sind, bewirken sie Ungleichzeitigkeit. Die normative Vergegenwärtigung der Vergangenheit fordert zur Handlung in der Gegenwart auf, die Erinnerung wird auf diese Weise zu einer Alternative der Gegenwart. Daran sind zwei Aspekte hervorhebenswert: Zum einen ist mit der Ungleichzeitigkeit eine wesentliche Funk-

---

4 Zur Vorbeugung gegen Missverständnisse sei hier betont, dass explizit von der Form und nicht von Inhalt bzw. Medium des Neuen die Rede ist. Eine Debatte über das Menon-Paradox, wie das Neue in eine Welt aus lauter Bekanntem kommen kann, soll hier nicht geführt werden.

2 Kognitive Dimensionen des Werks

tion der Religion benannt. Vom Eingedenken der Ahnen bis zur Folgebereitschaft gegenüber einer monotheistischen Gesetzesreligion dient religiöser Glaube der Vergegenwärtigung einer Alternative. Zum anderen ist damit auf eine Außeralltäglichkeit des Mythos verwiesen, der sich auch in einem Zeitverständnis ausdrückt, denn Alltag ist aktuell und gegenwartsbezogen. Das kulturelle Gedächtnis bewirkt eine prinzipielle Zweizeitigkeit innerhalb der menschlichen Gesellschaftlichkeit.

Auf diesen temporalen Aspekt des kulturellen Gedächtnisses weist Jan Assmann unter ausdrücklicher Bezugnahme auf einen älteren Aufsatz von Niklas Luhmann hin, dessen Differenzierungen in späterer Zeit wieder fallen gelassen worden seien (vgl. Assmann Jan 2005a: 84).

> Niklas Luhmann (1927-1998) war ein deutscher Soziologe. Zunächst als Rechtswissenschaftler ausgebildet und als hoher Verwaltungsbeamter tätig, kam er während eines Fortbildungsaufenthalts an der Harvard University 1960/61 in Kontakt mit der seinerzeit in der amerikanischen Soziologie dominierenden Theorie von Talcott Parsons. Von klassischen Handlungstheorien ausgehend hatte Parsons die individuellen Handlungsweisen als an vier Grundfunktionen orientiertes Verhalten typisiert: Anpassung, Zielverfolgung, Eingliederung und Aufrechterhaltung. Die Variationen des Verhaltens im Rahmen dieser vier Grundfunktionen kennzeichnet nach Parsons nicht nur Individuen, sondern jedes denkbare System. Daher bürgerten sich die Bezeichnungen „Strukturfunktionalismus" und „Systemtheorie" für diese Auffassung ein. Niklas Luhmann legte diese Einsichten seinem Werk *Funktionen und Folgen formaler Organisation* (Luhmann 1999) zu Grunde, in dem er die Entstehung einer funktionalen Eigenlogik innerhalb bürokratischer Organisationen theoretisch ausarbeitete. Mit dem Werk promovierte er 1966, um sich unmittelbar danach habilitieren zu lassen und von 1968 bis 1993 als Professor für Soziologie an der Universität Bielefeld zu wirken. Zunächst trat Luhmann vor allem als theoretischer Konkurrent zur Kritischen Theorie mit ihrem Hauptvertreter Jürgen Habermas in Erscheinung, wobei diese Debatte sich zunächst auch in gemeinsamen Publikationen niederschlug (vgl. Habermas/ Luhmann 1972; Füllsack 2010). Aber Luhmann beließ es nicht bei einer Verteidigung Parsons', sondern radikalisierte dessen Theorie. Bedeutsam hierfür wurde erstens die Schrift *Laws of Form* des britischen Mathematikers George Spencer-Brown (vgl. Spencer-Brown 2009), in der 1969 eine Logik von Unterscheidungen allein auf der Grundlage der beiden Elemente *Gleichheit* und *Abgrenzung* ausgearbeitet wurde. Dieser Grundsatz wurde von Luhmann in die Soziologie übersetzt und fruchtbar gemacht: Demnach bezeichnet *Identität (Gleichheit)* die Innenseite einer Grenze, deren Außenseite *Differenz (Abgrenzung)* ist. Damit bedingen Identität und Differenz einander statt sich wechselseitig auszuschließen. Durch die Wiedereinführung („re-entry") einer bereits getroffenen Unterscheidung zwischen Identität und Differenz auf Seiten der Identität kann eine enorme formale Komplexität erreicht werden. Eine zweite Quelle der Radikalisierung wurden für Luhmann die Schriften der Biologen Humberto Maturana und Francisco Varela über die Selbsterhaltung von eigenständigen Systemen aus ihren vorhandenen

> Elementen und Operationen („Autopoiesis"), die über Luhmann ebenfalls Eingang in die soziologische Theorie fanden. Auf der Grundlage sehr begrenzter logischer Grundprinzipien und einem zwar eigenwilligen, aber damit unverwechselbaren und somit präzisen Begriffsapparat baute Niklas Luhmann eine umfassende Gesellschaftstheorie aus. Methodisch beruhte seine Arbeit auf dem Aufbau von Zettelkästen, die als eigenständiges Kommunikationssystem fungierten (vgl. Luhmann 1981) und sogar die posthume Vervollständigung seines systemtheoretischen Werks ermöglichten. Diese allein auf Lektüre, Beobachtung und Denken basierende Arbeitsweise formte Luhmann nach Antritt seiner Professur 1969 in folgende Projektbeschreibung: „Theorie der Gesellschaft; Laufzeit: 30 Jahre; Kosten: keine." (Luhmann 1998: 11)

In der Frage nach „Sinn als Grundbegriff der Soziologie" (Luhmann 1972) stellte Luhmann den zweizeitigen Charakter der Moderne heraus. Ursächlich sei, dass ein bewusst wahrnehmendes Subjekt sein Erleben in einer grundlegend anderen Zeitlage anzusiedeln gezwungen ist als den wahrgenommenen Sinn: Denn Sinn erfordert einerseits, dass er für mich konkret in diesem Moment aktuell ist, zugleich muss er jedoch als Medium der Kommunikation beständig sein, das heißt er muss auch morgen, für andere Individuen und an anderen Orten *Sinn machen*. Allerdings hat die Aktualität Vorrang – ein gegenwärtig nicht mehr gegebener Sinn verliert seine Orientierungsfunktion. Diese Trennung der Zeit führt aber zum Problem der Gleichzeitigkeit unter Zeitgenossen: Um störungsfreie Interaktion zu ermöglichen, muss sicher gestellt werden, dass alle Individuen von der gleichen Zeit ausgehen, nicht nur in der Gegenwart, sondern auch für die Vergangenheit und die Zukunft: „[M]it der Einheit der intersubjektiv konstituierten Zeit [wird] zugleich die Übertragbarkeit der Erlebnisperspektiven gesichert und mit ihr die gemeinsame Zugänglichkeit der Welt." (Luhmann 1972: 55) Dieser Aspekt der Gleichzeitigkeit ist aber durchaus kontraintuitiv: Denn die subjektive Wahrnehmung der Geschwindigkeit der Zeit variiert, sie scheint mal schneller und dann wieder langsamer zu vergehen, und im intersubjektiven Austausch potenziert sich diese Varianz der Zeit noch einmal. Dies ist darauf zurückzuführen, dass Zeit eine Differenz zwischen der Außenwelt und dem subjektiven Erleben bezeichnet:[5] Viele wahrgenommene Ereignisse, die in kurzer Abfolge bewusst verarbeitet werden, erzeugen eine Häufung von Differenzwahrnehmungen gegenüber der Außenwelt und lassen die Zeit schneller vergehen als eine unverändert wahrgenommene Kongruenz von Bewusstsein und Außenwelt. Zur Synchronisation heften die Individuen ihre unterschiedlichen Wahrnehmungen an geteilte Fixpunkte zwischen sich oder in der Außenwelt, beispielsweise „an lebensmäßige oder astronomische Rhythmen, an Feste und Jahreszyklen" (Luh-

---

5 In der Theoriekonzeption Luhmanns ist diese Zeitdifferenz nicht auf Individuen beschränkt, sondern erstreckt sich auch auf soziale Systeme (vgl. Luhmann 2009a: 145).

2 Kognitive Dimensionen des Werks

mann 1972: 56) und buchen hierbei auftretende Abweichungen als subjektive Täuschungen ab. Die wechselseitige Abstimmung zwischen Individuen ist steigerbar durch den Bezug auf eine außerhalb ihres jeweiligen Bewusstseins liegende Konstante in der gemeinsamen Welt. Dieser Schritt hat den Vorteil, auch für andere gültig zu sein. Die Bezugnahme auf eine objekthaft gegebene äußere, beständige Welt ist eine Abstraktionsleistung, die über die intersubjektiv abgestimmte Zeit noch einmal hinaus geht und Vorrang beansprucht. Wenn sie sich im Form einer gesellschaftlichen Semantik allgemein durchsetzt, bewirkt sie ein grundlegend anderes kulturelles Zeitverständnis: „Nicht mehr die Geschichte mit ihrer schon reduzierten Komplexität, ihren schon ausgeschlossenen anderen Möglichkeiten hat den unbedingten Primat über die Gegenwart, sondern die Zukunft. Die Vergangenheit ist jetzt abgeschlossen und als erledigt vorstellbar; sie wird nicht mehr in der Form des Miterlebens der Toten oder der Kontinuität von Schuld vergegenwärtigt." (Luhmann 1972: 57) Dieses auf stabilen gegenwärtigen Strukturen basierende, in die Zukunft gerichtete Zeitverständnis ist in seiner Entstehung abhängig von der Allgegenwärtigkeit *und* der Akzeptanz für wahr gehaltener Annahmen über die objekthafte Außenwelt, und damit ist es ein Produkt der modernen Wissenschaftlichkeit. Es hat sich bis heute nicht vollständig durchgesetzt und existiert in Konkurrenz sowohl zu der kollektiv abgestimmten Zeitlichkeit, die auf den wechselseitig bestätigten Erfahrungen der Erinnerungen beruht und damit vergangenheitsbezogen ist, als auch zu den subjektiv ständig variierenden Zeitwahrnehmungen. Dies hat Luhmann mit unnachahmlicher Prägnanz zusammen gefasst: „Im Horizonte der Zeit kann Identität entweder an objektiv feststehenden datierten Zeitpunkten oder Zeitstrecken festgemacht werden und erscheint dann als Ereignis bzw. Ereignisreihe. Diese Identifikation hat in der Veränderlichkeit (also der Nichtidentität) der Lage des Bewusstseins zur Zeit ihr Prinzip; sie hält sich identisch gegenüber einem Wechsel der Qualifikation als Zukunft, Gegenwart oder Vergangenheit und gegenüber der laufenden Verschiebung der darin ausgedrückten Distanzen. Identität kann aber auch auf die Dauer des Bewusstseinslebens mit seinen festen Horizonten der Zukunft und Vergangenheit bezogen werden, verhält sich dann indifferent gegen den Durchlauf der Zeitpunkte aus der Zukunft in die Vergangenheit. Sie ruht dann im ewigpräsenten Dasein des Bewusstseins und bezieht ihre Einheit aus der Negation der Relevanz wechselnder zeitpunktmäßiger Lokalisierungen – eben das heißt in diesem Denken Ewigkeit". (Luhmann 1972: 60) Aber Jan Assmann verweist auch pointiert darauf, dass Luhmanns Bezeichnungen als „antike" bzw. „neuzeitliche" (Luhmann 1972: 60) Zeitinterpretation auf keinen Fall wertend, womöglich zugunsten der Moderne aufgefasst werden dürfen, denn dies hätte katastrophale Folgen im Sinne einer eindimensionalen Gegenwart der Gesellschaft: „Die großen Perspektiven sind im Alltag abgeblendet. Alltag bedeutet

Schablonisierung und Routinisierung. Grundsatzentscheidungen und Grundlagenreflexionen sind suspendiert." (Assmann, Jan 2005a: 85) Dies ist zwar unabdingbar, um akut und pragmatisch handlungsfähig zu sein, zugleich führte es in seiner Aufsummierung aber auch zu einem richtungslosen, als sinnlos empfundenen Dasein, weil eben jene bedeutsamen Entscheidungen, die ein Leben prägen, wegfielen. Der Alltag in totalitären Staaten liefert reichhaltiges Dokumentationsmaterial für die anomischen Wirkungen eines unaufhörlichen Alltags, und auch hiervon schuf Orwell ein eindringliches literarisches Portrait (vgl. Orwell 1977).

2.2 Schriftkultur

Wenn der Gedächtnisbegriff nicht länger vom Individuum und seinen biologisch gegebenen Fähigkeiten, sondern von der Gruppe aus gedacht wird, dann stellt sich das Problem einer nicht durch personale Identität garantierbaren kontinuierlichen Überlieferung. Deshalb folgen nach den Ausführungen über die Unterscheidung von kommunikativem und kulturellem Gedächtnis Überlegungen zu Schriftlichkeit und textueller Kohärenz.

Jan Assmann unterscheidet an dieser Stelle die „personale Identität" von einer „Gruppenidentität" durch das Kriterium einer bei Individuen gegebenen „neuronalen Basis", an deren Stelle bei Gruppen die „Kultur" (Assmann, Jan 2005a: 89) trete. In der weiteren Forschungsarbeit, die – wie auch schon zuvor – intensiv mit den Arbeiten seiner Ehefrau Aleida Assmann verschränkt sind, wurde dieses komplexe Verhältnis von individuellen und kollektiven Erinnerungen systematisch ausgearbeitet. Mit der Schriftkultur ist ein historisch entscheidender Schritt vom kommunikativen zum kulturellen Gedächtnis benannt, weil die Überlieferung des Gedächtnisses vom Menschen auf von ihm geschaffene Artefakte übergeht, deshalb soll hier zunächst die Frage der Trägerschaft von Erinnerungen geklärt werden.

2 Kognitive Dimensionen des Werks 31

Aleida Assmann, geboren 1947, ist deutsche Anglistin, Kulturwissenschaftlerin und Ägyptologin. Nach einem Studium der Anglistik und Ägyptologie in Heidelberg und Tübingen promovierte sie 1977 in beiden Fächern. 1992 folgte die Habilitation, seit 1993 ist sie Professorin für Anglistische und Allgemeine Kulturwissenschaft an der Universität Konstanz. Seit 1968 ist sie mit Jan Assmann verheiratet. Neben der kulturwissenschaftlichen Gedächtnisforschung und -theorie, die in diesem Band ausführlich thematisiert ist, bilden historische Anthropologie, Generationen in Literatur und Gesellschaft, die Geschichte des Lesens und die Geschichte der Schrift ihre Forschungs- und Publikationsschwerpunkte.

Die Liste der gemeinsamen Publikationen von Aleida und Jan Assmann ist lang, und kaum eine der Einzelpublikationen kommt ohne Verweis auf das Schaffen der jeweils anderen Person aus. Dennoch agieren sie von unterschiedlichen thematischen Zentren aus. Aleida Assmanns Arbeiten gründen auf einer literaturwissenschaftlichen und anglistischen Perspektive, während bei Jan Assmann die Ägyptologie bei allen kulturwissenschaftlichen Ausflügen das unverkennbare Zentrum bildet. Auf den Gebieten der Erinnerungskulturen, der Schrift und des Gedächtnisses treffen sie sich.

Dazu wird die theoretische Konzeptionalisierung von Aleida Assmann herangezogen, die wiederum auf Jan Assmann und Maurice Halbwachs verweist, aber auch zahlreiche weitere Erkenntnisse von der Neurologie über die kognitive Psychologie bis zur Philosophie und Literatur verarbeitet hat. Hierbei wird zum einen die Zweiteilung von neuronaler Erinnerung der Individuen und kultureller Erinnerung der Gruppe in die drei Kategorien des neuronalen, sozialen und kulturellen Gedächtnisses ausdifferenziert, und vor allem wird festgestellt, dass diese drei Komponenten jeweils „zusammenwirken *müssen* [Hervorhebung JüS]" (Assmann, Aleida 2006: 33), weil Erinnerungen anders nicht zustande kommen. So entstehe im Individuum eine neuronale Erinnerung nur, wenn es eine Stimulanz entweder durch soziale Kommunikation oder durch das kulturelle Feld erhielte. „Zu letzterem gehören sowohl *materiale Repräsentationen* in Gestalt von Texten, Bildern und Denkmälern als auch *symbolische Praktiken* in Gestalt von Festen und Riten." (Assmann, Aleida 2006: 32) Dadurch wird zum einen klar, dass Kommunikation in der sozialen Umwelt nur innerhalb eines kulturellen Feldes denkbar ist, das von materialen Repräsentationen und symbolischen Praktiken gebildet wird, während letztere umgekehrt auf eine Aktualisierung in sozialer Kommunikation angewiesen sind, um nicht vergessen zu werden. Zum anderen ist damit verdeutlicht, dass die individuelle, in neuronalen Vorgängen produzierte Erinnerung „kein autonomes System" (Assmann, Aleida 2006: 32) darstellt, sondern auf den interaktiven Stimulus des sozialen und kulturellen Gedächtnisses angewiesen ist. Eine Tabelle unterscheidet die drei Komponenten in den drei Dimensionen, sie ist dem Standardwerk *Der lange Schatten der Vergangenheit* (2006) von Aleida Assmann entnommen:

Dimension:	neuronales Gedächtnis	soziales Gedächtnis	kulturelles Gedächtnis
Träger:	individuelles Gehirn	soziale Kommunikation	symbolische Medien
Milieu:	soziale Kommunikation	individuelles Gehirn	soziale Kommunikation
Stütze:	symbolische Medien	symbolische Medien	individuelles Gedächtnis

Quelle: Assmann, Aleida 2006: 33

Diese Tabelle verdeutlicht, dass Jan Assmann vollkommen Recht hat, wenn er die fehlende neuronale Basis als Kennzeichen des kulturellen Gedächtnisses benennt: Das „Gehirn" kommt in dieser Spalte nicht vor. Die Ausarbeitung von Aleida Assmann gibt für die Betrachtungen über die Schriftkultur aber den unverzichtbaren Hinweis, dass die symbolischen Formen, die das Verbreitungsmedium Schrift transportieren, in allen drei Dimensionen verankert sind. Zentrale Bedeutung hat hier die Ebene des Sozialen, hier „verschränkt sich, wie bereits Halbwachs betont hat, das individuelle Gedächtnis mit den Erinnerungen anderer. Dadurch wächst es über sich hinaus und integriert Fremdes, das zum eigenen wird." (Assmann, Aleida 2006: 33) Während neuronales und soziales Gedächtnis aneinander gekoppelt sind, tut sich zur Dimension des kulturellen Gedächtnisses auf der substanziellen Ebene eine Kluft auf: „Die Symbole, die Träger des kulturellen Gedächtnisses darstellen, sind erstens externalisiert und objektiviert" (Assmann, Aleida 2006: 34) und zirkulieren unabhängig von den Personen. „Das bedeutet zweitens, dass ihre zeitliche Reichweite nicht auf die menschliche Lebensspanne beschränkt ist, sondern potenziell unendlich gestreckt werden kann." (Assmann, Aleida 2006: 34) Hier wird ein erstes zentrales Kriterium der Schrift herausgestellt: Abhängig von der Beständigkeit des Trägerstoffs, transportiert Schrift ihren Sinn in die Zukunft. So wird beispielsweise die Zäsur zwischen der ägyptischen *Vorgeschichte* und der *Geschichte* des alten Ägyptens zwar historisch an die Entstehung des Staates, gekennzeichnet durch Berichte über die ersten Pharaonen, geheftet. Doch die Ägyptologie kommt nicht umhin, letztlich doch das Auftreten von ägyptischer Erinnerung, übermittelt durch die Schrift, zur entscheidenden Grenzziehung zu erklären. Während die frühen pharaonischen Dynastien – deren erste in bezeichnendem Ausweis ihrer Ungesichertheit als *Dynastie 0* bezeichnet wird (vgl. Assmann, Jan 2005b: 544) – faktisch bezweifelbar sind, setzt die Geschichtswissenschaft einhellig mit der Überlieferung von beständigem Trägerstoff und darauf verzeichneten schriftlichen Zeugnissen ein (vgl. Assmann, Jan 2005b: 26 und 60 f.; Hornung 2008b: 12; Schlögl 2006: 65-69; Kemp 2007: 60 f.)

Die von Aleida Assmann herausgearbeitete strikte Grenze zwischen dem biologisch vermittelten neuronalen und sozialen Gedächtnis einerseits und dem symbolisch vermittelten kulturellen Gedächtnis andererseits begründet also die

2 Kognitive Dimensionen des Werks

fundierende wissenschaftliche Grenzziehung zwischen *Vor*geschichte und Geschichte, weil die biologisch erzeugten Erinnerungen jenseits der Lebensspanne ihrer Träger unweigerlich verloren und nur spekulativ rekonstruierbar sind. Implizit ist damit aber auch bereits gesagt, dass die Dimensionen in umgekehrter Richtung eines unabdingbaren Kontakts bedürfen: „Die entkörperten und zeitlich entfristeten Inhalte des kulturellen Gedächtnisses müssen drittens immer wieder neu mit lebendigen Gedächtnissen verkoppelt und von diesen angeeignet werden." (Assmann, Aleida 2006: 34) Nachdem diese Wechselwirkungen skizziert sind, stellt sich nun die Frage nach dem Grund der Evolution von Schrift.

In der Rede von den symbolischen Medien ist zunächst über die substanzielle Formung der Symbole noch keine Entscheidung getroffen. Riten und Feste sind nicht auf Schriftlichkeit angewiesen. Ihre Mündlichkeit garantiert die gleichzeitige Anwesenheit von Sender und Empfänger der Mitteilung, und „[e]s ist dies gemeinsame Erleben einer strukturierten Abfolge, das Sprechern und Hörern den Eindruck vermittelt, Dasselbe zu erleben." (Luhmann 1998: 255) Dieser Vorteil in der Sicherung der gemeinsamen Interpretation hat allerdings auch einen Nachteil, denn für die kontinuierliche Sicherung mündlicher Botschaften in der Gruppe resultiert daraus ein „Wiederholungszwang" (Assmann, Jan 2005a: 89), und in diesem sind sie auf die Dimensionen des neuronalen und sozialen Gedächtnisses beschränkt. Von genau dieser Beschränkung befreit die schriftliche Überlieferung im Text.

Zwischen Sinnstiftung und Dauer besteht eine wechselseitige Beziehung: Nur beständige Erinnerungen können die Identität einer Gruppe aufrecht erhalten, und nur normativ bedeutsame Narrative werden genügend Haltbarkeit entwickeln, um zu alten Erinnerungen zu werden. Daraus lässt sich nach dem bereits Ausgeführtem schließen, dass der Mythos als Träger der Gruppenerinnerung fungiert. Im folgenden geht es nun nicht um seine medialen Funktionen, sondern um seine formalen Bedingungen. Auf die zentrale mediale Bedeutung der Feste und Riten für das kulturelle Gedächtnis war bereits hingewiesen worden, weil sie mit ihrer Bedeutsamkeit eine Strukturierung der Zeit, der Dinge und des sozialen Kontextes bewirken, indem sie Alltag und Festtag sowie Profanes und Sakrales voneinander trennen, wodurch das gesellschaftliche Bedürfnis nach Spezialisten für die korrekte Durchführung befördert wird. Jan Assmann ergänzt, dass in sozialen Gruppen, deren Identität durch Feste und Riten gesichert sei, typischer Weise die Vorstellung einer zirkulären Zeit entstehe: Denn die Verbindung zum ursprünglichen Geschehen, von dem im Mythos berichtet wird, kann nur durch *Wiederholung* aufrecht erhalten werden. Diese formale Bedingungen der Riten und Feste besorge die „konnektive Struktur" (Assmann, Jan 2005a) zwischen einer Gruppe und ihren nicht mehr lebenden Vorfahren, die Wiederholung verbürge die Kontinuität und das Selbstverständnis der Gruppe im Verlauf der Zeit. Vor- und Nachteile von Ritus und Fest als traditionaler Formen zur Aufrechterhaltung der Gruppenkohärenz liegen auf der Hand: Beide Formen sind auf die personale Anwesenheit der Gruppenmitglieder angewiesen. Der Vorteil besteht in der unmittelbaren Einwirkung auf die Individuen; damit ist auch das Maß der Kontrolle sehr hoch, und die Bewahrung von Ritus und Fest in der immer gleichen Durchführungsform fällt leicht. Doch die personale Anwesenheit bezeichnet zugleich auch das Problem: Zeremonielle Aufrechterhaltung der Erinnerung braucht einen konkreten Ort und eine konkrete Zeit der Zusammenkunft, sie ist auf Distanz schwer aufrecht zu erhalten, vor allem die korrekte Durchführung ist hier gefährdet: *Repetition* hält die Erinnerung aufrecht und *Interpretation* kann begrenzt oder sogar unterbunden werden.

Dieses Verhältnis kehrt sich in Schriftkulturen um: Durch die Stillstellung eines Narrativs im schriftlich buchstäblich festgehaltenen Text minimiert sich die Notwendigkeit der Repetition, sie ist womöglich sogar verzichtbar. Aber diese Stillstellung entfernt jede lebendige Normativität der Erzählung, die Speicherkapazität der Schrift allein vermag noch keine Kontinuität der Erinnerung in diesen Texten zu bewirken: „Wenn sie außer Gebrauch kommen, werden sie eher zu einem Grab als zu einem Gefäß des Sinns, und nur der Interpret kann mit den Künsten der Hermeneutik und dem Medium des Kommentars den Sinn wiederbeleben." (Assmann, Jan 2005a: 91) Daraus ergeben sich die beiden theoretischen Folgeprobleme des interpretativen Anschlusses und der Kanonisierung. Der Kommentar dient der Aufrechterhaltung der konnektiven Struktur, und der Kanon bietet die Anschlussstelle hierfür.

Die Unterscheidung zwischen Repetition und Interpretation kann übersetzt werden in die Unterscheidung von sakralem Text und kanonisiertem Text: Der sakrale Text dient nach Jan Assmann der „Vergegenwärtigung des Heiligen im Medium der Stimme" (Assmann, Jan 2005a: 94), womit nicht gesagt sein soll, dass heilige Texte auf Mündlichkeit beschränkt sind. Aber auch schriftlich gefasste heilige Texte sind zur Rezitation im rituellen oder festlichen Rahmen bestimmt, wobei Genauigkeit, Reinheit, der richtige Zeitpunkt und der vorgeschriebene Ort zu beachten sind. Der kanonisierte Text hingegen ist ein Phänomen der Schriftlichkeit, er bezieht sich auf Texte, denen die rituelle und festliche Lebendigkeit zugunsten der Beständigkeit genommen sind, weswegen die Funktion der Repetition und der Interpretation hier auseinander treten. Der kanonische Text benötigt einen Interpreten, die Repetition allein vermag seine erinnernde und gruppenkonstituierende Kraft nicht freizusetzen. Deswegen bewirkt die Verschriftlichung mythischer Inhalte eine weitere Ausdifferenzierung der Gesellschaft: Jan Assmann verweist auf die Entstehung spezialisierter intellektueller Eliten in verschiedenen Kulturen der Schriftlichkeit, beispielsweise „der israelitische *Sofer*, der jüdische *Rabbi*, der hellenistische *philologos*, der islamische

2 Kognitive Dimensionen des Werks

Scheich und *Mullah*, der indische *Brahmane*, die buddhistischen, konfuzianischen und taoistischen Weisen und Gelehrten […]. Sie teilen und verkörpern die Autorität des Kanons und der in ihm geoffenbarten Wahrheit." (Assmann, Jan 2005a: 95) Mit dem Korpus kanonischer Texte bilden sich also zugleich soziale Gruppen aus, die über die Entfaltung der leblos gespeicherten normativen und formativen Kraft verfügen.

Für das kulturelle Gedächtnis wirkt sich die evolutionäre Entwicklung der Schrift geradezu wie eine Wasserscheide aus: „Der Hauptunterschied zwischen textueller und ritueller Kohärenz liegt darin, dass rituelle Kohärenz auf Wiederholung basiert, […] während textuelle Kohärenz Variation zulässt, sogar ermutigt." (Assmann, Jan 2005a: 97) Gesellschaftswissenschaftlich bedeutet dies die Entwicklung von Verfahren des Text*anschlusses*. Hier sollen drei verschiedene Optionen unterschieden werden: Die Imitation, der Kommentar und die Kritik. Imitierenden Anschluss erfahren Texte der *Klassik*, sie gelten als Vorbilder, die nicht übertroffen und daher allenfalls nachgeahmt werden können. Kommentare beziehen sich auf Texte des *Kanons*, deren Gehalt vor Veränderung geschützt ist, auf sie kann nur rekonstruierende Interpretation zugreifen. Und Kritik ist die typische Anschlussart an Texte der *Wissenschaft*. Im Gegensatz zu klassischen und kanonischen Texten ist ihr Gehalt nicht etwa geschützt, sondern sie fordern mit ihrem Wahrheitsanspruch zur falsifizierenden Widerlegung explizit heraus. Alle drei Arten des Anschlusses erzeugen jedoch eine zusätzliche Ebene des Textes, und damit eine Distanz zum Ursprung: Imitationen, Kommentare und Kritik bewirken allen Erzeugungsregeln zum Trotz eine Differenz – und unterscheiden sich damit systematisch vom Umgang mit *sakralen Texten*, deren ganze Verwendung auf die Bewahrung durch Repetition beschränkt ist. Der sakrale Text *muss* mit sich identisch bleiben[6] (vgl. Assmann Jan 2005a: 99-103). Das „Ideal der Nullabweichung" (Assmann, Jan 2005a: 105) eines Kanons ergibt einen Sinn ja erst durch die *mögliche* kritische Distanz in der Wiederholung eines Textes.

Wenn der Textanschluss reguliert ist, muss ihm komplementär die *Schließung* eines Textkorpus zum Kanon vorangegangen sein. Interessanterweise handelt es sich hierbei um die Übertragung einer Rechtskategorie auf die Schrift: Denn ein Kanon verlangt vom Rezipienten die Gefolgschaft in gleicher Weise, in der ein Befehl und ein Gesetz die Befolgung anmahnt. Jan Assmann nähert sich den Verfahren der Kanonisierung durch eine differenzierte Rekonstruktion der Begriffsgeschichte. Diese erschließt die paradoxe Begriffsverwendung von *Kanon* in der Neuzeit, lässt sich darunter doch einerseits die Bildung eines an-

---

6 Am deutlichsten ausgeprägt ist diese Auffassung vermutlich in den Hauptströmungen des Islam, denen der Koran als „Rede Gottes, die so diktiert und vom Menschen nicht redigiert worden ist" (Ruthven 2000: 39), gilt und deshalb nicht aus der arabischen Sprache übersetzbar ist.

schlussfähigen Kerns bedeutsamer Texte als Ursprung einer kulturellen Ausdifferenzierung verstehen, andererseits wird unter Kanonisierung aber auch die normative Abschließung verstanden, die eine freie Weiterverwendung der hier eingegrenzten Texte gerade unterbindet. Im erstgenannten Sinne ließe sich etwa ein Kanon an wichtigen Schriften einer wissenschaftlichen Fachdisziplin zusammenstellen, auf dessen Grundlage fruchtbarer Anschluss durch Text- und Sinnpflege betrieben wird. Letztlich stellt jedes Schulbuch einen solchen Kanon dar. Beim zweitgenannten Sinne ist an die totalitäre Abschließung von Texten zu denken, mit der Vorschrift, kulturelle Produktion einem bestimmten Sinn und einer vorgegebenen Richtung zu unterwerfen. Ein Blick in die Kulturpolitik autoritärer Staatsformen liefert hier eine Fülle von Beispielen. Dieses Paradox des doppelbödigen Begriffs löst sich durch die begriffsgeschichtlichen Betrachtungen auf, denn Kanon ist in der Antike in einem eher deskriptiven Sinne als *Maßstab* verstanden worden – zwar misst ein Lineal die Länge und ermöglicht die Einschätzung bezüglich der Entsprechung einer Kopie gegenüber dem Original, aber es verwirft Abweichungen und andere Längen nicht, auch wenn es die Option der Abgrenzung dazu stiften mag. Auf dieser Ebene hat sich der Begriff des Kanons als „Code zweiten Grades" (Assmann, Jan 2005a: 116) erhalten, also als eines Maßstabs innerhalb bereits regulierter kultureller Produktionsbedingungen und somit als *Maßstab eines Maßstabs*. Hier grenzt sich *Kanon* von *Tradition* ab, weil Kanon bewusst zugreift und auswählt. Erst im Zuge religiöser Schriftkultur wuchs dem Kanonbegriff dann ein zusätzlicher, normativer Gehalt zu, als Bezeichnung eines verbindlichen Textkorpus. Ein junges Beispiel hierfür ist die Veröffentlichung der Bibelfassung *Nova Vulgata* durch Papst Johannes Paul II. im Jahre 1979: Dies ist unter den verschiedenen Fassungen und Übersetzungen jene, die in der katholischen Kirche maßgebend verwendet werden *soll*. Der Gegenbegriff zu diesem Kanonbegriff ist *Klassik* – auch Klassik bezeichnet bereits einen gemessenen Ausschnitt aus der Gesamtheit des Traditionsbestandes. Es konnte bereits gezeigt werden, dass sie ihren Anschluss durch Festlegung auf Imitation einschränkt, aber sie verwirft alternative Auswahlen nicht: „Andere Epochen, andere Schulen wählen anderes aus." (Assmann, Jan 2005a: 121) Auf dieser Ebene, als *normativer Maßstab innerhalb eines deskriptiven Maßstabs*, grenzt Kanon bewusst aus. Dies darf aber im Rahmen des kulturellen Gedächtnisses nicht pejorativ gedacht werden, denn es konnte gezeigt werden, dass Erinnerungen, die nicht spurlos in der Zeit verloren gehen sollen, einer normativen Besetzung zwingend *bedürfen*, und Schriftkultur vergrößert gerade wegen ihrer Haltbarkeit bewirkenden Entnormierung der Texte die Gefahr, zum „Grab" für die Vergangenheit zu werden. Aus diesem Blickwinkel entpuppt sich Kanonisierung gerade wegen seiner Verwendung auf zwei unterschiedlichen Ebenen als außerordentlich fruchtbarer Begriff, weil er sowohl geeignet ist, die Eingrenzung

2 Kognitive Dimensionen des Werks

des Auswahlbereichs innerhalb einer als Kultur verstandenen Gesamtheit zu bezeichnen, als auch die Wiederbelebung des Ausgewählten, um es dem Vergessen zu entziehen. Aus soziologischer Perspektive möchte ich für die deskriptive Verwendung den Begriff *rekursiver Kanon* vorschlagen, und bei normativem Gebrauch vom *reflexiven Kanon* sprechen, da im ersten Fall die Eingrenzung rekursiv zur Kenntnis genommen und im zweiten Fall das Auswahlprinzip reflexiv angewendet wird.

Die grundlegende Funktion eines Kanons, in beiden Begriffsverständnissen, liegt in der Bereitstellung eines Maßstabs von falsch und richtig. Sie leitet in schriftbasierten Kulturen die Zentrierung an, sowohl in der ausdifferenzierenden als auch in der autoritär beschränkenden Kanonisierung geht es um eine Engführung kultureller Entwicklung durch die Etablierung eines Wertbezugs, indem zunächst aus der Gesamtheit des Traditionsstroms desjenige ausgewählt wird, das einer normativen Bevorzugung für wert befunden wird, um dann gegenüber der Klassik dasjenige auszuzeichnen, das zur Imitation, Kommentierung und Kritik vorgesehen ist. In der autoritären Fassung wird das Nicht-Kanonisierte verurteilt und gewollt dem Vergessen überantwortet, während es in der offenen Variante als gegenwärtige Negation doch prinzipiell für zukünftige Anschlüsse erhalten bleibt. Dieser Unterschied lässt sich auch so übersetzen, dass es im ersten Fall um eine Festsetzung geht, während der zweite Fall ein Ideal der Genauigkeit entwirft (vgl. Assmann, Jan 2005a: 122).

Kanon hängt mit Gruppenbildung unmittelbar zusammen. Anlass für die ausführlichen Betrachtungen im Forschungsprogramm von Jan Assmann war die Untersuchung von Mechanismen, die das kulturelle Gedächtnis in Schriftkulturen in einer Weise kanalisieren, dass es gruppenbildend wirkt. Oder anders ausgedrückt: Die Beständigkeit schriftlicher Überlieferung, bei damit einhergehender Loslösung von der ursprünglich intendierten Botschaft, bedeutet eine massive Ausweitung der Optionen gesellschaftlicher Gruppenbildung. Die Untersuchung von Prozessen der Kanonisierung geben eine Antwort darauf, wie die kollektive Identität von Gruppen dennoch gewahrt bleibt.

2.3 Politische Identität

Wenn die Ausführungen Jan Assmanns in einem Kapitel mit der Überschrift „Kulturelle Identität und politische Imagination" (Assmann, Jan 2005a: 130-160) hier unter der Überschrift der *politischen Identität* eingeleitet werden, dann geschieht dies, um die nach wie vor häufig anzutreffende fundamentale Zurückweisung *jeder* Analyse kollektiver Identitäten zu berücksichtigen und dagegen zu verdeutlichen, dass es sich im vorliegenden Fall nicht etwa um die Behauptung einer einzelne Menschen überwölbenden Seele oder sogar um mystische, geteilte Wesen handelt, sondern schlichtweg um den Umstand, dass Gruppen, wenn sie gemeinsam handeln – also *politische Entscheidungen treffen* – sich dabei zwangsläufig auf kollektiv geteilte Ansichten stützen müssen, um diese Entscheidungen wechselseitig zu rechtfertigen. Wenn es sich dabei um mehr als einen einmaligen Akt, also um die dauerhafte Konstituierung als ein Entscheidungen treffendes Kollektiv handelt, dann „brauchen [sie] die Vergangenheit in erster Linie zum Zweck der Selbstdefinition." (Assmann, Jan 2005a: 133) Kulturelles Gedächtnis wird hier insofern als identitätsstiftend betrachtet, als es die Permanenz einer kollektiv handelnden Gruppe befestigt. Damit soll die Problematik des Begriffs *kollektive Identität* jedoch keinesfalls beiseite gewischt, sondern lediglich eröffnet werden.

Einen profunden Überblick über die wissenschaftliche Verwendung des Begriffs der kollektiven Identität hat Lutz Niethammer zusammengestellt (vgl. Niethammer 2000). Beginnend mit Carl Schmitt, der nach theoretischen Rechtfertigungen suchte, um eine sich durch Individualisierung und funktionale Spezialisierung ausdifferenzierende Gesellschaft einer eindeutig gerichteten politischen Herrschaft zu unterwerfen (vgl. Niethammer 2000: 77-122), verfolgt Niethammer die Karriere des Begriffs bei Georg Lukács, Carl Gustav Jung, Sigmund Freud, Erik Erikson, Maurice Halbwachs und Aldous Huxley bis in die wissenschaftliche und politische Gegenwart. Es ist allerdings erstaunlich, zu welch eindeutigem Urteil Lutz Niethammer nach Konsultation so vieler – politisch wie wissenschaftlich unterschiedlich ausgerichteter – Quellen kommt: „[S]o war der größte gemeinsame Nenner, dass es sich um wissenschaftsförmige, magische Formeln handelte, in denen etwas unsagbar Wesentliches zugleich betont und verborgen wurde. Die Bestimmtheit des Ausdrucks übertönte die Vagheit des Inhalts, der regelmäßig zeitspezifische Bezüge zu religiösen Ersatzbildungen und zu verlorenen oder erschütterten gesellschaftlichen Traditionen, Selbstverständlichkeiten, Unbewusstheiten erkennen ließ." (Niethammer 2000: 625) In dieser Auffassung ist der Bezugspunkt des Begriffs *kollektive Identität* unweigerlich mystisch und kann für einen aufgeklärten Wissenschaftler zu nichts Gutem dienen: „Im Zuge der Steigerung einer Konfliktdynamik werden sich dabei nur Letztbegründungen bewähren, die es im Bereich von Geschichte und Gesellschaft nicht gibt und für die deshalb auf Glaubensüberlieferungen oder scheinbar natürliche Gegebenheiten, grob gesprochen: auf Religion und Rasse, zurückgegriffen werden muss. Insofern ist kollektiver Identität die Tendenz zum Fundamentalismus und zur Gewalt inhärent." (Niethammer 2000: 625) Geteilte Identität sei also letztlich ein Täuschungsmanöver für Kollektive, die als „Differenzbestimmung" (Niethammer 2000: 626) auf den gewaltsamen Konflikt hin angelegt ist. Dass diese Auslegung für die Intention der politischen Theologie eines Carl

2 Kognitive Dimensionen des Werks

Schmitt zutreffend ist, belegt aber keinesfalls, dass es sich hierbei um die wissenschaftlich haltbare Charakterisierung eines sozial- und kulturwissenschaftlich beobachtbaren Phänomens handelt. Erstaunlich ist das eindeutige, verdammende Urteil Niethammers vor dem Hintergrund der Einsichten seiner eigenen Arbeit zu Maurice Halbwachs. Hierzu zieht er wiederholt auch die Werke Jan Assmanns heran und erwähnt gemeinsame Diskussionen auf Fachtagungen (vgl. Niethammer 2000: 329). Halbwachs' Auffassung über die Grundfunktion einer sozialen Konstruktion des Gedächtnisses fasst Niethammer prägnant zusammen: „Die Mitglieder der Gruppe, die sich in der Zeit verändern, erfahren ihre Zugehörigkeit zur Gruppe und ihre Vergangenheit, *egal ob selbst erlebt oder überindividuell* [Hervorhebung JüS], in der Wiederbegegnung mit diesen Strukturen und Artefakten ihrer Überlieferung, die einen in der Zeit relativ kontinuierlichen Gedächtnisraum bildet." (Niethammer 2000: 351) Und Niethammer rekonstruiert präzise den Umschlag von Geschichtswissenschaft in das Feld der kulturellen Erinnerung: „Halbwachs [...] hält die positivistische Methode aufrecht, schreibt den Gegenstand der Erinnerung insgesamt ab und wechselt das Terrain, indem er nun Aussagen über die soziale und psychische Funktion des Erinnerns anstrebt. *Jetzt geht es nicht mehr um die Identität des Erinnerten, sondern der Erinnernden* [Hervorhebung JüS]." (Niethammer 2000: 353) Diesen Wechsel des Beobachtungsgegenstandes – den Halbwachs nicht leugnet und Assmann betont – kann Niethammer dann aber nicht als wissenschaftlich seriös begreifen und erblickt in ihm allein ideologische Verblendung: „Objektivität erlauben sie [die Identitätsvorstellungen, JüS] nicht, sondern diese vergesellschafteten Trugbilder über die Vergangenheit erlangen nur Gültigkeit, indem sie vom Subjekt angeeignet werden. Sie müssen durch ein subjektives *Gefühl* validiert werden." (Niethammer 2000: 354)

Diese Argumentation Niethammers fasst die Abwehr jeder wissenschaftlichen Beschäftigung mit kollektiven Identitäten exemplarisch zusammen: In ihrem Kern befänden sich lediglich magische Praktiken oder Gefühle, es handele sich um inszenierte Täuschungsmanöver für beherrschte Gruppen, die in letzter Konsequenz auf religiösen Fundamentalismus oder rassistische Gewalt zuliefen. Das Ergebnis dieser Argumentationsweise ist eine fast schon tragische Ironie: In dem ehrenwerten Bestreben, für Sozial- und Kulturwissenschaften keine anderen als objektiv nachvollziehbare Erkenntnisse gelten zu lassen, wird auf der Verwendung theoretisch eindeutig bestimmbarer Substanzen beharrt. Diese Eindeutigkeit wird jedoch auf materiale Artefakte beschränkt und klammert kollektive Symbole systematisch aus. Was dabei verloren geht, ist der Umstand, dass soziale Kollektive und gesellschaftliches Handeln in komplexen Gesellschaften nur über Formen symbolischer Vermittlung zustande kommen und verstanden werden können. Erzählungen, Bilder, Denkmäler, rituelle Praktiken und Feste stiften überhaupt erst den Sinnzusammenhang, der wiederholtes zielorientiertes Handeln einer Gruppe möglich macht. Und ein solcher Sinnzusammenhang ist *imaginär* – aber nur weil er material nicht fassbar ist, stellt er noch keine Täuschung dar.

Wie bereits ausgeführt worden ist, bildet sich bereits das individuelle Bewusstsein nur in einem sozialen Zusammenhang aus. Das Orientierungswissen, das der einzelne Mensch benötigt, ist nur zu erlangen, wenn er sich auf einen, von seiner Person an einem konkreten Raum- und Zeitpunkt unabhängigen und damit stabilen Sinn bezieht. Damit ist Sinn zwar unhintergehbar an das Erleben des Individuums geknüpft, zugleich ist die Beständigkeit als Voraussetzung seiner Orientierungsfunktion auf die Bestätigung in sozialer Kommunikation im gegebenen kulturellen Feld angewiesen. Auf diese Weise kann das Individuum auch Dinge lernen, die es nicht selber *erfahren* hat und sich an Ereignisse erinnern, bei denen es nicht selber *anwesend* war. Das Individuum ist „soziogen" und nicht unabhängig von kulturellen Medien zu denken, wie Jan Assmann betont: „Beide Prozesse, der der Individuation und der Sozialisation, verlaufen in kulturell vorgezeichneten Bahnen. Beide Identitätsaspekte sind Sache eines Bewusstseins, dass durch Sprache und Vorstellungswelt, Werte und Normen einer Kultur und Epoche in spezifischer Weise geformt und bestimmt wird." (Assmann, Jan 2005a: 132) In Kenntnis der kritischen Debatte sollte hier jedoch anstelle von „vorgezeichneten" besser von *kulturell gerahmten Bahnen* gesprochen werden, um jeden Anklang an Prädeterminiertheit kontingenter Prozesse zu vermeiden. Die Eingebettetheit des Individuums in soziale und kulturelle Rahmen, die auch Niethammer bei Halbwachs herausarbeitet, zwingt die Sozial- und Kulturwissenschaften zu einer Umschaltung ihrer Perspektive: Schon für Individuen gilt, dass sie ein Bewusstsein ihrer selbst nicht nur aus konkreten Handlungen und kommunikativem Austausch, sondern auch aus zeitlich stabilen kulturellen Ressourcen beziehen – und diese sind in ihrem Bedeutungsgehalt niemals eindeutig. Der dauerhafte Bestand einer sozialen Gruppe, der ihre konkrete Zusammensetzung aus Individuen und deren biologische Lebensdauer übersteigt, ist ohne Bezugnahme auf die kulturellen Rahmungen gar nicht zu leisten. Wenn es jedoch der „relativ kontinuierliche Gedächtnisraum" ist, in dem – wie von Halbwachs herausgestellt und von Niethammer nicht widerlegt – sich die Zugehörigkeit zu einer Gruppe für die Individuen bestätigt, dann muss die Konstruktion dieses Gedächtnisraumes untersucht werden, um individuelle Handlungen rational erklärbar zu machen. Lutz Niethammer erkennt hier zwar die „Wiederbegegnung mit [...] Strukturen und Artefakten ihrer Überlieferung" (Niethammer 2000: 351), in denen er jedoch nur „vergesellschaftete [...] Trugbilder über die Vergangenheit" (Niethammer 2000: 354) erkennen kann. Aleida Assmann hat in der Reflexion des hier thematisierten Perspektivwechsels pointiert heraus gestellt, was auch Niethammer zu irritieren scheint, nämlich „die überzeitliche

2 Kognitive Dimensionen des Werks

Wirkmacht von Bildern und Symbolen und ihre historische Konstruiertheit." (Assmann, Aleida 2006: 31) Dem entgegnet sie: „Die Einsicht, dass Bilder und Symbole *gemacht* wurden und werden, wird nicht mehr automatisch als Nachweis ihres *fiktiven, unechten* oder manipulativen Charakters gewertet, weil der Status der *Gemachtheit* (ob vor langer Zeit oder erst vor kurzem) für alle kulturellen Artefakte gilt. Die Aufgabe der Prämisse des Ideologieverdachts hat keineswegs zur Aufgabe des kritischen Bewusstseins geführt; im Gegenteil wird der eigene kulturelle Horizont davon nicht mehr ausgenommen, sondern demselben Analysemodus unterworfen." (Assmann, Aleida 2006: 31) Die Beziehung zwischen den Sinn stiftenden Bedeutungen von kollektiven Symbolen, den Gegenständen und Praktiken, denen sie zugeschrieben werden und den Individuen, die sich auf sie beziehen und ihnen die Orientierung ihres Handelns entnehmen, hatte bereits 1975 in dezidiert kritischer Absicht Cornelius Castoriadis herausgearbeitet: „Man hat es für nötig befunden, darauf hinzuweisen, dass die gesellschaftlichen Tatsachen nicht Dinge seien. Selbstredend sind die gesellschaftlichen Dinge keine *Dinge*; gesellschaftliche Dinge, und zwar *diese*, sind sie nur, insofern sie gesellschaftliche Bedeutungen *verkörpern*, oder besser gesagt, abbilden und darstellen. Die gesellschaftlichen Dinge sind das, was sie sind, nur aufgrund der Bedeutungen, die in ihnen unmittelbar oder mittelbar, direkt oder indirekt Gestalt annehmen. [...] Umgekehrt liegen die gesellschaftlichen Bedeutungen in den *Dingen* – Objekten und Individuen – und werden darin direkt oder indirekt, unmittelbar oder mittelbar, dargestellt oder abgebildet. Sie müssen sich in einem Netz von Dingen *verkörpern*, in ein solches Netz *einschreiben*, denn nur mithilfe eines solchen können sie sich vergegenwärtigen und Gestalt annehmen. [...] Dass gesellschaftlich imaginäre Bedeutungen instituiert sind, dass die Institution der Gesellschaft eine Welt von gesellschaftlich imaginären Bedeutungen instituiert, heißt auch, dass diese Bedeutungen in der und durch die Bedeutungen der Individuen, Handlungen und Gegenstände, in denen sie sich *äußern*, gegenwärtig werden und Gestalt annehmen." (Castoriadis 1990: 582 f.) Was in den Arbeiten Jan Assmanns unter dem Titel der kollektiven Identität und politischen Imagination verhandelt wird, ist exakt jener Prozess, den Castoriadis hier als *Instituierung* bezeichnet, nämlich die Etablierung einer *wiederholt verwendbaren geteilten* Bedeutung von Symbolen durch verschiedene Individuen. Und die Ausführungen Castoriadis' geben Anlass zu der weitergehenden Schlussfolgerung, warum hierbei von *Identität* die Rede sein muss, was heißt: Identisches aus Unterschiedlichem zu erzeugen. Identität ist ein Begriff, dessen Aufkommen an Komplexität geknüpft ist, also an das Bewusstsein von Mehrwertigkeit und zeitlicher Instabilität.

So wird in einem Vortrag von Niklas Luhmann ersichtlich, warum Niethammers Argwohn gegen Gleichsetzungen nicht-identischer Entitäten zu einem theoretischen Kurzschluss führen muss. Sie basiert nämlich auf der zunächst intuitiv einsichtigen Annahme, dass lediglich zwischen Sein und Nicht-Sein zu unterscheiden sei, oder in gesellschaftliche Zusammenhänge übersetzt: Dass ein Individuum, das kognitiv als autonomer Mensch akzeptiert ist, nicht zugleich der Teilaspekt einer kollektiven Identität sein könne, weil dann entweder das Individuum nicht autonom oder das Kollektiv lediglich eine Ansammlung von verschiedenen Individuen in wechselnder Verfassung und daher nicht *identisch* wäre. Luhmann weist aber darauf hin, dass dies nur in einer Welt gelten kann, deren Gegebenheit unhinterfragt gültig ist.[7] Doch diese Unhinterfragbarkeit der Welt gilt nicht einmal für das Individuum – Lutz Niethammer selbst weist auf die grundlegende psychologische Erkenntnis hin, dass wir es beim einzelnen Menschen mit „einer begrifflichen Spaltung des Selbst in mehrere Funktionen" (Niethammer 2000: 327) zu tun haben und er verwendet für die Zusammenfügung dieser verschiedenen Ebenen zu einem sich als ungeteilt wahrnehmenden Individuum selbst den Begriff der „persönlichen Identität" (Niethammer 2000: 327). Wenn die faktische Gegebenheit von Individuen und der Welt nicht mehr garantiert ist, zieht das die Notwendigkeit des kritischen Hinterfragens nach sich: „Man hatte zunächst einmal zu beobachten, wie [die Welt] beobachtet wird, um eventuell die Beobachtungsweise zu korrigieren." (Luhmann 2009b: 15) Und das nennt Luhmann „Beobachtung zweiter Ordnung" (Luhmann 2009b: 16; vgl. Luhmann 1998: 92 f.). Eine Beobachtung erster Ordnung fragt danach, was *ist* – im hiesigen Zusammenhang der kollektiven Identität also danach, ob es um ein Individuum oder um eine Gruppe geht. Die Beobachtung zweiter Ordnung dagegen verfolgt, ob für die Bestimmung des Individuums und die Bestimmung der Gruppe dieselben Prinzipien angewendet werden. Die Beobachtung zweiter Ordnung fragt also, *wie* es zu Individuum und Gruppe kommt. Und die alte Gewissheit, dass eine Einzelperson ein Unteilbares (lat. *individuum*) ist, gilt heute nicht mehr – es herrscht vielmehr die Gewissheit vor, dass eine Einzelperson nur in Abhängigkeit von sozialer Gruppe und kulturellem Feld bestimmt werden kann. Damit hat jedoch das Individuum auf der Ebene zweiter Beobachtung keine größere Gewissheit mehr als die Identität eines Kollektivs: Beides ist kontingent. Hiermit ist zunächst der methodische Wechsel in der Wissenschaft bezeichnet, der aus der Auflösung einer methodologischen Ontologie folgt. Aber dieser Wechsel hat auch Auswirkungen über den Bestimmtheitsstatus der Schlussfolgerungen: „Wir fragen nicht, *was* etwas Identisches ist, sondern *wie* das *erzeugt wird*, was dem Beobachten als Identisches zugrunde gelegt wird. [Der Begriff] bezeichnet nicht mehr die Form, in der Seiendes in Übereinstim-

---

7 Luhmann benennt die Herkunft dieser Einsicht aus der aufklärerischen Philosophie Immanuel Kants. Dieser philosophische Diskurs soll hier aber aus Gründen der Prägnanz nicht ausgeführt werden.

2 Kognitive Dimensionen des Werks

mung mit sich selbst existiert, sondern zunächst *idealistisch* eine Leistung der Synthese von Eindrücken externer Herkunft, die als solche eben deshalb nicht identifiziert werden können" (Luhmann 2009b: 21). Diese kritische Reflexion von Wissen als synthetischem Konstrukt bezieht sich auf die eigene wissenschaftliche Erkenntnis genauso wie auf gesellschaftliche Beobachtungen erster Ordnung. Damit kann diese Erkenntnis zum einen an die Aussage Aleida Assmanns zurück gekoppelt werden, wonach die Analyse des kulturellen Gedächtnisses mit der Begrifflichkeit kollektiver Identität bedeutet, dass „der eigene kulturelle Horizont [vom kritischen Bewusstsein] nicht mehr ausgenommen, sondern demselben Analysemodus unterworfen" (Assmann, Aleida 2006: 31) ist. Niethammers Begriff der Objektivität basiert demhingegen auf einem traditionellen ontologischen Wissenschaftsverständnis, das sich selbst noch nicht in Frage zu stellen gelernt hat. Zum anderen erlauben Luhmanns theoretische Ausführungen auch eine Klärung von sozialwissenschaftlichen Brüchen, die verbreitet unter der Unterscheidung von Mikro- und Makroebene abgehandelt werden: Mit großer Selbstverständlichkeit wird in vielen wissenschaftlichen Betrachtungen von kleinen und großen Gruppen bis hin zu Staatengemeinschaften gesprochen, als handele es sich dabei um Individuen mit einem rational abgeklärten Willen – in dem Bewusstsein, dass es faktisch anders ist.[8] In Niethammers Perspektive handelt es sich dabei dann – logisch konsequent – um eine Täuschung. Unter der von Luhmann gewählten Perspektive erübrigt sich hingegen die Notwendigkeit zu systematischen Unterscheidung von Mikro- und Makroebene, weil bereits das Individuum als „soziogen", das heißt als Synthese aus individuellen biologischen Grundlagen, sozialer Kommunikation und kultureller Rahmung betrachtet wird und sich somit auf der Ebene zweiter Beobachtung nicht systematisch von kollektiv handelnden Gruppen unterscheidet. Vielmehr liegt der Nachweis wissenschaftlicher Kongruenz darin, dass *keine* Unterscheidung bei der Analyse von Individuen und Kollektiven vorgenommen wird, wenn sie sich aus Beobachterperspektive als Einheit verhalten.

Bei Jan Assmann geht damit, in Übereinstimmung mit Castoriadis (vgl. Assmann, Jan 2005a: 133), eine ganz entschiedene Ablehnung jener „magischen Formeln" und „Ersatzbildungen" einher, die Lutz Niethammer hinter jeder Rede von kollektiver Identität vermutet: „Die Evidenz kollektiver Identität unterliegt einer ausschließlich symbolischen Ausformung. Den *Sozialkörper* gibt es nicht im Sinne greifbarer Wirklichkeit. Er ist eine Metapher, eine imaginäre Größe, ein soziales Konstrukt. Als solches aber gehört er durchaus der Wirklichkeit an." (Assmann, Jan 2005a: 132) Und dies wird noch einmal unterstrichen durch die

---

8 Diese „methodologische Präferenz für möglichst einfach Erklärungen – einfach im Verhältnis zur Komplexität der Daten" (Luhmann 1998: 40) thematisiert Niklas Luhmann (vgl. Luhmann 1998: 36-43). Die Debatte kann hier aus Platzgründen nicht einbezogen werden.

Feststellung, dass es keinerlei natürliche oder kulturelle Notwendigkeit für diese Gruppenimagination gibt: „Kollektive Identität kann bis zur Inhaltslosigkeit verblassen – und das Leben geht weiter, im Unterschied zur Ich-Identität, deren entsprechende Aushöhlung, Schwächung oder Beschädigung pathologische Folgen hat." (Assmann, Jan 2005a: 133) Auf die kollektive Identität ist kein Individuum als solches angewiesen, sondern erst eine Gruppe, wenn sie kontinuierlich auf der Grundlage gesicherter Gemeinsamkeiten kollektiv handeln will. Charles Taylor hat darauf hingewiesen, dass es für diesen, in der erinnerten Menschheitsgeschichte durchgängig beobachtbaren Fall sogar enorm unwahrscheinlich ist, mit den Kriterien traditioneller wissenschaftlicher Objektivität und definitorischer Genauigkeit arbeiten zu können, weshalb auch er die Rede von „social imagineries" bevorzuge: „I speak of imaginary because I'm talking about the way ordinary people *imagine* their social surroundings, and this is often not expressed in theoretical terms; it is carried in images, stories and legends. But it is also the case that theory is usually the possession of a small minority, whereas what is interesting in the social imaginary is that it is shared by large groups of people, if not the whole society. Which leads to [another] difference: the social imaginary is that common understanding that makes possible common practices and a widely shared sense of legitimacy. In addition, we should note that what start off as theories held by a few people may come to infiltrate the social imaginary, first that of elites, perhaps, and then of society as a whole." (Taylor 2002: 106) Die Individuen eines Kollektivs sind demnach, sobald unmittelbare Sicht- und Rufweite aller Mitglieder nicht mehr gegeben sind, auf die symbolischen Imaginationen angewiesen, um ihre gemeinsamen Handlungen ausrichten und abstimmen zu können. Zugleich ist völlig unwahrscheinlich, dass die dabei wirksamen Leitbilder in jedem Individuum in gleicher Weise vorhanden wären – in Bekämpfung einer solchen *Verschiedenheit im Kollektiven* gleiten totalitäre Ideologien in die Gewalttätigkeit ab. Besonders interessant an dem Argument Taylors' ist, dass er sich damit in direkte Konfrontation zu einer Aussage Niethammers bringt, der aus seinen ausführlichen Untersuchungen schlussfolgerte: „Kollektive Identität in der Gesellschaft und im transnationalen Raum macht nur dort Sinn, wo sie etwas anderes will, als das Recht regelt, entweder ein Kollektivsubjekt konstruieren, das im positiven Recht keine Stütze hat, oder seinen Angehörigen Aufgaben zuweisen, die diesseits oder jenseits rechtlicher Regelungen liegen." (Niethammer 2000: 626) Ganz im Gegensatz dazu betrachtet Charles Taylor die geteilte Akzeptanz von sozialen Imaginationen als Vorbedingungen für einen „widely shared sense of legitimacy". Sofern man nicht an einer demokratischen Zielvorstellung festhalten will, in der alle Individuen eines Kollektivs bewusst und mit rationaler Begründung nicht nur repräsentativ, sondern faktisch allen Entscheidungen zustimmen, ist die Gesellschaft auf eine Imagination angewiesen. *Jede* Form der Repräsenta-

2 Kognitive Dimensionen des Werks

tivität – und diese ist in sozialen Gruppen, die sich funktional ausdifferenzieren *und* demokratisch selbst regieren wollen, *unausweichlich* – benötigt eine politische Imagination zur Selbststeuerung. Nach dieser Schlussfolgerung muss ergänzend in Erinnerung gerufen werden, dass sich die empirischen Grundlagen der Forschungen Jan Assmanns in so fernen Vergangenheiten der Menschheitsgeschichte befinden, dass von demokratischen Idealen einer *Selbst*steuerung genauso wenig die Rede sein kann wie von kritischer Rationalität. Umso wichtiger ist die Klärung, warum das Thema kultureller Identität und politischer Imagination hier trotzdem nicht fehl am Platze ist. Zwar haben wir es im Falle des pharaonischen Ägyptens mit einer Gesellschaftlichkeit zu tun, in der Recht und Gesetze nicht verschriftlicht wurden, vermutlich weil eine solche Festschreibung die Begrenzung der herrschaftlichen Souveranität bedeutet hätte (vgl. Assmann, Jan 2002a: 33), und eine Ausdifferenzierung von einem sakralen, dezidiert religiösen Bereich gegenüber einem politischen, herrschaftlichen Bereich nicht konstatiert werden konnte (vgl. Assmann, Jan 2002a: 35), aber daraus darf nicht auf eine absolutistische Willkür der Herrschaft fehlgeschlossen werden: „Die Staatsgewalt, wie sie sich in den ägyptischen Königsinschriften – Dekreten und Tatenberichten – äußert, tritt keineswegs mit jener apodiktischen Selbstherrlichkeit auf, wie Carl Schmitt sie vom souveränen Staat fordert [...], sondern begründet und rechtfertigt ihre Entscheidungen mit einer sorgfältigen *Rhetorik der Motive*, die auf ein zugrunde liegendes Verantwortungsgefühl verweist. [...] Auch die Autorität des Pharaos beruht auf einem *Ethos der Überzeugung.*" (Assmann, Jan 2002a: 35 f.) Nach altägyptischer Auffassung ist die Unberechenbarkeit der Welt – gekennzeichnet durch Vorhandensein des Bösen – auf einen Rückzug der Götter aus der Welt zurückzuführen. Die Aufgabe politischer Herrschaft besteht in der Wiederherstellung, in der *Heilung* dieser Trennung und ist deshalb *zugleich* Politik und Religion. Und es ist gerade die Undifferenziertheit von Politik und Religion, die eine Rede von Repräsentativität – und damit die Annahme der symbolischen Konstruktion einer Identität – rechtfertigt, wie die pharaonische Konzeption des Kults aufzeigt: „Der Staat setzt die Gottesferne [...] voraus – und kompensiert sie. Noch schärfer formuliert: Wären die Götter gegenwärtig, gäbe es keinen Staat. Weil die Götter aber fern sind, muss es eine Institution geben, die den Kontakt mit der Götterwelt auch unter den Bedingungen der Gottesferne aufrecht erhält. [...] An die Stelle der Realpräsenz tritt Repräsentation. Staat und Kult, Tempel, Riten, Statuen, Bilder vermögen durch die Kraft des Symbols das Göttliche zu vergegenwärtigen und einen nur unmittelbaren Kontakt mit dem Göttlichen zu stiften." (Assmann, Jan 2002a: 43) Die ersten Formen sozialer Imagination erfolgen also gegenüber Göttern, die noch nicht vollkommen transzendental, sondern eher als *vorüberge-*

hend abwesend gedacht werden, und ihre Form ist die herrschaftliche (in diesem Fall religiöse *und* politische) Imagination.

Zum Abschluss dieser einführenden Rechtfertigung einer wissenschaftlichen Befassung mit kollektiven Identitäten sei der soziologischen Genauigkeit halber darauf hingewiesen, dass sich Jan Assmann explizit zum „methodologischen Individualismus" (Assmann, Jan 2005a: 131) bekennt, womit er auf ein theoretisches Bekenntnis von Hans Albert verweist. Dessen Grundsatz lautet: „Es handelt sich um die Forderung, alles soziale Geschehen auf die Handlungen der beteiligten Individuen zurückzuführen, ohne dabei auf kollektive Wesenheiten zurückzugreifen." (Albert 1990: 219) Dieses wissenschaftliche Konzept entwirft Albert in Auseinandersetzung mit dem Historismus und macht Max Webers Grundsatz eines „rigorosen methodologischen Individualismus" (Albert 1990: 224) zu seinem eigenen. Für ihn „bedeutet das keineswegs, dass das Vorhandensein kollektiver Phänomene geleugnet wird. [...] Es wird nur behauptet, dass sich alle diese Phänomene auf individueller Grundlage theoretisch deuten lassen." (Albert 1990: 226) Dies ist eine Methodik, die insbesondere bei der Untersuchung fernster Vergangenheiten, über die kaum gesicherte Annahmen gemacht werden können, angeraten erscheint, weil sie sich darauf beschränkt, „nach Erklärungen dieses Geschehens selbst zu suchen, und zwar unter Heranziehung allen erreichbaren Wissens" (Albert 1990: 223). In einem theoretischen Spannungsverhältnis hierzu befindet sich der sehr häufige Rückgriff Jan Assmanns auf die Werke Niklas Luhmanns. Zu Ende gedacht ist dessen Theorie funktionaler Differenzierung mit einem methodologischen Individualismus nicht vereinbar, wie an dem bereits eingeführten Begriff des Sinns gezeigt werden kann: Der methodologische Individualismus setzt einen Subjektbegriff voraus, also einen Begriff von bedeutungsvoll und an Sinn orientierten Individuen. Der Sinnbegriff, wie ihn Luhmann einführt und Assmann häufiger verwendet, geht aber einem solchen Subjektbegriff logisch voraus: Um Subjekt werden zu können, braucht es bereits *diesen* Sinn als Orientierungswissen. Es gelingt Jan Assmann, soweit ich das rekonstruieren konnte, die beiden Grundannahmen widerspruchsfrei nebeneinander zu verwenden. Eine Integration der beiden Konzepte ist jedoch widerspruchsfrei nicht möglich.

Jan Assmann begründet aber auch, warum er zu Erläuterung der Identitätsbildung auf die Argumentationen Luhmanns zurückgreift, und nicht etwa auf diejenige Jürgen Habermas'. Denn ein Hauptgrund für die Sinnpflege in der Kultur sei die Erzeugung von Vertrauen als Voraussetzung, um als Orientierungswissen dienen zu können. „Selbstvertrauen, Weltvertrauen, soziales Vertrauen *entlastet* auf diese Weise von Reizüberflutung, Entscheidungsdruck und Misstrauen, und schafft dadurch den Frei-Raum, der menschlichem Dasein eigentümlich ist." (Assmann, Jan 2005a: 137) Aber Vertrauen bedeutet eben Vor-

2 Kognitive Dimensionen des Werks

griff auf eine Wahrscheinlichkeit – die Wahrscheinlichkeit, nicht enttäuscht zu werden. Eine mögliche Eigenheit des Kulturellen ist somit, dass in sprichwörtlich *blindem* Vertrauen darauf zugegriffen wird – nämlich trotz eines potenziellen Wissens über die soziale Konstruiertheit unter gleichzeitiger Absehung von diesem Wissen. Wir haben es auch hier in der Begrifflichkeit Luhmanns mit einer Beobachtung erster Ordnung zu tun, die keineswegs ausschließt, dass *in anderen Momenten* ein Bewusstsein von der Möglichkeit des reflexiven und rekonstruktiven Zugriffs auf die kulturellen Artefakte möglich ist. Für den Augenblick des Zugriffs gilt für das Kulturelle: „Die Wirklichkeit wäre nicht die Wirklichkeit, wenn sie den in ihr Lebenden als eine *soziale Konstruktion* bewusst wäre." (Assmann, Jan 2005a: 136) Oder kontrafaktisch in Luhmanns Worten ausgedrückt: „Man sieht, dass die Sonne *aufgeht*, und kann es nicht anders sehen, obwohl man weiß, dass man sich täuscht" (Luhmann 1998: 93), weil sich die Erde um die Sonne dreht.

Nun müssen in der Frage der kollektiven Identität aber zwei Ebenen der Reflexion unterschieden werden. Die Wahrnehmung des Eigenen in Unterscheidung von Andersheit einerseits, und die explizite Thematisierung eines Selbstbildes andererseits führt zunächst auf die Ebene der Beobachtung zweiter Ordnung im Sinne Luhmanns: Nämlich die Wahrnehmung von anderen, und die darauf fußende bewusste Bestimmung des Eigenen in Differenz zum anderen. Erst der Reflex auf die Anerkennung des anderen ermöglicht die sinnvolle Rede von individueller wie kollektiver Identität: „Solange eine symbolische Sinnwelt denen, die sie bewohnen, in der alternativlosen Selbstverständlichkeit des naiven Ethnozentrismus als die schlechthinnige Menschheits- und Weltordnung erscheint, kann sich mit ihr kaum das Bewusstsein einer kollektiven Identität verbinden." (Assmann, Jan 20005a: 138) Diese Beobachtungen zweiter Ordnung sind aber systematisch zu unterscheiden von gesellschaftlichen Selbstbeschreibungen und Selbstthematisierungen, denen das Kollektiv ein Bewusstsein seiner selbst verdankt. Zwar handelt es sich auch hierbei um Beobachtungen, aber es sind „nie konstitutive, sondern immer nachträgliche Operationen, die es bereits mit einem hochselektiv formierten Gedächtnis zu tun haben." (Luhmann 1998: 883) Dabei heißt „nachträglich" eben, dass die Wahrnehmung des anderen als anderer bereits vorausgegangen sein muss, weil erst auf dieser Grundlage eine Selbstbeschreibung in Differenz von ihm angefertigt werden kann. Und „hochselektiv formierte[s] Gedächtnis" heißt, dass ein gegenwärtiges Bewusstsein des eigenen Bestandes im Verlaufe der Zeit vorhanden sein muss, dass also die eigene Vergangenheit, die per definitionem erledigt ist und deshalb auch beiseite gelegt und vergessen werden könnte, *reaktualisiert* wird und auf diese Weise zu einer erhöhten Komplexität der Gruppe beiträgt, weil sie zugleich jetzt ist und weiß, dass sie in der Vergangenheit bereits war. Und genau diese Übereinstimmung von Nicht-Identischem nennt Jan Assmann kollektive Identität. Das Problem für Jan Assmann in der Identitätskonstruktion von Jürgen Habermas ist, dass *beide* Formen – also die reflexive Selbstwahrnehmung *und* die reflexive Selbstthematisierung – als konventionelle Identitäten gezählt werden (vgl. Assmann, Jan 2005a: 138), von denen sich erst postkonventionelle Identitäten als rational begründbar unterscheiden: „Die Vernünftigkeit der Identitätsinhalte bemisst sich [...] allein an der Struktur dieses Erzeugungsprozesses, d. h. an den formalen Bedingungen des Zustandekommens *und der Überprüfung* [Hervorhebung JüS] einer flexiblen Identität, in der sich alle Gesellschaftsmitglieder wiedererkennen und *reziprok anerkennen* [Hervorhebung JüS], d.h. *achten* können." (Habermas 1974: 52) Überprüfung und reziproke Anerkennung setzen jedoch einen Text über die Selbstwahrnehmung voraus, der kommentiert werden kann. Bei kollektiven Identitäten auf Vorstufen dieser Vernünftigkeit ist im Sinne Habermas' stets mit einer Irrationalität zu rechnen. Damit bleibt aber gerade der Schritt vom schlichten Vorhandensein einer solchen Identität zu ihrer reflexiven Thematisierung im Dunkeln. Historisch betrachtet handelt es sich bei dem Schritt um einen komplexen Prozess, der sich als kognitive Errungenschaft erst etablieren musste – dies ist das Thema Jan Assmanns im folgenden, und es ist in dem Konzept Habermas' nicht zu greifen. Im Gegensatz dazu stellt Luhmann – nicht zufällig in Bezugnahme auf Jan Assmann (vgl. Luhmann 1998: 885) – fest, um welchen Schritt es sich hier handelt und dass die im vorhergehenden Kapitel thematisierte Schriftlichkeit durch Schaffung einer Differenz zum Bezeichneten den entscheidenden evolutionären Fortschritt bedeutet: „Auch Gesellschaften, die nicht über Schrift verfügen, fertigen Selbstbeschreibungen an. [...] Erst Schrift hebt diese Unmittelbarkeit des *Wir*-sagen-Könnens auf und führt damit in ein Referenzproblem. [...] Erst mit der Schrift entsteht ein Bedarf für begrifflich elaborierte Selbstbeschreibungen, die zu fixieren versuchen, worüber kommuniziert wird, wenn in der Gesellschaft über die Gesellschaft kommuniziert wird." (Luhmann 1998: 883 f.) Bevor wir nun also zu den *Wie*-Fragen der kollektiven Identität übergehen, ist damit der Zusammenhang von der *Präsenz einer Erinnerung* an den eigenen Gruppenbestand in der Vergangenheit, der elementaren Bedeutung einer *Verschriftlichung* der Selbstbeschreibung und der sozialen Imagination einer *kollektiven Identität* noch einmal hergestellt worden.

2.4 Symbolisierungen kultureller Identität

Wenn die Identitätsbestimmung nur über den Umweg der Fremdwahrnehmung, in Abgrenzung zum anderen zu haben ist, dann heißt dies auch, dass von Identitäten sinnvoll nur im Plural gesprochen werden kann: Es entstehen mindestens zwei Identitäten zugleich (vgl. Assmann, Jan 2005a: 135). Zweitens bedeutet Identitätsbestimmung die Bezeichnung einer zu Grunde liegenden kulturellen Formation, auf die verwiesen wird. Daher liegt immer eine bestimmte Kultur der je spezifischen Identitätskonstruktion zugrunde (vgl. Assmann, Jan 205a: 139). Die Identitätsbestimmung einer Gruppe erfordert also, dass bestimmte Bezeichnungen aktuell gehalten werden und im Kollektiv zirkulieren. Zwar ist Sprache das komplexeste und vielseitigste Bezeichnungssystem, aber keinesfalls das einzige und schon gar nicht das ursprünglichste: Hier sind Gabepraktiken, Wirtschaft und Verwandtschaft als vorgängige Zirkulationssphären zu nennen, die in der Lage sind, eine Identität auszubilden (vgl. Mauss 1990; Moebius 2006; Sahlins 1972; Lévi-Strauss 1981).

Von intensiver gesellschaftlicher Thematisierung kann jedoch aus zwei Gründen erst im Zuge der Schriftlichkeit gesprochen werden: Erst hier ist das Verbreitungsmedium unabhängig, erstens von seinem bezeichnenden Ursprung, und zweitens von dem Raum- und Zeitpunkt der Bezeichnung. Beide Gründe zusammen bewirken einen erhöhten Interpretationsaufwand, damit die intendierte Bedeutung gewahrt bleibt. Um diesen Aufwand genauer untersuchen zu können, unterscheidet Jan Assmann die formativen Texte des Mythos von den normativen Texten der Weisheitsliteratur. Formative Texte beantworteten die Frage: „Wer sind wir?" (Assmann, Jan 2005a: 142) Und normative Fragen suchten nach der Antwort auf: „Was sollen wir tun?" (Assmann, Jan 2005a: 142) Während die mythischen Texte auf zeremonielle Außeralltäglichkeit beschränkt seien, spielten normative Texte im Alltagsablauf eine Rolle. Gemeinsam sei ihnen, dass es eines gesellschaftlichen Arbeitsaufwandes bei der Sicherstellung ihrer Bedeutung bedürfe: Sie sind *nicht selbstverständlich*, für sie muss kulturelles Wissen angeeignet werden, „sein Erwerb ist anstrengend und langwierig." (Assmann, Jan 2005a: 145) Wenn zuvor bereits festgestellt wurde, dass ein wesentlicher Grund für die Herausbildung kultureller Identität die zeitliche Stabilisierung *politischer* Handlungsfähigkeit gewesen ist, dann gehört die Etablierung von Prozessen und Institutionen zur Zirkulation kulturellen Wissens zu den wichtigsten Aufgaben politischer Gemeinwesen. Wenn Menschen in diese Gemeinwesen einbezogen werden sollen, die bisher nicht dazu gehörten, bedarf es einer Akkulturation. Diese Prozesse der Einbeziehung von bisher außerhalb stehenden Individuen verstärken immer auch das Bewusstsein von der Pluralität kultureller Formationen, und diese Kenntnisnahme alternativer Existenzmöglichkeiten forciert abermals die Formierung der Identität: „Aus impliziten Normen, Werten, Axiomen werden explizite kodifizierbare Gesetze und Lebensregeln. Das ist nicht nur eine Folge der Schrifterfindung, sondern auch des Explikationsdrucks, der durch das Problem der Integration gegeben ist. Das explizit und thematisierbar gewordene Wissen wird *ipso facto* veränderbar, kritisierbar." (Assmann, Jan 2005a: 148)

Die gesellschaftliche Imagination des Selbstbildes basiert nicht nur auf Ungleichheit im Sinne einer Unterscheidung von anderer kultureller Identität, sondern sie produziert zusätzliche Differenzierungen innerhalb ihres eigenen Raums durch die Herausbildung von Prozeduren des Erwerbs kulturellen Wissens. *Spezialisierung* des Wissens über die eigene Identität und dessen Vermittlung sowie *Stratifizierung* durch unterschiedliche Ausmaße des Erwerbs des Wissens sind wahrscheinlich werdende Folgen. Das Identische der verschiedenen Individuen wirkt also nicht nur vereinheitlichend, sondern löst zugleich eine vielfältige Differenzierungsdynamik aus: Unterscheidungen in Spezialisten und gemeines Volk, Lehrer und Schüler, Verwalter und Verwaltete, aber auch in Zentrum und Peripherie sind die Folge, und nicht zuletzt steht außer Frage, dass der Erwerb kulturellen Wissens von relativem Wohlstand stark profitiert, so dass Reich und Arm auch an der Verfügung über und Beherrschung von kulturellen Distinktionsmerkmalen erkennbar werden. All diese Prozesse der Binnendifferenzierung haben eine zusätzliche Wirkung nach außen, weil sie eine Verdichtung, Festigung und erhöhte Sichtbarkeit des identitären Kerns der kulturellen Formation bewirken, und damit eine erhöhte Strahlkraft entwickeln. Obwohl die Wechselwirkung von Einbeziehung in eine kulturelle Identität und Abgrenzungstendenzen innerhalb und außerhalb dieser Identität unverkennbar ist, will Jan Assmann beide Aspekte sauber voneinander getrennt wissen: „Trotzdem halten wir es für sinnvoll, zwischen *integrativer* und *distinktiver* Steigerung kultureller Formationen zu unterscheiden, je nachdem, ob die auslösenden Faktoren solcher Steigerung sich mehr aus dem Hang zur Distinktion oder dem zur Integration ergeben." (Assmann, Jan 2005a: 153) In den Kulturwissenschaften stellt Jan Assmann eine Tendenz zur Verabsolutierung der einen oder anderen Deutungsmöglichkeit fest. Mit dem differenzierten Festhalten an beiden ebnet er den Weg für eine thematische Unterteilung der weiteren Betrachtungen. Im Bereich der integrativen Aspekte kulturellen Wissens geht es um zirkulierende Medien und Formen innerhalb der Gruppe. Hier kann Jan Assmann nachweisen, dass die Herausbildung der altägyptischen Identität zunächst *nicht* in Abgrenzung zu anderen kulturellen Formationen erfolgt ist, und dass auch die Selbstthematisierung der ägyptischen Kultur einen eigenen Entwicklungsschritt im Zuge gesellschaftlicher Ausdifferenzierung darstellt. Ganz andere Prozesse stehen im abgrenzenden Fall zur Beobachtung an: „Distinktiv gesteigerte Identität ist eine *Gegen-Identität (counter-identity)*, eine Widerstandsbewegung. Gegen-Identitäten werden nicht gegen das kulturlose Chaos, sondern gegen die dominierende Kultur ausgebildet und aufrecht erhalten, wie es der typische Fall von Minderheiten ist." (Assmann, Jan 2005a: 154) Mit dem Begriff der counter-identity wird auf die Arbeiten von Anthony D. Smith verwiesen, der herausgearbeitet hatte, dass es zunächst einer Gegen-Elite bedarf, die einer Teilgruppe jene kollektive Symbolik stiftet, mit der sie sich von der Mehrheit abgrenzen kann, bevor es zu einer Gegen-Identität überhaupt kommen kann: „This meant that the intellectuals had to undercut earlier definitions of the community by re-presenting their novel conceptions through ancient symbols and formats." (Smith 1994: 154) Typische Kennzeichen der Gegen-Identität seien zwei Dynamiken, einmal in der Ausbreitung und dann das Ausmaß der Einbeziehung der Individuen. Mit dem vom Ethnologen Wilhelm E. Mühlmann übernommenen Begriff der „limitischen Struktur" (Assmann, Jan 2005a: 153) kennzeichnet Jan Assmann diesen dynamischen Spezialisierungs- und Abschließungsprozess eines gesellschaftlichen Teilbereichs: „Im Zustand ihrer limitischen Aufrüstung ändert Kultur ihren Aggregatzustand: Sie wird Religion. [...] Das religiöse Element distinktiv gesteigerter Identität liegt in dem Ausschließlichkeitsanspruch, mit dem dieses Wir-Bewusstsein durchgesetzt wird: Es will *alle* erfassen, und jeden einzelnen *ganz*." (Assmann, Jan 2005a: 157) Dass eine solche Abgrenzung in einer frühen Gesellschaft noch gar nicht denkbar ist, bestätigt auch John Armstrong: „Emergence of such a counterelite is especially difficult [...] where dominant elites monopolize communication by symbols and supervise the socialization of all members of the politiy by inculcation of myths legitimizing the elite's dominance." (Armstrong 1994: 143) Von diesem exklusiven Zugriff auf die kollektive Symbolik muss im Falle des pharaonischen Ägyptens für eine lange Periode ausgegangen werden, wie mit Jan Assmann gezeigt werden wird.

Die integrativen und die distinktiven Ausdifferenzierungen von Gesellschaftlichkeit sollen am frühen und außerordentlich gut dokumentierten Fall Ägyptens getrennt betrachtet werden: Zunächst in der normativen und formativen Literatur, und dann anhand von Theologie und Religiosität im alten Ägypten.

2.5 Integrative Identität: Mythos und Weisheitsliteratur

Eine weitere Unterscheidung von Anthony D. Smith weist Jan Assmann zurück: Und zwar jene zwischen lateralen und vertikalen Ethnien. Mit dem Begriff Ethnie bezeichnet Smith durchaus die hier zur Debatte stehenden kollektiven Identitäten: „We are not here talking about actual descent, much less about *race*, but about the *sense* of ancestry and identity that people posses. Hence the importance of myths and memories, symbols and values, embodied in customs and traditions and in artistic styles, legal codes and institutions." (Smith 1994: 151) Er geht davon aus, dass zwischen den stratifizierenden Kulturen und sich expansiv verbreitenden Kulturen systematisch unterschieden werden könne. Laterale Kulturen wären zur Expansion darauf angewiesen, neue Oberschichten zu rekrutieren, und wenn ihnen dies nicht gelänge, zum Untergang bestimmt; als Beispiele nennt er die Hethiter, Philister und Assyrer. Die Alternative bestünde in einem Wechsel zum vertikalen Modus der Kulturverbreitung, und Smith gliedert hier den Untersuchungsfall Jan Assmanns ein: „Other lateral ethnies survived by *changing their character*, [...] as with [...] Egyptians [...], while preserving a sense of common descent and some dim memories." (Smith 1994: 147) Dem widerspricht Jan Assmann, weil der Vorschlag die Optionen der Unterscheidung integrativ/ distinktiv und die darin enthaltene Funktion der Repräsentativität nicht voll umfasse, und gerade Ägypten sei eine laterale *und integrative* Kultur gewesen (vgl. Assmann, Jan 2005a: 150). Seine Zurückweisung ist nicht nur eine theoretische, sondern die empirische Erläuterung seines Konzepts der „vertikalen Solidarität" (Assmann, Jan 2005a: 150), die er als ägyptische Staatsideologie rekonstruierte (vgl. Assmann, Jan 2006a).

Der zentrale Begriff für diese Ideologie ist *Ma'at*, und an ihrem Ursprung liegt eine noch weitgehend kompakte Form der Gesellschaftlichkeit vor. Dies äußert sich zum einen in der Begriffsbestimmung, denn Ma'at bezeichnet die Göttin der Wahrheit und Gerechtigkeit, und die etymologische Herkunft des Wortes weist es als eine „Kraft, die eine Bewegung in die richtige Richtung lenkt" (Assmann, Jan 2006a: 15) aus. Seine Bedeutung ist polymorph und am zutreffendsten wäre eine Übersetzung durch die drei Begriffe Wahrheit, Gerechtigkeit und Weltordnung – weshalb Assmann eine Beibehaltung des Ursprungsbegriffs empfiehlt (vgl. Assmann, Jan 2006a: 17). Zum anderen, und damit zusammenhängend, erweist sich die geringe Ausdifferenziertheit der gesellschaftlichen Verhältnisse, in denen dieser Begriff eine zentrale Funktion zugewiesen bekommt daran, dass er nicht eine singuläre Relation beschreibt, sondern eine dreifache Konstellation in der Welt: „Die ägyptische Ma'at-Lehre bezieht sich auf den Ort des Individuums in der Gesellschaft, den Ort der Gesellschaft im pharaonischen Staat und den Ort des Staates im Kosmos." (Assmann, Jan 2006a: 18) Für diesen sehr frühen Zustand ist in den Sozial- und Kulturwissenschaften, mit einer langen, mindestens bis auf Thomas Hobbes zurückgehenden Tradition, die Tendenz vorhanden, sie entweder als kriegerische Wildheit oder Chaos zu betrachten (vgl. Assmann/Assmann 1990: 17-20), oder sie im Sinne der klassischen kritischen Theorie dem Mythos zuzuschlagen. Ein solches Verständnis des differenzlosen Ursprungs hat Adorno formuliert: „Ungeschiedenheit, ehe das Subjekt sich bildete, war der Schrecken des blinden Naturzusammenhangs, der Mythos; die großen Religionen hatten ihren Wahrheitsgehalt dagegen. Übrigens ist Ungeschiedenheit nicht Einheit; diese erfordert [...] Verschiedenes, dessen Einheit sie ist." (Adorno 2003: 743) Gegen beide Auffassungen muss Jan Assmann in Kenntnis der ägyptischen Geschichte Widerspruch einlegen. Von einem Chaos kann angesichts eines über mehrere tausend Jahre weitestgehend stabilen Herrschaftsbereichs mit monumentalen Bau- und Kulturleistungen, die enorme

Organisationsleistungen erforderten, offenkundig keine Rede sein. Skepsis ist jedoch auch gegenüber Adornos Begriff der unterschiedslosen Ungeschiedenheit, die erst von den „großen Religionen" aufgelöst worden sei, angebracht. Jan Assmann schlägt hier die Differenzierung von *primären* und *sekundären Religionen* vor, wobei unter primären Religionen die Vorstellung von sich als *Subjekt* wahrnehmenden Individuen weitestgehend ausgeschlossen werden kann: „Denn es ist evident, dass es in Ägypten keine Religion gab, von der Loyalitätskonflikte ausgehen konnten. Der Fall ist hier ganz undenkbar, dass sich ein Einzelner einer Forderung des Königs oder Mitmenschen aus Gehorsam gegenüber einer Gottheit hätte widersetzen können. Es wäre auch der Fall undenkbar, dass sich im pharaonischen Ägypten ein Einzelner aus den Bindungen gegenüber dem König und den Mitmenschen zurückgezogen hätte, um ganz seiner religiösen Bindung zu leben" (Assmann, Jan 2006a: 19). Dennoch konstatiert er für diese Phase spezifische Ausprägungen von kollektiver Organisation und Gesellschaftlichkeit und – das ist hier entscheidend – Ansätze von einer auf Erinnerung beruhenden rekursiven Selbstwahrnehmung. Die Erinnerung richtet sich hier auf eine vorachsenzeitliche Ära der Menschheitsgeschichte im Sinne Karl Jaspers und Shmuel Eisenstadts (vgl. Jaspers 1983; Eisenstadt 1992). Karl Jaspers hatte für einen Zeitraum, der etwa vom 9. bis zum 2. Jahrhundert vor Christus reicht, die voneinander unabhängige Entwicklung elementarer Grundlagen der menschlichen Entwicklung ausgemacht und diese dann als *Achsenzeit* bezeichnete Periode als *Ursprung der Geschichte* hervorgehoben. Eisenstadt hat dann in einer Reihe von Konferenzen, Tagungen und deren Publikationen versucht, diese geschichtsphilosophische These sozial- und kulturwissenschaftlich kritisch zu überprüfen und zu unterfüttern. Die elementaren Fortschritte dieser Zeit bezögen sich, nach Jaspers, auf die Entdeckung reflexiver Rationalität, den Durchbruch von Transzendenz durch das Auseinandertreten von Sein und Schein sowie des Irdischen und Himmlischen, die kommunikative Einforderung von Wahrheit, die Entdeckung der Individualität und die Bewusstwerdung eigener Geschichtlichkeit (vgl. Assmann 2006a: 26). Jan Assmann wendet sich mit seiner Arbeit über Ma'at nicht gegen die Grundannahme, dass es dieser kulturellen Durchbrüche bedurfte, um eine Gesellschaftlichkeit im heutigen Verständnis überhaupt entwickeln zu können. Seine Studien bewirken jedoch eine differenziertere Sicht dieses Prozesses sowie eine nicht unerhebliche Dehnung der Zeitspanne, die als *Achsenzeit* bezeichnet werden müsste. Nur ein Beispiel: Wenn als eine zentrale Errungenschaft der monotheistischen Gesetzgebung von Tanakh und Bibel gesehen werden muss, dass sich hier der Mensch – unabhängig von und gegebenenfalls in Opposition zu einer politischen Herrschaft – seinem Gott unterstellt, dann weist Jan Assmann dieses Phänomen bereits in der Entstehungsphase einer „Persönlichen Frömmigkeit" (vgl. Assmann, Jan 2005b: 259-267; Assmann, Jan

1984: 222 f.) für die Zeit der 18. pharaonischen Dynastie im unmittelbaren Vorfeld Echnatons nach, also zwischen 1478 und 1352 v. Chr. Selbst eine zurückhaltende Betrachtung dieses religiösen Phänomens datiert diesen Einschnitt auf den Übergang zur 19. Dynastie der Ramessidenzeit ab 1295 bis 1188 v. Chr. (vgl. Assmann, Jan 1984: 258). Damit weitete sich aber die Achsenzeit Jaspers' auf über eintausend Jahre aus, so dass Zweifel berechtigt sind, ob hier noch von einer signifikanten *Phase* gesprochen werden kann.

Ein anderer Aspekt Jaspers' Geschichtsphilosophie, der die Opposition Jan Assmanns auf sich zieht, ist die dort explizierte Annahme, dass allein der Sprung in der kognitiven Erkenntnis der achsenzeitlichen Besonderheiten bereits zu grundlegendem gesellschaftlichen Wandel geführt habe. Jan Assmann besteht dagegen darauf, dass es sich hierbei um langwierige und brüchige historische Prozesse allmählicher *Durchsetzung* gehandelt hat (vgl. Assmann, Jan 2006a: 41 f.).

Wichtiger als die Überprüfung der Achsenzeit-These ist an dieser Stelle jedoch die grundlegende Operation Jan Assmanns, seinen Blick mit den Mitteln historischer Wissenschaftlichkeit über diese Schwelle hinweg in die Vergangenheit zu richten. „Mit diesem Begriff [Ma'at] und der damit verbundenen Lehre verlängert sich die Geistesgeschichte der Menschheit um einige Jahrtausende, und wir gelangen an den ersten Ursprung staatlich organisierter Formen menschlichen Zusammenlebens zurück." (Assmann, Jan 2006a: 9) Die zu diesem Zeitpunkt noch nicht eingesetzte Individualisierung bedeutet keineswegs, dass von einer ungeordneten oder ungeschiedenen Ursprünglichkeit die Rede zu sein hat. Es gibt bereits klar ausgebildete Formen der Herrschaft, deren Aufgabe in der Vermittlung von Vertrauen und Stabilität besteht. Bereits Vertrauen bewirkt eine höhere Komplexität menschlicher Fremd- und Selbstwahrnehmung, weil es den Zugriff auf die Zukunft bedeutet: Vertrauen beinhaltet das Versprechen, in einer noch kommenden Situation nicht enttäuscht zu werden. Damit ist ein Motiv angesprochen, das bereits Friedrich Nietzsche als frühe anthropologische Differenzierung heraus gearbeitet hat, als er den Menschen als ein Tier, „das versprechen darf" bezeichnete, denn „seine ganze vorhistorische Arbeit hat hierin ihren Sinn, ihre große Rechtfertigung [...]: Der Mensch wurde mit Hilfe der Sittlichkeit der Sitte und der sozialen Zwangsjacke wirklich berechenbar gemacht." (Nietzsche 1999: 293) Dieser Sittlichkeitszuwachs wird erzielt, weil im Versprechen die gegenwärtige Unmittelbarkeit überschritten wird: „Der *loyale* Mensch lebt nicht in der Gegenwart, sondern in einem größeren Zeithorizont. Daraus bezieht er seine gegenwartsresistente Stabilität." (Assmann, Jan 2006a: 22) Diese Zeiten übergreifende Wirkung des Vertrauens wird auch bereits in einem Text aus der Zeit des Pharao Sesostris I. (1979 bis 1924 v. Chr.) als kulturelle Leistung wahrgenommen und betont, in dem die königlichen Berater dem Pharao antworten: „Wahrhaft erhaben ist es, auf das Morgen zu blicken als das, was

2 Kognitive Dimensionen des Werks

wertvoll ist (schon) für die Lebenszeit." (Assmann, Jan 2003a: 255) Diese Dehnung der Zeitlichkeit beinhaltet auch erste Ansätze einer Normativität, da mit dem Versprechen gesagt ist, was zukünftig geschehen *soll*; allerdings sind der Ist-Zustand als *Wahrheit* und die Sollens-Forderung als *Gerechtigkeit* im Begriff *Ma'at* noch in eins gesetzt (vgl. Assmann 2006a: 30). Dies ist durch die gedachte Ungeschiedenheit des Kosmos zu erklären, in dem die Götter zunächst nur als *vorübergehend abwesend* gedacht werden: „Der Begriff Ma'at bezeichnet das Programm einer politischen Ordnung, die nicht nur unter den Menschen soziale Gerechtigkeit herstellen, sondern dadurch Menschen- und Götterwelt in Einklang bringen und die Welt insgesamt in Gang halten will." (Assmann, Jan 2006a: 34) Dieses Motiv der „Inganghaltung der Welt" (Assmann, Jan 2006a: 167) weist den Menschen bereits eine tätige Rolle bei der Aufrechterhaltung der kosmischen Ordnung zu und befreit ihn so ein erstes Stück weit aus „Naturverfallenheit" als Opfer von „rachsüchtigen Göttern" (Adorno 2003: 743), wie Adorno es formuliert hatte. Dies gilt auch für das Motiv der Ungeschiedenheit, denn das pharaonische Ägypten wurde ab dem 3. Jahrtausend v. Chr. als die Vereinigung der beiden ursprünglich getrennten Reiche von Ober- und Unterägypten gedacht (vgl. Assmann, Jan 2006a: 36; Assmann, Jan 2005a: 152). Die geschichtlich einwirkende Kraft des Menschen war von Beginn an (mit-)gestaltendes Element der ägyptischen Staatsideologie. Dies ist von Bedeutung, weil damit die Vorstellung zurückgewiesen werden muss, in dieser Phase der Menschheitsgeschichte könne noch nicht von gesellschaftlichem Diskurs die Rede sein. Dass es sich um eine Staatsideologie handelt – und nicht um zufällig erhaltene Texte – ergibt sich aus dem historischen Umstand, dass im alten Ägypten die Handwerker, zu denen auch die Schreiber gehörten, direkt vom pharaonischen Herrschaftsapparat verwaltet und beaufsichtigt wurden, so dass Bautätigkeit und Beschriftung ohne königliche Ermächtigung nicht möglich war (vgl. Assmann, Jan 2006a: 53).

2.5.1 Der Prozess der Thematisierung

In diesem Kapitel der „Thematisierung" wird die allmähliche, sich im alten Ägypten über viele Jahrhunderte erstreckende Durchsetzung einer Selbstwahrnehmung dargestellt. Dieser Prozess ist zum einen auf eine sich langsam verbreitende Schriftlichkeit angewiesen, und zum anderen auf einen dynamischen politischen Prozess einer sich zunächst etablierenden Herrschaft des Pharao, die zusammenbricht und dann wieder hergestellt wird. Schriftlichkeit und Krise des Pharaonentums wirken zusammen, indem Herrschaft ihre Selbstverständlichkeit verliert und begründet werden muss, und eine Verbreitung dieser Begründung auf die Form der Schrift angewiesen ist. Im Rahmen der zuvor benannten sozial-

und kulturwissenschaftlichen Perspektive ist hierbei die ägyptische Besonderheit bedeutsam, dass sich dieser Prozess ohne Konflikte mit der außerägyptischen Welt vollzieht – zwar gibt es Kontakte in die umliegende Welt, diese sind für die aufkommende Selbstwahrnehmung aber völlig unerheblich.

Die archäologischen Quellen, auf die sich Jan Assmann stützt, sind wie dargelegt von zweifelsfrei herrschaftsnaher Herkunft. Daher ließe sich der Verdacht äußern, bei Ma'at handele es sich womöglich um eine Rechtfertigung königlicher Abkunft, die aber aufgrund fehlender oder nur fiktiver Rezipienten keinerlei Relevanz für die Tiefenstrukturen der ägyptische Gesellschaft gehabt habe. Dieser Verdacht kann entkräftet werden, wenn Jan Assmann in der Rekonstruktion der *Thematisierung großer Texte* gefolgt wird, die belegt, dass der Inhalt tatsächlich im pharaonischen Reich *zirkulierte* und eine Verbreitung gefunden hat. Die erste wichtige Voraussetzung für diese Zirkulation ist die Verschriftlichung der Inhalte, also ihre „Textualisierung" (Assmann, Jan 2006a: 43) Dieses Kriterium allein reicht freilich nicht aus, den Texten eine relevante Funktion in der Staatsideologie zuzubilligen. Deshalb stellt Jan Assmann zusätzliche Anforderungen zum einen an die Form und zum anderen an den Inhalt. Formal – und methodologisch – lässt sich an einen Text die Frage stellen, aus welchen Gründen und in welcher Absicht er verschriftlicht wurde (vgl. Assmann, Jan 2006a: 35). Dies ist aussagekräftig unter Berücksichtigung der Tatsachen, dass Trägerstoffe der Schrift wie z.B. Papyrus rar waren und die Verschriftlichung in Stein sehr aufwändig, zumal dies nicht von jedem durchgeführt werden konnte und durfte. Unter diesen Bedingungen kann davon ausgegangen werden, dass nicht leichtfertig verschriftlicht wurde, sondern jeweils eine erkennbare Absicht damit verbunden war. Die inhaltliche Frage richtet sich auf das Faktum der Repräsentativität des Inhalts. „Repräsentativität ist ein sowohl textuelles oder literarisches als auch ein soziales Faktum. Das soziale Faktum besteht in der Intensität des Rückgriffs auf einen Text [...]. Repräsentativität lässt sich am Text an drei Eigenschaften festmachen. Ich nenne sie Explizität, Generalität und Zentralität" (Assmann, Jan 2006a: 46). Unter Explizität versteht Jan Assmann das Ausmaß der Selbstverständlichkeit und Kontextunabhängigkeit eines Textes. Unter Generalität ist die „Weite des Thematisierungshorizonts" (Assmann, Jan 2006a: 47) zu verstehen. Und Zentralität bemisst sich an der Nähe zu den Kernpunkten der kulturellen Formation, die repräsentiert wird. „Es handelt sich hier also um eine soziologische Kategorie. Ihre Zentralität und Marginalität kann man den Texten nicht ansehen, das ergibt sich vielmehr aus der Rezeptions- und Wirkungsgeschichte." (Assmann, Jan 2006a: 47) Hier macht sich also die Differenz zwischen Schrift und zugrunde liegender gesellschaftlicher Formation bemerkbar. Zunächst gibt es keinerlei Notwendigkeit, dass einem textuell repräsentierten Aspekt auch zentrale Bedeutung in der kultischen – d.h. politischen, sozialen und religiösen –

2 Kognitive Dimensionen des Werks

Praxis des ägyptischen Staates zukommt, sondern dies muss erst durch Arbeit an der Bedeutung des Textes herbeigeführt werden, indem Rezeption befördert und Wirkung erzielt wird.

Die *großen Texte*, die Explizität, Generalität und Zentralität für sich beanspruchen können, teilt Jan Assmann in fünf große Bereiche ein, deren Betrachtung Aufschluss über die Zirkulation von Ansätzen einer kollektiven Selbstwahrnehmung geben. Dies sind die Weisheitsliteratur, die autobiografischen Grabinschriften, die Totenliteratur, die kosmografischen und liturgischen Texte des Sonnenkults und die Königsinschriften (vgl. Assmann, Jan 2006a: 56). Für die formale Frage des Anlasses der Verschriftlichung lässt sich zunächst für alle diese Texte als Gemeinsamkeit festhalten, dass sie sich einem Stiftungsakt verdanken – sie *sollten* geschrieben werden.

Wenn Textualität kein hinreichendes Kriterium darstellt, muss gefragt werden, wie man sich eine „Thematisierung" der Inhalte vorzustellen hat, die in eine „Überlieferung" münden. In diesen drei Aspekten zusammengenommen – Textualisierung, Thematisierung, Überlieferung – sieht Jan Assmann die erforderlichen Kriterien, um von der Etablierung eines „Diskurses" (Assmann, Jan 2006a: 49) sprechen zu können. Das entscheidende Kriterium für die Thematisierung ist für einen Text die Erlangung von Explizität. Solange ein Text nur unter starker Heranziehung seiner Kontexte überhaupt verständlich wird, also im Impliziten verbleibt, spricht Assmann in Rückgriff auf den Sprachphilosophen Karl Bühler von „Empraxie" (Assmann, Jan 2006a: 46; vgl. Assmann, Jan 1984: 192). Hier ist die Differenz des Textes zu dem von ihm Bezeichneten noch kaum gegeben, seine Bedeutung ist noch in hohem Maße in der kulturellen Praxis eingelagert und daher ohne deren Heranziehung nicht zu verstehen: Ihren Sinn entfalten diese Texte nur in der Verbindung mit den eingebetteten Ideen und Vorstellungen und in Berücksichtigung von Symbolen. Dies ist der eigentliche Zustand des Mythos, der nur verstanden werden kann, wenn seine begründende Funktion gesehen wird. Ein davon unabhängiges Orientierungswissen ist ihm erst zu entnehmen, wenn er zum Diskurs entwickelt wird. Dies ist der Diskursbegriff, den Michel Foucault in der *Archäologie des Wissens* (Foucault 1981) entwickelt hat, und der sich eben durch die Distanz zum „geheimen Ursprung" auszeichnet, die er gewinnt, wenn es gelingt, „die unreflektierten Kontinuitäten außer Kurs zu setzen, durch die man im voraus den Diskurs organisiert" (Foucault 1981: 38). Dadurch erhält der Diskurs eine eigene Dynamik: „Man muss den Diskurs nicht auf die ferne Präsenz des Ursprungs verweisen; man muss ihn im Mechanismus seines Drängens behandeln." (Foucault 1981: 39) Er wird auf diese Weise zu einem „Ereignis, das weder die Sprache noch der Sinn völlig erschöpfen können" (Foucault 1981: 44). Auch Jan Assmann definiert ihn als das Ergebnis sozialer Praxis: „Er stellt eine Art *Arbeit* an dem dar, was ihm als Thema aufgegeben ist. Daher hat jeder Diskurs eine Geschichte." (Assmann, Jan 1984: 192) Durch diese Unabhängigkeit wirkt er selbst wiederum prägend auf seine zugrunde liegende kulturelle Formation ein, statt diese nur passiv darzustellen.

Zur Kontrastierung des hier zur Darstellung gelangenden Prozesses soll zunächst anhand des Pharao Narmer ein Beispiel für den impliziten, spezifischen Mythos der frühesten Zeit gegeben werden. Über diesen Pharao gibt es, nicht zuletzt aus seinem Grab, zahlreiche Quellen, er hat vermutlich die Reichseinigung zwischen Ober- und Unterägypten vollendet und dürfte zwischen 3100 und 3000 v. Chr. gelebt haben (vgl. Schlögl 2006: 62 f.; Kemp 92 f.). Im folgenden werden symbolische Darstellungen der so genannten Narmer-Palette herangezogen – eine Auswahl, die der Repräsentativität keineswegs entbehrt, da es sich um die erste Darstellung einer königlichen Bildsemantik handelt, die dann aber bis zum Ende der pharaonischen Zeit – also etwa 2900 Jahre lang – in Gebrauch war (vgl. Assmann, Jan 2005b: 47, 49). Dass von Narmers Königtum zahlreiche Funde erhalten sind, deutet für Jan Assmann auf ein ausgeprägtes Bedürfnis hin: „Die Funktion der Bilder geht offensichtlich weit über die bloße Dekoration hinaus und muss mit dem Wunsch zusammenhängen, die umwälzenden Taten und Ereignisse der Reichseinigungszeit zugleich aufzuzeichnen, zu deuten und in ihrer Bedeutsamkeit zu verewigen." (Assmann 2005b: 48). Auf diesem konkreten Befund basiert auch folgende theoretische Annahme: „Ohne Zweifel: Herrschaft braucht Herkunft." (Assmann 2005a: 71) Allerdings befinden sich die Darstellungen noch in einem impliziten Status, indem sie unter anderem auf Tiersymbolik zurückgreifen. So deutet Jan Assmann eine Szene: „In unteren Bildfeld sieht man einen Stier, der mit seinen Hufen einen Feind niedertrampelt und mit seinen Hörnern eine Stadt zerstört." (Assmann, Jan 2005a: 48) Dieselbe Szene beschreibt der Ägyptologe Barry J. Kemp: „In the lowest register the conquering power of the king, symbolized by a bull, is directed against a walled and fortified town." (Kemp 2007: 84) Und Hermann Alexander Schlögl, vormals Professor für Ägyptologie im schweizerischen Fribourg beschreibt: „Das unterste Feld schließlich zeigt den König als Stier, der mit seinen Hörnern eine Festungsmauer niederreißt und einen Feind niedertritt." (Schlögl 2006: 64) Wir finden also für eine nicht beschriftete bildliche Darstellung drei übereinstimmende Interpretationen – zurückzuführen allein auf das Verständnis der dahinter stehenden mythischen Zusammenhänge: „Der Stier gehört genau wie der Falke und der Löwe zu den Grundsymbolen des pharaonischen Königtums." (Assmann, Jan 2005a: 48) Das Assmanns Deutung eine vorsichtige und auf Grundaussagen minimierte ist, mag der Vergleich mit einer alternativen Auslegung zeigen: Schlögl erweitert nicht nur die Reihe der Symbole, sondern liefert eine tiefere, freilich auch spekulativere Interpretation: „Soweit man die frühen, durch archäologische Funde überlieferten Schriftdenkmäler lesen und verstehen kann, handelte es sich um Könige, die sich mit Tiermächten identifizierten: Fingerschnecke, Fisch, Elefant, Tier, Storch, Canide und Rinderkopf. In dieser Identifikation drückt sich die von den Menschen der Frühzeit empfundene göttliche Überlegenheit des Tieres aus, die sich in Kraft und Schnelligkeit zeigte sowie in der Fähigkeit, in anderen Elementen leben zu können." (Schlögl 2006: 59) Dass die Überlegenheit der Tiere als „göttliche" empfunden wurde und dass dies auf die „Fähigkeit, in anderen Elementen leben zu können" zurückzuführen sei, muss als zwar nicht auszuschließende, aber aufgrund der zeitlichen Distanz als gewagte Interpretation eingestuft werden. Ein einigermaßen stabiles Verständnis der Darstellungen kann nur durch Heranziehung zahlreicher Quellen, die entweder eine Häufung oder eine Beschriftung der Symbolik enthält, rekonstruiert werden. Auf einer anderen Stelle des beschriebenen archäologischen Objekts, der Narmer-Palette, erscheint Pharao Narmer selbst als Horus, begleitet von vier Standartenträgern. Hier interpretiert Jan Assmann: „Diese vier Standarten gehören zum klassischen Symbolinventar der pharaonischen Herrschaft und sind später unter dem Namen *Horusgeleit* bekannt." (Assmann, Jan 2005a: 49) Bestätigt und ausgeführt wird dies in der Interpretation von Kemp: „The party is preeceded by four bearers of standards of distinctive shape. These standards were later called the *Followers of Horus*, or the *Gods who follow Horus*. Whatever their origin, by the time of Narmer they were clearly part of the array of symbols which contributed to the unique aura of kingship." (Kemp 2007: 84) An diesen Deutungen wird zweierlei deutlich: Erstens ist eine Symbolik entstanden, die das Königtum zweifelsfrei identifiziert. Zweitens ist der Pharao selbst noch mit nicht-menschlichen Qualitäten versehen, sei es der eines Stieres oder der des Gottes Horus. Aber die Darstellung selber gibt noch keine explizite Auskunft. Dazu bedurfte es eines weiteren Entwicklungsschritts – und über diese historische Etappe liegen tatsächlich altägyptische Quellen vor.

Die Phase um Pharao Narmer – er markiert vermutlich den Übergang von der nullten zur ersten pharaonischen Dynastie (vgl. Schlögl 62) – wird in Explizität ganz anders, nämlich in der Form des Mythos von Horus und Seth, erinnert. Ausgearbeitet findet er sich als die Inszenierung eines Rechtsstreits zwischen den beiden Göttern Horus und Seth auf einer Basalt-Tafel aus der 25. Dynastie der Zeit zwischen 760 und 656 v. Chr. Dort heißt es: „Horus stand auf über dem Land / er ist es, der dieses Land vereinigte." (Assmann 2005a: 56) Geschichtliche Ereignisse sind hier als historische Tatsachen nicht mehr präsent, aber die Symbolik jener Zeit hat sich bewahrt und ist in einen Mythos gegossen: „Der Text lässt sich sehr gut als mythische Figuration einer geschichtlichen Situation verstehen, in der eine Periode zweier rivalisierender Teilreiche durch die Stiftung einer umgreifenden Einheit beendet wird [...]. Horus steht natürlich für das Horuskönigtum von Hierakonpolis [...]." (Assmann, Jan 2005b: 57) Explizität heißt also nicht etwa: Detailliertere Darstellung historischer Ereignisse, sondern: Unmissverständlichere Botschaft des Diskurses. Und in diesem Sinne geht der Mythos des 7. vorchristlichen Jahrhunderts weit über die 24 Jahrhunderte ältere Ursprungsdarstellung hinaus, denn die auf der Basalt-Tafel textualisierte Geschichte schildert eben einen Rechtsstreit, und das heißt in Abweichung von der ursprünglichen Stiergewalt König Narmers und der Darstellung enthaupteter Opfer: „Das Motiv der Vereinigung impliziert Versöhnung. [Der konkurrierende Gott] Seth wird überwunden, aber nicht ausgegrenzt, sondern integriert. [...] Horus verkörpert das Recht, Seth die Gewalt." (Assmann, Jan 2005b: 57 f.)

Neben dem Übergang vom empraktischen zum expliziten Mythos ist an diesem Beispiel auch der Wechsel von der deskriptiven Frage zur Zeit König Narmers auf die normative Frage der Zeit der 25. Dynastie zu beobachten: Auf der Narmer-Palette sind die geschlagenen und enthaupteten Feinde sowie vom Stier zerstörten Städte als *die anderen* präsent und liefern damit eine Antwort auf die Frage danach, wer *Wir* sind: Nämlich diejenigen, die Pharaos Herrschaft anerkennen. Eine darüber hinaus gehende Explikation der Ma'at unterbleibt: „Sie wird nicht in Frage gestellt, und daher auch nicht *thematisiert*. Jeder weiß, was die Ma'at ist. Es besteht kein Bedürfnis, sich darüber kommunikativ zu verständigen." (Assmann, Jan 2006a: 55) Im Mythos von Horus und Seth ist darüber hinaus eine versöhnende Sollens-Vorgabe an politisches Handeln unübersehbar.

Dieser Entwicklung vom empraktischen zum expliziten Diskurs begegnet die Forschung in Ägypten nach der Auffassung Jan Assmanns nicht zufällig. Denn das Alte Reich bricht offenbar aufgrund endogener Folgen der eigenen kulturellen Entwicklung – und nicht etwa aufgrund äußerer Bedrohung oder natürlich verursachter Widrigkeiten und Katastrophen – zusammen: Ursächlich sei ein „Missverhältnis zwischen Elite und Grundschicht, Residenzkultur und Provinzkultur" (Assmann, Jan 2005a: 63), das durch Anwachsen städtischer Zentren bei Entvölkerung des Landes schließlich verzehrende Folgen für die politische Struktur haben musste: „Die *Partizipationskrise* wächst sich zu einer *Penetrationskrise* aus, wenn ein Herrschaftssystem seine Befehle nicht mehr durchsetzen kann [...]. Der Aktionsradius schrumpft auf eine Residenz zusammen und erfasst nicht mehr die Peripherie. Genau das kennzeichnete die Situation der 8.-10. Dynastie" (Assmann, Jan 2005b: 64) zwischen 2150 und 2040 v. Chr. Mit dem Ende des Alten Reichs liegt daher ein misslingender Prozess der Verbreitung kulturellen Wissens vor. Hier ist die politisch intendierte Ausdifferenzierung der Gesellschaftlichkeit fehlgeschlagen, weil die distinktive Dynamik die integrative Funktion offenbar überflügelt und den weiteren Bestand der politischen Zentralherrschaft untergraben hat. Dies muss als Nachweis für Assmanns Zurückweisung der Selbstdurchsetzung achsenzeitlicher Errungenschaften im Sinne Karl Jaspers' gelten.

2 Kognitive Dimensionen des Werks

Auf den Zusammenbruch des Alten Reichs folgte eine Phase ohne Zentralherrschaft, deren Schilderung Jan Assmann mit „Chaos als politische Erinnerung" (Assmann, Jan 2005b: 95) überschreibt, dazu aber klarstellend festhält: „Es ist im Licht dieser Semantik [der Erinnerung an Einheit und Ordnung, JüS], dass die Zeit nach dem Ende des Alten Reichs als eine Phase des Chaos, des völligen Zusammenbruchs und der Verkehrung aller menschlichen Ordnung erscheint. Weder die Spuren, noch die Botschaften stimmen mit diesem Bild überein." (Assmann, Jan 2005b: 99) In Bezug auf eine rekursive Selbstthematisierung der eigenen Gesellschaft ist mit dem Ende des Alten Reichs der Übergang von deskriptiven zu normativen Fragen erreicht. Nun wird das richtige Verhalten thematisiert: „Das Wesen der Ma'at ist strittig und dadurch zu allererst thematisierbar geworden." (Assmann, Jan 2006a: 56) Jedoch bleibt die Thematisierung implizit: „So weit ich sehe, kommt aber der Begriff der Ma'at in [den biografischen Inschriften der Ersten Zwischenzeit] nicht vor. Das ist um so auffallender, als die Sache der Ma'at, der Schutz der Schwachen und Armen und die gesellschaftliche Solidarität, in ihnen eine zentrale Rolle spielt. Nur das Wort selbst wird vermieden." (Assmann, Jan 2006a: 55) Die Erste Zwischenzeit kann also nicht nur mit Blick auf die politische Herrschaftsstruktur als solche charakterisiert werden, sondern auch im Hinblick auf die Herausbildung einer abgrenzbaren Selbstwahrnehmung.

An diese erste Zwischenzeit schließt sich das Mittlere Reich (2040 bis 1650 v. Chr.) als Periode der restaurierten pharaonischen Zentralherrschaft an. Aber durch die erinnerte Erfahrung des Zusammenbruchs befindet sich die Herrschaft des Pharao nun in einer grundsätzlich anderen Situation, sie „muss ihre Ziele darlegen, ihre Stellung legitimieren und den Gehorsam, den sie forderte, durch Gegenleistungen belohnen." (Assmann, Jan 2005b: 136) Hier gewannen ägyptische Texte die explizite Unabhängigkeit in Form der „Königsnovelle" (Assmann, Jan 1984: 194), die einen klaren rituellen Ablauf besitzt: „Der König trägt im Rahmen einer Ratssitzung seinen Räten die fragliche Handlung als Plan vor und begründet sie ausführlich; die Räte akklamieren dieser Rede in Form einer Eulogie, in der sie auf die Göttlichkeit, d.h. die Rollenkonformität der geplanten Handlung abheben. Dann wird abschließend der Vollzug berichtet." (Assmann, Jan 2003a: 253). So wird in einer Königsnovelle des Pharao Sesostris I. (1974 bis 1929 v. Chr.) ein Tempelbau nicht mehr unhinterfragt als herrscherliches Gebot akzeptiert, der Pharao muss ihn rechtfertigen, und hierfür wird im Text eine Bedeutungskonstellation konstruiert: „Denn Gott hat die Welt so eingerichtet (das meint *Ma'at*), dass alles Handeln eine Antwort darstellt und eine Antwort provoziert und in diesem Sinne *kommunikativ* ist. Das Handeln des Königs kommuniziert mit den Göttern: Indem er das vorgängige Handeln des Schöpfers mit Tempelbauten beantwortet und *dadurch in eine kommunikative Sinndimensi-*

on stellt wird das zukünftige Handeln Gottes – die Ewigkeit – als Lohn zuteil." (Assmann, Jan 2003a: 254) Die Begründung einer Handlung weist den Verlust ihrer Selbstverständlichkeit nach, und sie wird in die Form einer stabilen Argumentationsfigur gebracht. Sie ist in der so genannten *Berliner Lederhandschrift* erhalten und war ursprünglich auf einer (verlorenen) Bauinschrift Sesostris I. angebracht (vgl. Loprieno 1996: 59). Hier liegt also sowohl eine Explizität in Form einer Begründung vor, die ohne die rituelle Handlung der Eulogie der Berater an den König verständlich ist, und sie ist erhalten, weil sie auf einer Bauinschrift gezielt überliefert wurde – sie ist den Ägyptern gezielt *präsentiert* worden. „Im Gegensatz zu den Pharaonen des Alten Reichs herrschten sie [die Könige der 12. Dynastie, deren zweiter Sesostris I. war, JüS] nicht mit dem Beamtenstab einer Schreiberelite oder Literokratie über eine illiterate Grundschicht, sondern hatten sich gegenüber einer nicht nur wirtschaftlich und militärisch mächtigen, sondern auch weitgehend literaten Aristokratie von Gaufürsten, Magnaten und Patronen mit ihren weitausgreifenden Sippen und Anhängerschaften durchzusetzen." (Assmann, Jan 2005b: 136) Dies darf nicht im Sinne einer Alphabetisierung breiter Bevölkerungsschichten missverstanden werden, sondern gemeint ist, dass die Landesverwaltung schriftgestützt ist und in viele Lebensbereiche eindringt. Nur wenige können lesen und schreiben, aber fast überall gibt es Zugriff auf Schreiber, die Botschaften entziffern und verbreiten können (vgl. Assmann, Jan 2005b: 63). Eine verbreiterte Schreib- und Lesefähigkeit lässt also den Schluss zu, dass diese Bauinschrift einen Adressatenkreis hatte, dem die Akzeptanz der Argumentationsfigur zugedacht war. Die Erste Zwischenzeit von 2150 bis 2040 v. Chr. hatte mit der Etablierung lokaler Einzelherrschaften offenbar auch eine Verbreiterung der Grundlagen bewirkt, auf denen nun in einem neuen Anlauf kulturelles Wissen zirkulieren konnte.

Der Variationsreichtum der Texte des Mittleren Reiches darf nicht unterschätzt werden. So handelte es sich in den Botschaften keineswegs nur um eine Rechtfertigung von Herrschaft, sondern auch um die gezielte Nutzung kontrastierender Erfahrungen der Erinnerung: „Auch die Könige des Mittleren Reiches stellten sich [wie die Lokalherrscher der Ersten Zwischenzeit, JüS] als Retter in der Not dar, aber da diese Not nicht gegenwärtig besteht, konservieren sie die Erinnerung an die Erste Zwischenzeit, die sie zu dem Chaos hochstilisieren, vor dem die von ihnen hergestellte Ordnung die Rettung darstellt." (Assmann, Jan 2005b: 137) Aus der Perspektive der soziologischen Theorie Niklas Luhmanns handelt es sich hierbei um einen entscheidenden Schritt in der Komplexitätssteigerung von Gesellschaft durch die Aufbewahrung einer prinzipiell nicht ungefährlichen, weil uneindeutigen Erinnerung: Statt nur eine heroische Vergangenheit der Herrscher und ihrer Vorfahren zu bewahren, wird auch eine *counterhistory* bewahrt, an die prinzipiell auch mit oppositioneller Zielsetzung durch

2 Kognitive Dimensionen des Werks

Deutung als Alternative zur Gegenwart angeschlossen werden könnte (vgl. Luhmann 1998: 45 f.). Aber offenbar gab es in dieser historischen Phase noch keine gesellschaftliche Gruppe, die sich der Erinnerung an die Erste Zwischenzeit in dieser Weise hätte bemächtigen können. Mit Anthony D. Smith und John Anderson war bereits betont worden, dass es hierzu einer Gegenelite bedurft hätte.

2.5.2 Der Prozess der Selbstthematisierung

Im Mittleren Reich kann für die ägyptische Gesellschaft dann von einem verbreiteten Bewusstsein über normative Anforderungen an gesellschaftlichen Zusammenhalt gesprochen werden. Dies wird ersichtlich durch die negatorische Thematisierung von drei möglichen Verstößen gegen die Ma'at in den Handlungskategorien der Unterlassung, der Kommunikation und der inneren Haltung. Für den Fall der Unterlassung ist Vergessen als Folge der Trägheit charakteristisch; in der Kategorie der Kommunikation gilt die ausbleibende Antwort als Zeichen der Taubheit als Verstoß; und drittens wird als zu verwerfende Haltung die Habgier thematisiert. Die Thesen zu diesen Abweichungen von den Handlungsnormen entnimmt Jan Assmann den zahlreichen *großen Texten*, deren jeweils spezifische Eigenart hier nicht thematisiert werden soll (vgl. Assmann, Jan 2006a: 58-121).

In der Betrachtung der Sünde des Vergessens treten drei Aspekte als bedeutsam in der Vordergrund. Erstens wird hier ersichtlich, dass Erinnerung – wie bereits am Beispiel des Versprechens mit seiner Zeit übergreifenden Wirkung ersichtlich – keinesfalls erst im Zuge reflexiver gesellschaftlicher Selbstthematisierung prägend wird, sondern bereits als Bedingung einer wechselseitig verschränkten Handlungsweise auftritt: „Handeln heißt sich erinnern, Nichthandeln vergessen." (Assmann, Jan 2006a: 64) Zweitens spricht Jan Assmann hier in Bestätigung der monumentalen Ausarbeitung des österreichischen Rechtstheoretikers Hans Kelsen (1881-1973) von Vergeltung als einer Vorstufe der Gerechtigkeit: Hier wird noch nicht reflexiv in Anschlag gebracht, dass bestimmte Handlungsursachen eine absehbare Wirkung erzielen. Wovon somit noch nicht gesprochen werden kann, ist Kausalität. Jedoch existiert bereits ein Bewusstsein von der linearen, wechselseitigen Verkettung von Handlungen, dass also ein Tun eine Folge hat, und die Folge auf das vergangene Tun zurückgreift. Dafür übernimmt Assmann den Begriff Kelsens: „*Vergeltung* ist aber […] nicht einer unpersönlichen Weltordnung anheimgestellt, sondern einer eminent zivilisatorischen Sozialordnung, einer Ordnung des Aneinander-Denkens und Füreinander-Handelns. […] Nur die Solidarität der Gruppe vermag den Nexus von Tun und Ergehen zu garantieren." (Assmann, Jan 2006a: 66; vgl. Kelsen 1982) Drittens ist damit die Grundlage einer konnektiven Struktur der Gesellschaft angesprochen, weil nicht mehr nur eine pharaonische Herrschaftselite einer amorphen Untertanenschaft gegenüber gestellt ist. Für die gegenwärtigen Sozial- und Kulturwissenschaften ist zunächst gewöhnungsbedürftig, dass diese Konnektivität vertikal gedacht werden muss – sie wird von der kultischen Zentralstellung des königlichen Staates gestiftet, allerdings wirkt sie in die Breite. Am Zusammenbruch des Alten Reichs hat die Ägyptologie überstimmend gezeigt, dass es die Unfähigkeit zur integrativen Ausbreitung gewesen ist, die das politische System zusammenbrechen ließ (vgl. Assmann, Jan 2005b: 63 f.). Damit ist aber auch empirisch begründet, warum Jan Assmann die kategoriale Unterscheidung vertikaler von lateralen Ethnien Smiths nicht stützt: In der Ma'at wurde das Bewusstsein eines Tun-Ergehen-Zusammenhangs herrschaftlich intendiert: „Vom Untertan wird nicht bedingungslose Unterwerfung gefordert; vielmehr wird von ihm Einordnung verlangt in ein *Gefüge* solidarischen *Füreinander-Handelns*, in dem auch für ihn gehandelt werden wird." (Assmann, Jan 2005b: 68) Diese gesellschaftliche Selbstwahrnehmung bewirkt die Verknüpfung der vertikalen Herrschaft mit lateraler Verflechtung und zeitlicher Konstanz und rechtfertigt somit die Rede vom *Gefüge*: „Es muss garantiert sein, dass auch heute gilt, was gestern galt, dass einer zu dem steht, was er gestern gesagt und getan hat, dass er reagiert auf das, was andere gestern gesagt und getan haben." (Assmann, Jan 2005b: 69) Der gröbste Verstoß dagegen ist das Vergessen.

Die zweite Handlungsnorm bezieht sich auf den Bereich der Kommunikation, und hier konkret auf das Hören, die dagegen verstoßende Normverletzung ist die Taubheit. Anders als beim Vergessen liegt die Gefahr der Taubheit im Verlust synchroner Verbindungen: Nicht das Gestern, sondern der Andere steht im Fokus. Nach Interpretation von Jan Assmann ist nicht mehr die wirtschaftliche Verflechtung (vgl. Mauss 1990; Sahlins 1972) zentrales Bindeglied des gesellschaftlichen Zusammenhangs, sondern die wechselseitige sprachliche Bezugnahme. Diese ist in der Ma'at gefordert, wie in dem literarischen Vers eines häufig reproduzierten – also zirkulierenden und gewissermaßen populären – Textes zu entnehmen ist: „Sein Gesicht ist blind gegenüber dem, was er sieht / taub gegenüber dem, was er hört / vergesslich gegenüber dem, was ihm in Erinnerung gerufen wird." (zit. n. Assmann, Jan 2006a: 71) Dazu führt Assmann aus: „Deutlicher kann gar nicht zum Ausdruck kommen, dass nach ägyptischer Auffassung soziale Kompetenz in erster Linie eine Sache des *Verstehens* ist. Nicht was eine Handlung bewirkt, sondern was sie besagt, ist entscheidend." (Assmann, Jan 2006a: 71) Ein weiterer Vers desselben Textes verdeutlicht die normbrechende Wirkung taub gestellter Ohren: „Der Verteiler ist geizig / der Friedensstifter verursacht Trauer / der Heiler stiftet Krankheit." (zit. n. Assmann Jan 2006a: 71) Das ist, wie gesagt, noch keine Explikation eines normativen Prin-

2 Kognitive Dimensionen des Werks

zips, aber es handelt sich um die Auflösung eines vergeltenden Zusammenhangs, und es stellt eine falsche Gegenwart als Kontrast zur richtigen Handlungsweise heraus. „Wir haben es also mit einer Gegenüberstellung von Norm und Realität zu tun, ganz im Sinne jener Kritik, die K. Jaspers für ein Kennzeichen der *Achsenzeit* hielt" (Assmann, Jan 2006a: 72 f.), doch der dabei angedachte Zeitrahmen wird auch durch die hier zitierten Verse gesprengt, denn sie sind aufgrund ihres Fundortes spätestens auf die Zeit von 1781 bis 1650 v. Chr. zu datieren.

In Verbindung mit dem Konzept der Vergeltung beinhaltet die Unterlassung der Taubheit auch erste Anforderungen an die Wahrheit: Denn Wahrheit bestünde in einer Übereinstimmung von Erwartung und Handlungsweise; sie ist implizit gefordert, wenn der Verteiler freigiebig sein, der Friedensstifter Trauer verhindern und der Heiler Gesundheit bewirken soll. Mit dem Vermeidungsgebot von Taubheit verbunden ist auch die Vorstellung des größten Unglücks, das zudem in Erinnerung ruft, dass es sich hierbei nach wie vor um ein konstellatives Gefüge von Gesellschaft, Königtum und Kosmos handelt: „Das schlimmste Los der Verdammnis ist das Schicksal derjenigen, die so weit aus dem Kreis der geordneten Welt herausgefallen sind, dass sie die Worte des Sonnengottes nicht mehr hören." (Assmann, Jan 2006a: 79)

Der dritte Verstoß bezieht sich auf eine innere Haltung, die ihrer Thematisierung in den *großen Texten* zufolge als schwerste aller Sünden betrachtet werden muss: Die Habgier, die als Begriff explizit in den Texten auftaucht (vgl. Assmann, Jan 2006a: 87) und deren Wirkung massiv vorgestellt wurde, denn sie „bewirkt Zerstörung der Person, der Gemeinschaft – wo nicht der Zeit, so doch der auf sie bezogenen Hoffnung auf Fortdauer." (Assmann, Jan 2006a: 89) Habgier wird – auch in der sprachlichen Herkunft – vom Herzen her gedacht. Jan Assmann deutet dies so, dass Habgier vor allem eine Einstellung sei, die Teilnahme an Festen verhindere: „Offenbar dient nach ägyptischer Vorstellung das Fest der Reintegration der durch die Mühen, Sorgen und Geschäfte des Alltags und vor allem durch das Erwerbsstreben beeinträchtigten, vereinseitigten Persönlichkeit." (Assmann, Jan 2006a: 87) Somit wäre Habgier eine Haltung, die Sozialbindungen zerstört und den Habgierigen aus dem gesellschaftlichen Gefüge herausfallen ließe. In den Grabtexten wird die auf den Verstorbenen bezogene Bedeutung normenkonformen Lebens unter besonderer Vermeidung der Habgier deutlich: Die Ansammlung von Vermögen ist eine Voraussetzung zur Stiftung eines langanhaltenden Totenkults; entscheidend sind keineswegs die Beigaben zur Versorgung des Toten, sondern die Vererbbarkeit des Vermögens zur Anstiftung des Gedenkens und Durchführung ritueller Prozeduren. Hierfür sind in den Grabinschriften häufig bezeugten Beteuerungen des Verstorbenen über den rechtmäßigen Erwerb des Besitzes charakteristisch (vgl. Assmann, Jan 2006a: 92-99). Ein wichtiger Faktor für die Rechtfertigung des Vermögens ist materiell zum Ausdruck kommende Solidarität gegenüber Mitmenschen. Die Kenntnisnahme von Macht- und Besitzlosen führt eine „Sorgepflicht" (Assmann, Jan 2006a: 102) mit sich. In hier beschriebenem Zusammenhang noch wichtiger ist die Rückwirkung auf die innere Haltung des Einzelnen gegen Habgier, denn „die Ungleichheit der Menschen wird durch das Prinzip Ma'at nicht legitimiert." (Assmann, Jan 2006a: 103)

In diesem Zusammenhang hat sich Jan Assmann unglücklicherweise zu der Verwendung des Begriffs „Vertikaler Sozialismus" (Assmann, Jan 2002a: 199-216) verleiten lassen, vermutlich weil der Artikel zuerst 1994 in einem Werk unter der Herausgeberschaft von Richard Faber mit dem Titel *Sozialismus in Geschichte und Gegenwart* erschienen ist. Unglücklich ist die Begriffswahl, weil mit Sozialismus unweigerlich die Vorstellung eines gesellschaftlichen Bestrebens nach gerechter Verteilung materieller Güter verbunden ist, und damit die eines konflikthaften politischen Diskurses. Jan Assmann selbst betont jedoch, dass genau diese Vorstellung für die ägyptische Geschichte vollkommen abwegig ist. Nicht nur fehlen Subjekte, die aufbegehren und Gegen-Eliten, die eine konkurrierende Konzeption von Gesellschaftlichkeit hätten tragen können. Es fehlt auch eine systematische Selbstwahrnehmung, die Gesellschaft in ihrer Gesamtheit als dynamische Konstruktion beschrieben hätte, denn auch das Herrschaftswissen blieb stets in die kosmologische Konstellation eingebunden. Darüber hinaus rekonstruiert Jan Assmann aus den *großen Texten* die Auffassung, dass die Thematisierung gesellschaftlicher Ungleichheit gerade der Aufrechterhaltung der pharaonischen Herrschaft diente: Denn politische Herrschaft wird gerade dadurch legitimiert, dass sie zu verhindern vermag, dass die Armen den Reichen schutzlos ausgeliefert sind (vgl. Assmann, Jan 2002a: 206). Mit dem Begriff des Sozialismus verbundene politische Vorstellungen haben hingegen in Ägypten keine Grundlage: „Das Fehlen horizontaler Sozialformen ist kaum zu bestreiten. Die Dominanz der pharaonischen Monokratie ist so allesbeherrschend, dass sie außerhalb der bürokratisch-administrativen und priesterlichen, später auch militärischen Berufshierarchien keine weiteren, z.B. gentilizischen, genossenschaftlichen, vereinsmäßigen Formen der Vergesellschaftung zulässt." (Assmann, Jan 2005b: 151) Zur Vermeidung von Missverständnissen wäre gewiss eine Begriffswahl besser gewesen, die mitschwingende moderne Konnotationen vermeidet statt befördert. Gerade aufgrund seiner intuitiven Sperrigkeit sehr viel besser geeignet erscheint daher die Rede von der „vertikalen Solidarität" (Assmann, Jan 2002a: 210-216; Assmann, Jan 2006a: 92-121). Der Normverstoß der Habgier zielt eben nicht auf Umverteilung von Besitz, sondern auf eine innere Haltung, die eine dauerhafte Eingliederung des einzelnen in das gesellschaftliche Gefüge rechtfertigt und befördert.

2 Kognitive Dimensionen des Werks   67

In den *großen Texten* wird also im Mittleren Reich der Status erreicht, in dem Textualisierung, Thematisierung und Überlieferung ineinander greifen und somit von der Entwicklung eines altägyptischen Diskurses über die Imagination der eigenen Gesellschaftlichkeit gesprochen werden kann. Dabei ist bisher von einer Reflexivität – und damit auch von kollektiver Identität – noch nicht die Rede. Dazu bedarf es einer Betrachtung der Herausbildung distinktiver Kulturmerkmale. Damit begibt sich diese Darstellung in den thematischen Bereich der Religionsentwicklung, und in der zeitlichen Chronologie muss zunächst ein Schritt zurück gegangen werden, um den Ursprung im Totenkult in den Blick zu bekommen: Denn dieser Ursprung der Religiosität in Ägypten liegt im Diesseits.

2.6 Distinktive Identität: Monumentaler Diskurs und Kosmotheismus

Im vorhergehenden Abschnitt war von der Verknüpfung des vergeltenden gesellschaftlichen Bezugs im Füreinander-Handeln die Rede, das zeitlich durch Erinnerung miteinander verknüpft ist und in der Habgier den schwersten Verstoß erblickt. Diese normative Handlungsweise braucht im Verständnis des alten Ägyptens auch Bestand durch ein sichtbares Zeichen: „Dem dient das monumentale Grab. Das ägyptische Grab ist vor allem ein Schriftträger, der nicht nur den unauslöschlichen Namen des Toten, sondern auch seine Stimme oder Rede verewigen soll. Der Gedächtnisraum der Fortdauer [...] ist durch Sprache konstituiert. Daher ist das ägyptische Denkmal in erster Linie ein Sprachzeichen, ein monumentaler Sprechakt." (Assmann, Jan 2002a: 138)

Wenn in der ägyptischen Geschichte nach dem Ursprung des Grabes gefragt wird, stößt man auf eine Antwort von sozial- und kulturwissenschaftlichem Belang: Denn für das geschichtliche Verständnis würde es eine durchaus intuitive Vermutung darstellen, wenn sich die Ursprünge des Staates irgendwo im Dunkel der archäologischen Funde verlieren würden, aber mit Rückgriff auf Ägypten muss gesagt werden, dass genau dies nicht der Fall ist: Dem pharaonischen Staat geht zwar eine vielschichtige Kulturentwicklung voraus, die mit dem Namen Naqada oder Negade verbunden ist und die Jan Assmann zur Feststellung ermutigt, dass die kulturelle Vereinheitlichung der Bevölkerung entlang des Nils der ägyptischen Staatswerdung vorausgegangen sei, und das mit einer bedeutsamen Rückwirkung: Denn entlang des Nils könne nicht von signifikant verschiedenen Ethnien ausgegangen werden, und die Auseinandersetzungen im Vorfeld der Staatswerdung seien nicht als Konflikt zwischen Kulturen, sondern *innerhalb einer* Kultur zu verstehen. Es handelte sich um eine beherrschte Gesellschaft, die Arbeit delegierte und Handel trieb, also offenkundig stratifiziert und keineswegs mehr *ungeschieden* war (vgl. Assmann, Jan 2005b: 43-46). Jedoch handelte es sich bei der Entstehung des ägyptischen Staates um einen dreifach signifikanten Akt, der einen klaren Einschnitt gegenüber der Vorgeschichte bedeutete: Gewaltsam statt evolutionär entstand das älteste bezeugte Territorialreich der Menschheitsgeschichte, diese Gründung ging mit der Einführung eines Kalenders einher und es erzeugte eine eigene kulturelle Semantik, in der das Grab eine zentrale Funktion einnahm. Der Übergang von der mit geschichtswissenschaftlicher Unsicherheit behafteten *Dynastie 0* zur ersten gezählten pharaonischen Dynastie wird durch den Sohn des bereits genannten Narmer mit dem Königsnamen Horus Aha markiert, dessen Herrschaft auf die Jahre 2982 bis 2950 v. Chr. datiert wird (vgl. Schlögl 2006: 65 f.). Die drei genannten Besonderheiten greifen dabei funktional ineinander: Die Begründung des ägyptischen Territorialstaates erfolgt im Akt einer kriegerischen, politischen Vereinigung von Ober- und Unterägypten. Diese Tat ist mit der bereits erwähnten Königssymbolik vom Erschlagen der Feinde verbunden (vgl. Assmann, Jan 2005b: 47). Damit ist bereits ein Teil der kultischen Semantik angesprochen, die in den Darstellungen ihren Ausdruck findet: „Die Botschaft, die diese Szenen vermitteln wollen, stellt Krieg, Gewalt, Tod und Unterwerfung in den Vordergrund. Hier geht es nicht um friedliche Ausbreitung, sondern um tödlichen Konflikt; nicht um Prozesse von langer Dauer, sondern um ein einmaliges Ereignis in Raum und Zeit. Das Ergebnis ist ein Sieg des Südens über den Norden. Der König trägt bereits beide Kronen des vereinigten Doppelreiches.[9] Er ist nicht mehr Horus-Häuptling eines Naqada-Staates, sondern König über das gewaltsam vereinigte Reich." (Assmann, Jan 2005b: 50) Und dieser gewaltsame Akt begründet auch die Annalistik: Nun werden die Jahre aufgezeichnet und mit Namen für in ihnen stattgefundene Ereignisse versehen. Die ägyptische Staatsgründung ist somit auch vom Auftauchen der Schrift nicht zu trennen. Die Erstellung der Kalender ist weitestgehend auf ökonomischen Bedarf zurückzuführen, denn vor allem Ernteerträge und Nilstände wurden verzeichnet, der Kalender – auch dies wird für die Semantik der ägyptischen Gesellschaft insgesamt charakteristisch – verzeichnet also eher Regelmäßigkeiten als außergewöhnliche Ereignisse. Diese Annalistik verweist wiederum auf den politischen Akt der Reichsgründung zurück: Der Staat verstetigt durch Verwaltung der Ernteerträge über die natürlichen Schwankungen hinweg die Versorgung seiner Untertanen. Effekt ist eine implizite, selbstverständliche Rechtfertigung des Reiches „Dadurch wird die Versorgung des Landes von Subsistenz auf Dependenz umgestellt. […] Wenn dieses System zusammenbricht, sind schwere Versorgungskrisen und Hungersnöte die Folge." (Assmann, Jan 2005b: 62) In der ersten Herrschaftsform Ägyptens ist allerdings bereits der

---

9 Dies gilt auch bereits für die Narmer-Palette, auf deren Vorderseite der Pharao die Krone Unterägyptens trägt, und auf der Rückseite diejenige des Nordens (vgl. Kemp 2007: 84). Daher kommt auch Narmer als Reichsgründer in Frage.

2 Kognitive Dimensionen des Werks								69

Keim zum endogenen Zerfall des Alten Reichs angelegt: Denn verwaltet wurde das Land zentral von Beamten aus der Residenz, ein laterale Streuung der Machtstrukturen unterblieb, und genau dieses bewirkte die spätere Erodierung fern des Zentrums (vgl. Assmann, Jan 2005b: 66). Zwar herrscht in der Ägyptologie noch eine Unsicherheit vor, ob die Reichseinigung auf Narmer oder auf Horus Aha, vielleicht auch auf einen dazwischen anzusiedelnden Pharao Skorpion (vgl. Assmann, Jan 2005b: 544) zurück geht, aber zum einen kann sie für eine über fünf Jahrtausende zurückliegende Epoche erstaunlich genau auf den Zeitraum um das Jahr 3000 v. Chr. datiert werden und zum anderen markiert dieser Zeitpunkt in der ägyptischen Selbstbetrachtung eine eindeutige Grenze: Hier beginnt Geschichte, Staat, Kult, hier taucht Schrift auf und die verklärte Herrschaft von Göttern und Halbgöttern wird durch die tatsächliche Herrschaft von Königen abgelöst (vgl. Assmann, Jan 2005b: 53 f.). In den von Jan Assmann eingeführten Begriffen haben wir es hier mit dem genau eingrenzbaren Zeitpunkt des Mythos zu tun – ab hier beginnt die ausmessbare Vergangenheit des kulturellen Gedächtnisses.

2.6.1 Die Umsetzung der Staatsideologie im Pyramidenbau

Für das hier einzuführende Konzept der Religion ist Pharao Horus Aha ein ebenfalls wichtiger Ursprung: Vermutlich auf die Einigung zweier Königreiche zurück zu führen, gibt es von ihm gleich zwei Grabstätten, die – ein weiteres bleibendes Kennzeichen des Pharaonenstaates – bereits zu Lebzeiten angelegt wurden (vgl. Schlögl 2006: 66). Für die Frage der Begründung des spezifisch ägyptischen Grabkults muss aber ein Sprung in die 3. Dynastie zu Pharao Djoser und seinem Baumeister, Architekten und Wesir Imhotep erfolgen . Bei den Lebensdaten Djosers schwankt die Bestimmung um etwa ein Jahrhundert zwischen 2700 und 2590 v. Chr. (vgl. Assmann, Jan 2005b: 545; Kemp 2007: 101; Schlögl 2006: 81; Hornung 2008b: 14). Diese Unsicherheit nimmt nichts von der zentralen Bedeutung, denn Djoser wechselte das Baumaterial für herrschaftliche Sakralbauten vom Lehmziegel zu Stein[10], und – davon vermutlich nicht zu trennen – den Baustil seines Grabmals von der Nischenfassade in einer rechteckigen Form zur geometrisch in den Himmel gereckten Pyramide. Aufschlussreich ist für die Ägyptologie, dass sich in seiner Grabstätte beides zugleich findet, und zwar in Stein ausgeführt.

Wichtigen Einblick in den Entstehungszusammenhang des monumentalen Baukults Ägyptens liefert zunächst die historische Bewertung des Fassadenbaus,

---

10 Für private Bauten wurde weiterhin auf Lehmziegel zurückgegriffen (vgl. Assmann, Jan 1984: 9).

der in Djosers Grab zu einem Höhepunkt gelangt, aber auch zum Abschluss kommt. Die erhaltenen Reste um die Stufenpyramide von Saqqara verdeutlichen nämlich den Zweck der Anlage: In ihrem Hof finden sich die nun in Stein umgesetzten Ritualbauten des königlichen Sed-Fests: „Es wird nach 30 Jahren, also nach Ablauf einer Generation, gefeiert, um die gealterten Kräfte des Königs zu erneuern, und wird dann alle drei Jahre wiederholt." (Assmann, Jan 2005b: 70) Der kontingente Umstand, dass ansonsten in vergänglichen Materialien gebaute Kulissen hier in dauerhaftem Baumaterial umgesetzt wurden, erlaubt eine recht eindeutige Interpretation der Herkunft des Grabkults: „Das entscheidend Neue, das sich mit Djoser ereignet, ist der Gedanke, mit Hilfe des Steins ein Ritual und seine Heilswirkungen verewigen zu können." (Assmann, Jan 2005b: 71)

Der Wechsel zum Steinbau kann in seiner kulturellen Bedeutung kaum überschätzt werden. Mit der Verwendung von Stein geht nicht nur der Erhalt monumentaler Bauwerke und, vor allem, ihrer Beschriftung einher (vgl. Assmann, Jan 2005b: 69 f.). Der Pyramidenbau stellt auch aus sozialwissenschaftlicher Perspektive einen enorm bedeutsamen Einschnitt dar: Denn diese Bauwerke mussten realisiert – und das heißt: organisiert – werden. Sie sind von der massiven Ausweitung ökonomischer Verflechtungen genauso wenig zu trennen, wie von der Naturbeherrschung in Form von Rohstofferschließung, der Entwicklung von Handwerk und Technik und, wie Jan Assmann betont, der Sprache: „Hier war nicht gemeinsame Sprache Vorbedingung gemeinsamen Bauens, sondern umgekehrt das gemeinsame Bauen die Schule gemeinsamer Verständigung." (Assmann, Jan 2005b: 68) Unter Berücksichtigung der Wahrscheinlichkeit, dass viele Landesteile durch den Pyramidenbau überhaupt erst in ein regelmäßiges Austauschverhältnis eintraten, ist diese Vermutung zur Sprachentwicklung wohlbegründet. Da immer noch viele – nicht zuletzt durch das Alte Testament in der Erinnerung lebendig gehaltene – Vorstellungen von einer Sklavenarbeit beim Pyramidenbau kursieren, sei auch auf den gegenwärtigen Stand diesbezüglicher ägyptologischer Forschung hingewiesen, wonach eine solche Annahme nicht zu halten ist. In der konstellativen Symbolik eines in sich gefügten Kosmos, der keine Subjektivität kennt, ist der Verweis, dass die Arbeiter unfreiwillig gehandelt haben, nicht wirklich aufschlussreich. Aber während Sklaven dadurch gekennzeichnet sind, dass ihnen jenseits der Arbeit keine weitere gesellschaftliche Bedeutung zugeordnet wird, sind die Arbeiter an den Pyramidenbaustellen für die Tätigkeit bezahlt und somit grundsätzlich respektiert worden. Es dürfte sich überwiegend um die am Nil ansässigen Bauern gehandelt haben. Da die Pyramiden keine *stillen* Bauten im Sinne von Denkmälern, sondern Kult- und Tempelstätten mit regem Fest- und Ritualbetrieb waren, kann auch ein Interesse der Pharaonen an die Zufriedenstellung der Arbeiter unterstellt werden. Jan Ass-

2 Kognitive Dimensionen des Werks

mann fasst den Charakter der Tätigkeit als „Zwangsverpflichtung mit hohem Identifikationswert" (Assmann, Jan 2005b: 69) zusammen.
Der Gesamtcharakter der Pyramiden verweist auf die Ewigkeit. Sie sollen die Herrschaft des Pharao auf eine unbegrenzte Dauer dehnen und befinden sich damit an einer Schnittstelle von Diesseits und Jenseits: Die Unvergänglichkeit der Steinbauten st präsent und gegenwärtig und sie verweisen in ihrer Haltbarkeit und Beständigkeit zugleich auf etwas unsichtbar bleibend Fernes. „Sie überbrücken den Abstand zwischen Hier und Nicht-Hier, Jetzt und Nicht-Jetzt." (Assmann, Jan 2005b: 71) Über die Bedeutung der Form lassen sich aus den reichhaltigen Interpretationen Jan Assmanns zwei Behauptungen mit großer Wahrscheinlichkeit extrahieren: Die chronologische Rekonstruktion der Entwicklungsgeschichte der Pyramiden offenbart, dass zunächst die Höhe sehr wichtig gewesen ist. Das Ziel war eine Annäherung an den Himmel. Die Annäherung an dieses Ziel wurde in einer kurzen historischen Phase von zwei Königsdynastien vorangetrieben und erreichte mit den ursprünglich mehr als 146 m Höhe der Cheops-Pyramide ihren bis heute wahrnehmbaren buchstäblichen Höhepunkt. Fast ebenso erstaunlich wie die Monumentalität der Bauten insbesondere auf dem Plateau von al-Giza ist die Tatsache, dass dieses Streben in die Höhe nach nur etwa anderthalb Jahrhunderten mit dem zweiten Pharao der 4. Dynastie, Cheops, recht abrupt wieder endete. Jan Assmann bezieht an dieser Stelle mit in Betracht, dass kurze Zeit später, ab dem Ende der 5. Dynastie gegen 2345 v. Chr. den Pharaonen schriftliche Kultrezitationen, so genannte Pyramidentexte, mit ins Grab gegeben wurden. Durch die Textualisierung kann der Sinn dieser Botschaften erschlossen werden: Sie „dienen dem Ziel, den König in den Himmel aufsteigen zu lassen und in den Sonnenlauf einzugliedern. [...] Es liegt nahe, diese Funktion der Pyramidentexte mit der Bauform der Pyramide in Verbindung zu bringen." (Assmann, Jan 2005b: 73) Vermutlich waren die Rezitationstexte auch in vorhergehenden Zeiten bereits Bestandteil des Bestattungsrituals und wurden erst ab dieser späteren Phase auf die Grabwände übertragen, um sie ebenfalls zu verewigen (vgl. Assmann, Jan 2005b: 78). Sie ließen „sich dann deuten als die architektursymbolische Realisierung des Himmelsaufstiegs und die Einbeziehung des Königs in den Sonnenlauf. " (Assmann, Jan 2005b: 73) Diese Rekonstruktion kann sicherlich einige Plausibilität beanspruchen, aber eine fehlerhafte Projektion in die Vergangenheit ist nicht ausgeschlossen. Gesichert ist hier nur das Streben in die Höhe in der Entwicklungs- und Umsetzungsphase der größer werdenden Pyramiden und dessen schnelles Ende.

Gesichert ist allerdings noch ein zweites Gestaltungsprinzip der Pyramiden – und es verweist auf denselben kosmologischen Zusammenhang des Sonnenlaufs. Denn die mit Djoser einsetzende Bestattungsform bedeutet eine abstrahierende Abkehr von ikonischen Darstellungen. Die Steinbauten stellen nichts dar und sind keine Abbildungen irdischer Gestalten, und sie sind auch nicht an pragmatischen, natur- oder lebensnahen Umweltbedingungen ausgerichtet, sondern in einer sehr präzisen Form an den Himmelrichtungen orientiert. Somit sind die Pyramiden in ihrer Lage und Form nicht der Erde, sondern dem Himmelsgeschehen eingefügt (vgl. Assmann, Jan 2005b: 74).

Einen weiteren Anhaltspunkt zu den beobachtbaren gesicherten Erkenntnissen liefern schließlich etymologische Forschungen über die Herkunft der ägyptischen Bezeichnungen für Pyramiden, die auf den Wortursprung *strahlen* und *leuchten* und somit den Sonnenlauf hinweisen.

Jenseits dieser wahrscheinlichen Ungewissheiten kann festgehalten werden, dass es sich bei den großen Pyramiden um Bauten der Pharaonen handelte – sie waren die einzigen Bauherren – und dass diese Anstrengung der Verstetigung ihrer Herrschaft über den Tod hinaus dienten. Dies wird kontrafaktisch bestätigt von der randständigen Bedeutung der Göttertempel in diesen Grabanlagen. Auch die Pyramidentexte zielen zunächst nicht auf eine Beschwörung oder Beschwichtigung von Göttern, sondern auf die Eingliederung des gerade verstorbenen Königs in eine andere Welt. Bei Jan Assmann kulminiert diese Sinnauslegung in der Aussage: „Die Könige des Alten Reiches bauen die Pyramiden für den Gott, den sie selber verkörpern" (Assmann, Jan 2005b: 76) und damit bezieht sich diese Tätigkeit letztlich auf das Diesseits, den Fortbestand der ägyptischen Territorialstaats. Mitunter dramatische architektonische und kultische Formveränderungen sind offenbar als eine Suche nach besseren Lösungen der Umsetzung zu deuten.

Jan Assmanns Interpretationen eröffnen die kulturell zentrale Funktion der Pyramiden im Wirkungsdreieck von Staatsgründung, Zeitlichkeit und gesellschaftlicher Semantik: Denn die Bauleistung ist ohne den Staat nicht zu denken, doch der Staat realisiert sich auch in ihr und offenbart den Untertanen durch diese Leistung seine konkurrenzlosen Potenziale. Die Steingebilde sind auf die Ewigkeit gerichtet und liefern zugleich der Gegenwart einen unübersehbar präsenten Verweis auf den königlichen Urheber und den Staat. Mit dem Ende des Alten Reichs endete auch der monumentale Baustil. Jan Assmann erkennt in ihm aber dennoch den Ursprung eines *kanonisierten Makrostils*, der auf den Erhalt eines Kerngedankens ziele: „Meine These ist nun, dass sich die eigentümliche Form der ägyptischen Geschichte zu einem sehr erheblichen Teil der Wirksamkeit solcher kanonisierender Prinzipien verdankt, die man als Formen einer besonderen Erinnerungskultur, eines kulturellen Langzeitgedächtnisses zu verstehen hat. [D]ahinter stand ein viel unmittelbareres Verlangen nach zeitenthobener Dauer, nämlich die Überwindung des individuellen Verschwindens und Vergehens im Tode. Diesem Verlangen entspringt in Ägypten die Errichtung von Monumenten, und die Kanonisierung der Formsprache hat den Sinn, die Monumente als Verwirklichung von Ewigkeit zu errichten." (Assmann, Jan 2005b: 80 f.)

2 Kognitive Dimensionen des Werks

Aus dieser Perspektive wirken Pyramiden auf ihre Betrachter intuitiv in einer tatsächlich beabsichtigten und für das alte Ägypten insgesamt charakteristischen Form: Als Monumente der Ewigkeit.

Das bald einsetzende dramatische Ende der pyramidalen Großbauweise gibt den Blick auf den eigentlichen Kern des von Jan Assmann so genannten *monumentalen Diskurses* frei: Das Streben nach Fortexistenz über den Tod hinaus, dessen Verwandtschaft zum Christentum unübersehbar ist. Die wesentlichen Kernelemente können der ägyptischen Literatur entnommen werden, die zu einem großen Teil als Grabausstattung verewigt wurde, dem Verstorbenen zur Begleitung gedacht und so der Nachwelt erhalten. Daraus destilliert Jan Assmann drei Faktoren, von denen das Weiterleben abhänge: Zunächst die stets nur für eine kleine Minderheit von königlichen Beamten und der pharaonischen Familie selbst gegebene Möglichkeit der Errichtung eines Monumentalgrabes, zweitens eine Aufrechterhaltung des Totenkultes, und drittens die Bewahrung im sozialen Gedächtnis der Nachwelt. Diese Kombination gebe auch einen Hinweis auf das baldige Ende der Großbauweise: „Der Stein allein vermag also den Menschen nicht zu verewigen. Das gelingt allein dem Stein, an den sich lebendige Erinnerung knüpft, d.h. die Verbindung von Stein und Gedächtnis." (Assmann, Jan 2006a: 97) Die Abkehr von der Großbauweise ist in keiner Weise als Ende der ägyptischen ewigkeitsfixierten Bautätigkeit zu sehen, denn diese bleibt so lange erhalten wie das pharaonische Herrschaftssystem, sondern es wandelt lediglich seine Form. Das im Kern des monumentalen Diskurses auch bereits im Alten Reich die Fortexistenz des Verstorbenen stand, lässt sich aus den dort allmählich einziehenden Grabinschriften schließen, in deren Zentrum die Aufrechterhaltung der Erinnerung steht: „Der Grabherr stellt sich als ein Mann dar, der sich in seiner ganzen Lebensführung nach der Ma'at gerichtet hat und – im Gegensatz zur Selbstisolation des Habgierigen – sich die Liebe seiner Mitmenschen erworben und sich in vollkommenster Weise eingebunden hat in die Konstellation der Gesellschaft." (Assmann, Jan 2006a: 99) Bei dieser Aussage Assmanns ist daran zu erinnern, dass es sich um eine retrospektive Projektion handelt: Aus dem später erkennbar werdenden klaren Strukturen der Staatsideologie Ma'at lassen sich jene Faktoren erkennen, deren rudimentäre Form bereits in den sehr viel älteren Texten des Alten Reiches enthalten ist. Betont werden soll auch noch einmal, dass in den Texten des Alten Reiches die sprachliche Kommunikation zwischen dem Verstorbenen, seinem Grab und der zum Totenkult bestimmten Nachwelt abläuft. Dies bedeutet nicht die Abwesenheit von Göttern, aber diese vergegenständlichen sich im Sinne Castoriadis in den steinernen Zeichen des Grabes: „Schriften und Bilder werden hier als Götter bezeichnet." (Assmann, Jan 2005b: 71) Der transzendente Aspekt wird den materialen Repräsentationen der Ewigkeit in ihren architektonischen und schriftlichen Formen zugeschrieben.

Die frühen Grabinschriften unterscheiden sich in der konstellativen Stellung des Autors gegenüber der Welt noch signifikant von der späteren Form der Staatsideologie Ma'at. Als Akteur im Zentrum steht der Grabherr, auf ihn zentrieren die Bauwerke des monumentalen Diskurses, ihm gelten die kultischen Handlungen von der Einbalsamierung der Leiche bis zu rituellen Prozeduren und auf ihn sind die Texte bezogen. „Worauf es hier [in den Texten, JüS] ankommt, ist die individuelle Leistung und die Distinktion gegenüber anderen. Demgegenüber geht es in der Ma'at offensichtlich um etwas Allgemeines, Überpersönliches, um eine Norm, durch deren Erfüllung man sich nicht vor anderen hervortun, sondern sich vielmehr in die Gemeinschaft einfügen will." (Assmann, Jan 2006a: 101) Dies erlaubt es, die Aufmerksamkeit der weiteren Betrachtungen auf die textualisierte Sinndimensionen des Kollektiven zu richten, die sich in der Darstellung des kosmologischen Prozesses und in der Staatsideologie darstellen.

2.6.2 Die Umsetzung der Staatsideologie im Kosmotheismus

Mit dem Ende des Alten Reichs verzeichnet die Ägyptologie in den *großen Texten* unverkennbare Anzeichen für eine Verbreitung der ursprünglich auf den Pharao beschränkten Vorstellung einer Fortdauer der Existenz nach dem Tod. Dies bezeichnet Jan Assmann als „Demotisierung" (Assmann Jan 2006a: 118), womit abstrakt die Entwicklung und verbreitete Aneignung sprachlicher Mittel zur Problembearbeitung gemeint ist.[11] Die Vorstellung wird symbolisiert, indem der Verstorbene zum Gott Osiris wird, der den toten König verkörpert.[12] Der Weg dahin ist die Befolgung der Ma'at (vgl. Assmann, Jan 2006a: 118). Auch Ma'at ist, wie erwähnt, eine Göttin, deshalb erschließt sich dieser Aspekt der Bedeutung nur im Rahmen des ägyptischen Polytheismus. Dieser ist vom Staat und seiner Ideologie nicht zu trennen, und im Gegensatz zum Staat – und im Gegensatz zu anderen, im Konzept der Achsenzeit herausgehobenen Religionen – nicht das Ergebnis eines Stiftungsaktes oder einer *systematischen* Konstruktionsarbeit durch Textualisierung, sondern dynamische Figuration einer langwierigen, brüchigen Evolution, dessen Ursprung im Abschnitt über den Pyramidenbau bereits referiert worden ist.

Die Verwirklichung der Ma'at ist immer die Befolgung der Handlungsmaximen im pharaonisch gestifteten Staat *und* die kultische Inganghaltung des als Götterwelt konzipierten kosmischen Verlaufs *zugleich* (vgl. Assmann, Jan 1984:

---

11 Konkret bezeichnet der Begriff des Demotischen in der Ägyptologie eine kursive Handschrift, die aufgrund ihres Verbreitungsgrades ab der 26. Dynastie um 690 v. Chr. auch als Volksschrift bezeichnet werden kann (vgl. Hornung 2008a: 28).
12 Zur Bedeutung des Osiriskults siehe unten ab Seite 85.

2 Kognitive Dimensionen des Werks

12 f.). Diese Gleichzeitigkeit bezieht sich aber auf die entwickelte Konzeption religiöser Vorstellungen, von der erst vom Neuen Reich an ab etwa 1550 v. Chr. die Rede sein kann. In der historisch fundierten ontogenetischen Betrachtung am Fall Ägyptens muss konstatiert werden, dass die Entstehung des kultischen und rituell geprägten Aspekts dem Hervortreten einer religiösen Götterwelt *vorgängig* ist: Im Ursprung steht nicht ein mystischer Jenseitsglaube, sondern der kulturelle Verarbeitungsprozess des *Kontinuitätsbruchs Tod* (vgl. Assmann, Jan 2005a: 33). Zur Erläuterung greift Jan Assmann abermals auf den Sinnbegriff zurück. „Die Riten sind älter als die Götter. Erfahrungen und Erlebnisse sind nur möglich innerhalb und außerhalb des Sinnhorizonts von Handeln, sie setzen ihn voraus, auch wo sie ihn transzendieren." (Assmann, Jan 1984: 15) Die diskursive Ausarbeitung eines transzendenten polytheistischen Bezugssystems ist demnach auf lebenspraktisch geformte Ritualisierung als Orientierungswissen angewiesen. Daraus folgt für den ägyptischen Fall, dass die Götter als kooperative Gegenstellen von Handlungen begriffen werden, nicht als kategorial der Welt gegenüberstehend, *außerhalb* gedachte Wesen. Allerdings ist göttliches Handeln auch nicht als Interaktion zwischen Menschen und Göttern gedacht, sondern als quasi parallel ablaufende Sinndimension – die Götter sind für ihre Handlungen in gleicher Weise auf einen Orientierung gebenden Sinn angewiesen wie Menschen (vgl. Assmann, Jan 1984: 125). Die kultischen, kosmischen und mythischen Gehalte amalgamieren hier zu einer dynamischen, sich entwickelnden und ausdifferenzierenden, aber dennoch kompakten Vorstellungswelt (vgl. Assmann, Jan 1984: 16 f.).

Erik Hornung, geboren 1933, ist deutscher Ägyptologe, der von 1967 bis zu seiner Emeritierung 1998 das Ägyptologische Seminar der Universität Basel leitete. Er hat 1956 an der Universität Tübingen promoviert. Die Habilitation datiert von 1963 an der Universität Münster. Seine Spezialgebiete sind die Grabtexte im „Tal der Könige", der Nekropole des altägyptischen Theben, dem heutigen Luxor. Hier fanden sich bis heute zahlreiche Gräber der pharaonischen Familien des Neuen Reiches von 1550 bis 1070 v. Chr. Dementsprechend behandeln die Hauptarbeiten Hornungs die Entwicklung der religiösen Vorstellungen und – davon nicht zu trennen – literarischen Werke dieser bedeutsamen Zeitspanne, die mit Pharao Ahmose einsetzt und bis in die Ramessidenzeit reicht. Fundamentale Bedeutung hat Hornungs 1971 erschienenes Werk *Der Eine und die Vielen*, das die wissenschaftlichen Vorstellungen über den Polytheismus grundlegend verändert hat, weil es die Vorstellung einer parallelen Existenz von einer göttlichen Vielheit und dem Glauben an *eine* göttliche Schöpferkraft etablierte. Dieses Werk ist auch religionssoziologisch von hohem Belang. Hornung hat darüber hinaus zahlreiche Standardpublikationen zur Ägyptologie vorgelegt, darunter häufig aufgelegte Einführungs- und Übersichtsbände, die auch zur Erstellung dieser Publikation herangezogen wurden (vgl. Hornung 2008a; vgl. Hornung 2008b).

Geprägt ist der Polytheismus zum einen von der unhintergehbaren Vielheit der Götter, wie vor allem Erik Hornung herausgearbeitet hat. Sie sind nicht nur miteinander in einem Beziehungsgeflecht verbunden, sondern können auch morphologisch ineinander übergehen. An der Basis dieser Vielheit steht der lokale Stadtgott, dessen Beziehung zum Ort man sich als Herrschaft vorstellen kann. Die Bedeutung für die Ägypter ist an dem Umstand ersichtlich, dass in der Regel nicht die Städte schützend ummauert waren, sondern nur der Tempelbezirk des jeweiligen Stadtgottes. Diese Tempel waren auch das politische Zentrum einer der pharaonischen Aufsicht unterstehenden Verwaltung. Die Bewohner eines Ortes hatten regelmäßige Dienste im Tempel zu verrichten, es handelte sich zwar um einen heiligen, nicht jedoch einen gänzlich arkanen Bereich (vgl. Assmann, Jan 1984: 26-34). Der Tempel war Ort der Verrichtung des Kults. „Der Kult ist diejenige Handlungssphäre, in der das Handeln der Götter kommunikativ beantwortet wird. [F]ür den Ägypter [ist] der Kosmos weniger ein wohlgeordneter Raum als ein wohlgelingender Prozess [...]. Dieser Prozess ist nichts anderes als das Handeln der Götter. Durch die kultische Beantwortung wird dieses Handeln kommunikativ, es wird in den übergeordneten Zusammenhang des Füreinander-Handelns eingebunden." (Assmann, Jan 2006a: 186) Die konkrete Praxis der kultischen Handlung besteht in der Opfergabe, in ihr ist die Versorgung der Götter zu sehen. Somit ist hier innerhalb der Konstellation Gesellschaft–Pharao–Kosmos die Beziehung der Gesellschaft zum Kosmos strukturiert, und sie ist durch dasselbe Verhältnis der Ma'at gekennzeichnet wie das Verhältnis zu Pharao und zu den Mitmenschen. Die Opferpraxis stellt die Umsetzung des Füreinander-Handelns dar, und daher lassen sich die drei Verstöße gegen Handlungsmaximen auch hier sinnhaft einordnen: Erstens ist vom Menschen die Tätigkeit gefordert, er darf nicht träge werden und die kultische Handlung vergessen, zweitens darf er sich gegenüber den göttlichen Zeichen nicht taub stellen und muss sie beantworten, er muss die Kommunikation mit den Göttern aufrecht erhalten, und drittens ist offensichtlich, dass Habgier sich mit der Bereitschaft zur Versorgung der Götter in der kultischen Opfergabe nicht verträgt. Grundlage dieses Beziehungsgeflechts ist auch hier die Vergeltung: Es gibt im alten Ägypten keine Vorstellung von einer schicksalhaften, unbeeinflussbaren göttlichen Macht, die außerhalb der Welt gedacht wird, sondern zwischen Menschen und Göttern werden Taten vergolten. „Die Tat kehrt dann, und nur dann, zum Täter zurück, wenn das Prinzip der Ma'at wirksam ist, also unter den Menschen die solidarische Reziprozität des Aufeinander-Hörens und Füreinander-Handelns herrscht." (Assmann, Jan 2006a: 178) Hierbei handelt es sich dem Rechtstheoretiker Hans Kelsen zufolge, der sich wiederum auf die ökonomischen Grundformen bei Marcel Mauss bezieht, um einen Ursprung von Rechtsverhältnissen: „Nach der Vergeltungsidee richtet der Primitive sein Verhalten in allen Fällen, in

2 Kognitive Dimensionen des Werks

denen er Gutes oder Böses erfährt oder solches einem anderen zufügt; gleichgültig [...] ob es sich um eine Gottheit handelt. Das Verhältnis zu dieser gestaltet sich für den Primitiven – trotz aller Furcht, die er vor ihr empfindet – durchaus nach dem Grundsatz des *do ut des*." (Kelsen 1982: 65; vgl. Mauss 1990; Moebius 2006) Daher erscheint in den mythischen Textualisierungen das Verhältnis der Götter untereinander auch im Bild des Rechtsstreits, wie an der diskursiven Übersetzung der Reichsgründung im Mythos zwischen Horus und Seth bereits gezeigt worden ist. (vgl. Assmann, Jan 2005b: 55-59). Auch die im Mittleren Reich zwischen 2040 und 1650 v. Chr. mythologisch bedeutsam werdende Konfrontation des Sonnengottes Re mit seiner Widersacherin Apophis[13] nimmt die Form eines Rechtsstreits an (vgl. Assmann, Jan 2006a: 196). Diese Symbolik für das konstellative Grundverhältnis von Gesellschaft, pharaonischem Staat und Göttern sieht Jan Assmann als insgesamt distinktives Kennzeichen im Kulturvergleich: „Für die Ägypter ist die gerichtliche Auseinandersetzung das Urbild der Konfrontation antagonistischer Kräfte. Was in anderen Kulturen der Kampf, ist in Ägypten der Prozess." (Assmann, Jan 2006a: 181) Dieses Rechtsverhältnis zwischen Göttern und Menschen entwickelte sich im Tempelleben zunehmend konkreter werdend bis zur Offenbarung des Gottesurteils durch ein Orakel, so dass sozialwissenschaftlich hierin die zunehmende Verflechtung des kulturellen Gefüges gesehen werden kann: „Das heißt [...], dass die Form, in der der Stadtgott seit dem Neuen Reich [d.h. ab 1550 v. Chr., JüS], seine Herrschaft de facto ausübte, nämlich Orakel und Gottesgerichtsbarkeit, aufs engste an die Feste und die damit verbundenen Erscheinungen des Götterbildes in der Öffentlichkeit gebunden war, also über den Tempelbezirk hinaus griff und die gesamte Bürgerschaft einbezog." (Assmann, Jan 1984: 43) Wir haben hier also eine Entwicklungslinie, in der ein politisch gegründetes und ökonomisch nützliches Herrschaftsverhältnis allmählich durch die Semantik eines Rechtsverhältnisses dargestellt und zunehmend auch gerechtfertigt wird, was sich auf kultische Handlungen innerhalb des Tempels überträgt, und von hier aus dann sukzessive die Gesellschaft in Form religiöser Praktiken durchzieht. Das Verbindungsglied dieses Zusammenhangs war die Staatsideologie der Ma'at.

Da die politische Reichsgründung in der Unterwerfung Oberägyptens durch den unterägyptischen Herrscher tatsächlich gewalttätig war und im Bild der enthaupteten Feinde symbolisiert wurde, muss die sich in der Ma'at durchsetzende Selbstwahrnehmung in der Form des Rechtsverhältnisses als bedeutsame kulturelle Errungenschaft gesehen werden. Zu betonen ist dabei abermals die zwar in keiner Form individualisierte, aber deswegen keineswegs bedeutungslose Rolle

---

13 Apophis war die Verkörperung ägyptischer Chaosvorstellung in Form einer Wasserschlange, die das nächtliche Urwasser zu verschlucken und die Sonnenbarke des Re zu stoppen drohte (vgl. Assmann, Jan 2005b: 235, 237).

des einzelnen Menschen, der einziger Garant für die Durchführung kultischer Praxis ist: „Die Rituale sind dazu da, das Gelingen des Kosmos zu fördern und das Scheitern abzuwenden." (Assmann, Jan 2006a: 185) Die fortwährende Existenz der Welt ist vom Menschen abhängig, und wird durch seine unaufhörliche Handlung im Sinne der Ma'at gegenüber den Mitmenschen, gegenüber dem pharaonischen Staat und gegenüber den Göttern aufrecht erhalten. Die Herrschaft der Götter und die Herrschaft des Pharao ist keineswegs rechtlich begrenzt und durchaus absolut vorzustellen, aber sie wird zunehmend rechtfertigungsbedürftig, und im Sinne der Vergeltung ist die Herrschaftsbeziehung keinesfalls einseitig zu denken: „Unter den Bedingungen der gespaltenen Welt heißt Herrschaftsausübung vor allem Kampf: Überwindung von Widerständen, Behebung der Krise, Bezwingung der Feinde." (Assmann, Jan 2006a: 180) So finden sich in der Symbolik der Mythen die Gründungsbedingungen der ägyptischen Staatlichkeit wieder: Gewaltsame Herstellung politischer Einheit, organisierte und koordinierte Nutzung der Nilüberschwemmung, Schutz der Armen und Schwachen. Der lokale Tempel ist in Ägypten daher zugleich „Wirtschaftsbetrieb und Götterwohnung" (Assmann, Jan 1984: 36).

Der lokale Stadtgott ist nur ein Vertreter und kann im polytheistischen Kosmos nicht allein gedacht werden. Ein Tempel beherbergte in Ägypten auch nie einen Gott allein (vgl. Assmann, Jan 1984: 48, 63). Die Entstehung einer kosmischen Göttergesellschaft schloss unmittelbar an jene Phase der Erstellung der großen Pyramiden von al-Giza an: Deren Bauherren entstammten der 4. Dynastie, und ab 2345 v. Chr. begannen die Pharaonen der 5. Dynastie – anstelle höher strebender Pyramiden – in ihren Grabanlagen Heiligtümer für den Sonnengott Re anzulegen und eine Verbindung mit ihrem eigenen Totenkult herzustellen. Die Königstitulaturen nahmen nun auch den Sonnengott in sich auf (vgl. Assman, Jan 1984: 70). Damit vollzog sich ein Bedeutungswechsel, denn bislang hatte der Himmels- und Königsgott Horus im Zentrum gestanden (vgl. Assmann, Jan 2005b: 47-52). Er wurde nicht ersetzt, sondern durch Re ergänzt. Der Sonnengott bezog seine Bedeutung aus dem Jahresverlauf, der in Ägypten in drei auf die lebensspendenden Zyklen des Nils zurückzuführende Jahreszeiten – Überschwemmung, Saatzeit und Ernte – unterteilt war. In der Interpretation legt Jan Assmann auch hier großen Wert auf die Richtung der mythischen Dynamik, denn er sieht hier die Ausdeutung von Naturphänomenen, nicht die Erklärung derselben: „Dargestellt wird, was für die Versorgung der Menschen von Bedeutung ist. [...] Nach den Gründen für die auffälligste und rätselhafteste Naturerscheinung in Ägypten überhaupt, das jährliche Ansteigen und Abschwellen des Nils, scheinen die Ägypter überhaupt nicht gefragt zu haben. [...] Hier ist offensichtlich ein ganz anderes Fragen am Werk, das die Welt nicht *in Erfahrung bringen*, sondern in einer den Bereich des Erfahrbaren überschreitenden Weise

2 Kognitive Dimensionen des Werks

ausdeuten will." (Assmann, Jan 1984: 69) Die Textualisierungen folgten nicht nur chronologisch der politischen und ökonomischen Organisation von Nilüberschwemmung und Ernte nach, sondern sie zielten auch auf etwas anderes ab: „Wenn hier etwas *erklärt* wird, dann nicht die Natur, sondern die Gottheit, die sich in ihr zu erkennen gibt." (Assmann, Jan 1984: 74) Das wiederum fand seinen Ausdruck auch in den Besonderheiten des Kults: In der Auslegung des Pyramidenbaus war bereits darauf verwiesen worden, dass dem Stein und den Zeichen selbst die Qualität der überzeitlichen Beständigkeit und damit Göttlichkeit zugeordnet wurde. In der allmählichen Entwicklung einer polytheistischen Theologie überträgt sich dieses Verständnis generell auf Bilder. Aus heutiger Sicht bietet sich eine sonderbar erscheinende Perspektive, denn diese Bilder sind in ägyptischem Verständnis keine Darstellungen, sondern tatsächlich Verkörperungen der Gottheiten: „Die Statue ist nicht Bild des Leibes, sondern Leib der Gottheit." (Assmann, Jan 1984: 57) Jan Assmann betont, dass dies keine Gleichsetzung, aber eine Verschiebung der Grenze zwischen Darstellung und dargestelltem Objekt bedeute. Dieses Verhältnis fand sich in der konstellativen Kosmologie das alten Ägyptens sowohl in der Naturerscheinung des Nils, in den Inschriften der Pyramiden, in den Bildern und Statuen des religiösen Kults, aber schließlich auch in der göttlichen Durchwirkung des gesellschaftlichen Lebens. Von Hermann Junker übernimmt Jan Assmann hierfür den Begriff der „Einwohnung" (vgl. Assmann, Jan 1984: 53).

Hermann Junker (1877-1962) war ein deutscher Priester und Ägyptologe, der lange Zeit in Wien wirkte. Er hatte ab 1896 das Priesterseminar in Trier besucht und katholische Theologie studiert. 1900 wurde er zum Priester geweiht und Kaplan in Ahrweiler. Ab diesem Zeitpunkt studierte er auch Ägyptologie, zunächst in Bonn und dann in Berlin, wo er 1903 promovierte. Seine Arbeit galt dem Hathor-Tempel in Dendera, einer auf die 6. Dynastie (2345 bis 2150 v. Chr.) zurückgehende Kultstätte, die ab 1875 aus dem Wüstensand befreit wurde. 1907 habilitierte sich Junker und wurde 1912 Ordinarius in Wien. Er war an den ersten systematischen Erforschungen der Pyramiden in al-Giza beteiligt, seine Interessen und Forschungen erstreckten sich aber bis ins südliche Nubien, so dass er auch als wissenschaftlicher Wegbereiter der Afrikanistik gilt. Von 1929 an leitete der für zehn Jahre das Deutsche Archäologische Institut in Kairo. 1933 trat er der NSDAP bei. 1939 fuhr Junker zu seinem jährlichen Sommerurlaub von Kairo zurück nach Europa und kehrte aufgrund des Ausbruchs des Zweiten Weltkriegs nie wieder zurück. Von 1948 bis 1953 war er noch einmal Professor in Wien. Aus der Perspektive der aktuellen wissenschaftlichen Erinnerungsforschung ist Junkers Arbeit interessant, weil seine Arbeiten aus einer religiösen Perspektive auf Ägypten gerichtet waren und er stets ein hohes Interesse für das Koptische hatte.

Dieser Begriff der „Einwohnung" mit seiner Grenzverschiebung mag ein kulturwissenschaftlich interessanter Zugang auch für Gegenwartsdiagnosen sein, wenn über die Reflexion von performativer Sprache und der Bedeutung gesellschaftlicher Dinge im Sinne Castoriadis nachgedacht wird (vgl. Assmann, Jan 2006a: 195; vgl.: 41). Jan Assmann verweist darauf, dass im Ägyptischen die Einwohnung im göttlichen Wesen des Namens prädikativ zum Ausdruck kommt. Damit wird der Sprache insgesamt, und den Hieroglyphen im besonderen eine heilige Bedeutung beigemessen. Diese kam auch in sprachlichen Anwendungen durch die sensible Komposition von Kultrezitationen durch Kombination von Klang und Ausdrucksform zum Vorschein – die Vorstellung göttlicher Einwohnung wurde hier hörbar gemacht (vgl. Assmann, Jan 1984: 102-107).

2.6.3 Chronotope der Staatsideologie

Wenn ab der Mitte des 3. vorchristlichen Jahrtausends der Sonnengott Re zum zentralen Symbol göttlicher Einwohnung der Welt wurde, war dies nicht nur auf seine Licht und damit Leben spendende Kraft zurück zu führen, sondern auch von der die Zeit in Tag und Nacht strukturierenden Wirkung des Sonnenlaufs nicht zu trennen (vgl. Assmann, Jan 1984: 75). Damit trat ein zweites kulturprägendes Zeitverständnis in Erscheinung, nämlich die zyklische Zeit. „Neheh, die zyklische Zeit, ist die ewige Wiederkehr des Gleichen, sie wird erzeugt durch die Bewegung der Gestirne und daher mit der Sonne determiniert." (Assmann, Jan 2005b: 32) Kulturell ist sie in Ägypten die vorrangige Zeit, in ihr verkörpert sich der Zyklus des Sonnenlaufs und die Überschwemmung des Nils, sie spiegelt auch die rituelle Wiederkehr bedeutender Feste wieder: „Nicht das Sein, sondern das Werden steht im Zentrum des ägyptischen Denkens." (Assmann, Jan 2005b: 32) Wenn es um die Frage der semantischen Symbolisierung geht, war auch die nicht-zyklische Zeit, die sich im herrschaftlichen Streben nach Fortexistenz über den Tod hinaus zum Ausdruck brachte, seit Staatsgründung bereits präsent: Sie hieß „Djet", sie „wird mit dem Begriff des Bleibens, Währens, Dauerns assoziiert. Sie wird mit dem Zeichen der Erde determiniert. Ihre Symbole sind Stein und Mumie, ihr Gott ist Osiris, der gestorbene Gott, der dem Totenreich vorsteht. Djet ist der heilige Raum der Dauer, worin das Gewordene, zur Endgestalt Ausgereifte und in diesem Sinne Vollendete unwandelbar fortdauernd aufgehoben ist." (Assmann, Jan 2005b: 32) Daraus geht hervor, dass bereits für die frühe ägyptische Geschichte von einer Zweizeitigkeit ausgegangen werden muss, wie Niklas Luhmann sie als ein Kennzeichen der Moderne herausgearbeitet hatte (vgl.: 28). Jan Assmann stellt in seinen historischen Studien nun heraus, dass auch für diese frühe Phase des kulturellen Gedächtnisses von einer spannungsgeladenen Zeitkonstruktion ausgegangen werden muss und spricht vom „ägyptischen Chronotop" (Assmann, Jan 2005b: 25). Dies zielt zunächst einmal auf die gesellschaftliche Kontingenz

2 Kognitive Dimensionen des Werks

von Zeit ab: „Kulturen entfalten sich nicht in der physikalischen oder globalen, sondern in der kulturellen und lokalen Zeit, d.h. in der Zeit, wie sie von ihnen gedeutet, konstruiert und dadurch erst eigentlich hervorgebracht wird. Anders als die physikalische oder globale Zeit existieren die kulturellen oder lokalen Zeiten nur im Plural, als eine Vielzahl kulturspezifischer Zeitkonstellationen." (Assmann, Jan 2005b: 26 f.) In Ägypten finden wir diese sehr früh bereits parallel innerhalb *einer* Gesellschaftlichkeit existierend vor. Dies erlaubt nun eine Ausdifferenzierung zweier Theorie-Motive aus dem Abschnitt über Mythomotorik: Im Fokus stand dort zunächst, dass die zeitliche Tiefe durch aktuelle Präsenz einer Vergangenheit der Verhinderung gesellschaftlicher Eindimensionalität diene. Zum anderen war Lévi-Strauss' Unterscheidung von *kalten* und *heißen* Gesellschaften aufgegriffen und dahingehend erweitert worden, dass es keine evolutionäre Klimaktisierung von kalt *nach* heiß und auch keine homogene Ausprägung von Kulturen als kalt *oder* heiß geben müsse (vgl.: 22).

Zunächst bestätigt die parallele Existenz von zyklischer Neheh-Zeit und nicht-zyklischer Djet-Zeit in der ägyptischen Kultur einen weiteren Befund Luhmanns, wonach eine Symbolisierung von Zeit auch in vormodernen Kulturen im Plural möglich ist (vgl. Luhmann 2009a: 145). Im kulturwissenschaftlichen Vergleich fällt aber auf, dass der christlich geprägte Kulturraum Europas und Nordamerikas eine signifikante Wertigkeit aufweist, die der ägyptischen widerspricht: Jan Assmann führt es bis auf Augustinus zurück, dass der heiligen Geschichte im Christentum die nicht-zyklische Zeit zugeordnet wird, denn in diesem Glauben, seiner institutionellen Form der Kirche und im transzendenten Versprechen des ewigen Lebens ist die Vollendung und Erfüllung beheimatet, und diesem Sinnhorizont wird die prioritäre Bedeutung zugerechnet. Als profan gilt hingegen die zyklische Zeit mit den alltäglichen Morgenden und Abenden, mit den Geburten und dem Sterben, mit den Nöten und Freuden des Lebens; sie befindet sich zwar im Vordergrund gesellschaftlicher Handlungsbezüge, wird aber systematisch gegenüber der heiligen, nicht-zyklischen Zeit abgewertet (vgl. Assmann, Jan 2005b: 27 f.). In der ägyptischen Geschichte hingegen ist, wie zuvor mehrfach gezeigt, die zyklische Zeit nicht nur vorrangig, sondern auch der Ort des konstellativen Bezugs von Individuen und zwischenmenschlichen Handlungsmaximen, Pharao und Staat sowie Göttern und Kosmos.

Claude Lévi-Strauss (1908-2009) war Anthropologe und Ethnologe. Von 1959 bis 1982 war er Professor für Sozialanthropologie am Collège de France in Paris. Unmittelbar nach Abschluss des philosophisch geprägten Studiums – er habilitierte zusammen mit Simone de Beauvoir und Maurice Merleau-Ponty – und angeregt durch die ethnologischen Forschungen von Marcel Mauss brach Lévi-Strauss 1935 nach Brasilien auf, wo er vier Jahre verbrachte, um bis dahin in der Wissenschaft einhellig so genannte *primitive* Kulturen am Amazonas zu studieren. Danach zunächst durch die Wirren des nationalsozialistisch entzündeten Weltkriegs an die *New School for Social Research* in New York verschlagen, und nach dem Kriegsende im zentralistischen akademischen System Frankreichs von Misserfolgen frustriert, verfasste er 1955 seine Erinnerungen an die Zeit in Brasilien, in deutscher Sprache unter dem Titel *Traurige Tropen* erschienen, das einen wissenschaftlichen Paradigmenwechsel einläutete. Unter der Heranziehung möglichst fremder kultureller Praktiken bemühte sich Lévi-Strauss um die Herausarbeitung gemeinsamer Mechanismen. Diese Sichtweise war keineswegs eine Erfindung in *Traurige Tropen*, sondern hatte bereits dem früheren Werk *Die elementaren Strukturen der Verwandtschaft* zugrunde gelegen, dass die Denkweise Lévi-Strauss' recht anschaulich zu erläutern erlaubt: Denn zahlreiche Kulturen, die vom westlichen Industriekapitalismus gleichermaßen (un)berührt waren und keine wechselseitige Kommunikation hatten, entwickelten trotzdem gleiche normative Vorschriften etwa für Familien- und Verwandtschaftsbildung, beispielsweise durch Etablierung eines Inzestverbots. Damit rückte Lévi-Strauss strukturierende Mechanismen von universaler Bedeutung in den Fokus der Aufmerksamkeit, die mit einem Siegeszug abendländischer Humanität oder westlicher Zivilisation nichts zu tun hatten. Der von Lévi-Strauss mit verursachte Paradigmenwechsel ist denn auch weniger in einer wissenschaftlichen Popularisierung des Strukturalismus zu sehen – dem Lévi-Strauss sich selbst ohnehin niemals zurechnen wollte –, sondern in einer Skepsis gegenüber dem Universalitätsanspruch der aufklärerischen Wissenschaften westlichen Ursprungs, die allmählich auch diese selbst zu erfassen begann. Für die Kulturwissenschaften bedeutsam wurde Lévi-Strauss zum einen durch die Bezüge seiner Ethnologie und Anthropologie zur Linguistik, die sich in der Freundschaft mit Roman Jakobson genauso ausdrückte wie in dem Postulat, die inneren Relationen und Strukturen einer Kultur ließen sich nur verstehen, wenn sie betrachtet werde wie eine Sprache durch den Linguisten – nämlich quasi von außen. Zum anderen hinterließ *Das wilde Denken* (Lévi-Strauss 1973) tiefe kultur- und sozialwissenschaftliche Spuren, weil es den Nachweis führte, dass von einer kognitiven Rückständigkeit der zuvor so genannten primitiven Kulturen nicht die Rede sein kann. Dieser Gedanke durchzieht auch das Werk von Jan Assmann wie ein hintergründiger roter Faden.

Dies führt zu einer argumentativen Erweiterung, die abermals bei Claude Lévi-Strauss ansetzt. Dieser charakterisierte die „kalten" bzw. „heißen" Gesellschaften danach, dass „die einen versuchen dank den Institutionen, die sie sich geben, auf gleichsam automatische Weise die Wirkung zu annullieren, die die historischen Faktoren auf ihr Gleichgewicht und ihre Kontinuität haben könnten; und die anderen interiorisieren entschlossen das historische Werden, um es zum Mo-

2 Kognitive Dimensionen des Werks

tor ihrer Entwicklung zu machen." (Lévi-Strauss 1973: 270) Der wichtige argumentative Schritt Lévi-Strauss' besteht nun darin, hier die vormals verbreitete Rede von den *geschichtslosen Völkern* durch den Hinweis abzulösen, dass die *Kälte* von Gesellschaften auf einer Leistung beruht. Die Feststellung fortlaufender Veränderungen sei eine für alle Gesellschaften gültige Selbstverständlichkeit, aber „einige nehmen sie wohl oder übel an und vergrößern dadurch das Bewusstsein, das sie von ihr erlangen, ihre Folgen (für sich selbst und für die anderen Gesellschaften) ins Unermessliche; andere (die wir aus diesem Grunde primitiv nennen) wollen nichts von ihr wissen und versuchen, mit einer Geschicklichkeit, die wir unterschätzen, Zustände ihrer Entwicklung, die sie für *primär* halten, so dauerhaft wie möglich zu gestalten." (Lévi-Strauss 1973: 271) *Kälte* ist also die Folge einer anderen Prioritätensetzung und nicht eines kognitiven Rückstandes, und nur *heißen* Gesellschaften droht die Gefahr mythomotorischer Überhitzung. Der funktionale Hintergrund in diesem „epochalen Durchbruch" (Assmann, Jan 2005b: 28) der Betrachtung kultureller Chronotope wurde von Luhmann heraus präpariert, als er feststellte, dass die Irreversibilität von einmal sequenzhaft abgelaufenen Ereignissen keineswegs ausschließe, einen vormaligen Zustand beizubehalten oder sogar zu ihm zurückzukehren, aber „dass die Rückkehr einen Kraftaufwand erfordert und allein deshalb schon nie denselben Zustand wieder erreichen kann." (Luhmann 2009a: 144) Das heißt: Auch Stabilität ist das Ergebnis kultureller Anstrengung, und deshalb ist die Konstanz von gesellschaftlichen Verhältnissen ohne kulturelle Arbeit an ihnen nicht zu denken. Die Erweiterung der Lévi-Strauss-These nimmt Jan Assmann nicht nur durch die Konstatierung reichhaltigerer Möglichkeiten in der Abfolge und Kombination von inzentiven und quietiven Kulturen vor (vgl.: 22), sondern auch durch die historische Untersuchung spezifischer Umsetzungsformen und konkreter Dominanzverhältnisse in den Zeitkonstruktionen. Der heuristische Wert dieses weiteren Argumentationsschritts besteht darin, dass die empirisch fundierte Rekonstruktion unterschiedlicher Chronotope innerhalb einer Gesellschaftskonstellation einen Erklärungsansatz für die Transformation von Kulturen zu liefern vermag, ohne hierfür auf universale Gesetzmäßigkeiten wie etwa *Vernunft* oder externe *Eingriffe*, sei es fremder Kulturen, sei es eines Gottes angewiesen zu sein (vgl. Assmann, Jan 2005b: 30). So lässt Jan Assmann keinen Zweifel daran, dass es sich beim pharaonischen Ägypten um eine vor-achsenzeitliche Kultur handelte, für die eine Anwendung moderner Begrifflichkeiten der Sozial- und Kulturanalyse nicht zu empfehlen ist und kann dennoch nachweisen, dass die Klassifizierung dieser Gesellschaft weder als wandlungslose Gewaltherrschaft noch als unstrukturiertes vorgeschichtliches Chaos angemessen ist. Im Gegenteil, die im Vergleich zur christlichen Semantik *verkehrte* Dominanzstruktur von zyklischer zu nicht-zyklischer Zeit findet ihre Rechtfertigung in der kulturellen Erzeugung einer komplexen Staatsideologie und erlaubt den detaillierten Nachvollzug der Entwicklung eines Chronotops, dass die Stabilität des pharaonischen Herrschaftssystems allmählich untergräbt. Diese Entwicklung vollzieht sich in Form einer sukzessiven Explikation theologischer Vorstellungen, die das konstellative Verhältnis von Gesellschaft, Pharao und Kosmos langsam auflöst.

2.6.4 Implizite Theologie der Staatsideologie

Völlig abwegig ist die Vorstellung, dass im alten Ägypten eine auch nur halbwegs bewusste Vorstellung von einem Chronotop mit zwei verschiedenen Zeit-Konzepten vorhanden gewesen wäre. Dies ist analytisches Produkt der Gegenwart. Tatsächliche Realisierung erfuhren die Vorstellungen von zyklischer und nicht-zyklischer Zeit allerdings in den Anforderungen an die Inganghaltung der Welt durch kultisches Handeln. In einer komplexer werdenden Gesellschaftlichkeit traten zunehmend Götter als begriffliche Symbole für natürliche, kulturelle und soziale Phänomene auf. Eine Auswirkung der konstellativen Vorstellungen im Rahmen der Ma'at ist die Ununterschiedenheit der Kategorien *natürlich*, *kulturell* und *sozial*, und insbesondere auf die *Natur* bezogen kann dies eine naturwissenschaftlich fundierte Wahrnehmung heutiger Zeit befremden: „Die ägyptische *Natur* ist eigentümlicherweise offen in Richtung auf das, wogegen sich unser Naturbegriff absetzt: In Richtung auf die Kultur [...]. Die ägyptische Natur ist derart *übernatürlich*, dass sich hier der Begriff Natur im Grunde verbietet. [...] Der Ägypter erlebt in der Natur das Göttliche nicht in den unerklärbaren Ausnahmen [...], sondern im Gegenteil in der Regelhaftigkeit der alltäglichen und alljährlichen zyklischen Prozesse." (Assmann, Jan 1984: 79) Damit ist zunächst geklärt, wie den Menschen die zyklische Neheh-Zeit gegenübertritt – nämlich im erwarteten Ablauf regelmäßiger Vorgänge. Hier wird noch einmal deutlich, welch zentrale Rolle die soziologische Kategorie des *Vertrauens* in diesem Weltbild spielte: Ob Nilüberschwemmung oder Tages- und Nachtwechsel – sie hängen für den Ägypter von der zuverlässigen Erfüllung des Kultes ab. Der Erfüllung der Erwartungshaltung diente das kultische, soziale und politische Handeln des Ägypters, und eine Störung in diesen Zusammenhängen erfasste unmittelbar alle daran gekoppelten Lebensbereiche und muss als entsprechend katastrophisch erlebt worden sein.

Doch auch die nicht-zyklische Djet-Zeit ist dem Individuum im pharaonischen Reich unmittelbar präsent, nur aus heutiger gesellschaftlicher Perspektive mit dem Vorrang eines auf die Zukunft gerichteten Zeitkonzepts (vgl. Luhmann 1972: 59 f.) erscheint sie schwer vorstellbar: Dem Ägypter ist die Vorstellung der Djet-Zeit zunächst als eine Temporalkonstruktion seiner Sprache unmittelbar

2 Kognitive Dimensionen des Werks

ersichtlich und erfahrbar, denn das Ägyptische kannte eine (am ehesten dem deutschen Perfekt verwandte) Zeit, die Jan Assmann „Resultativität" nennt: „Sie bezieht sich auf die Abgeschlossenheit oder *Vollendung* einer Handlung bzw. eines Vorgangs [...,] zugleich aber auch auf die gegenwärtige *Fortdauer* des resultierenden Zustands." (Assmann, Jan 1984: 93) Es handelt sich dabei um ein außerordentlich kulturnahes sprachliches Tempus, weil es die zeitliche Abbildung eines kulturellen Herstellungsprozesses widerspiegelt: Arbeit und Tätigkeit wird investiert, um ein in der Vollendung beständiges Ergebnis herbeizuführen. Und Resultativität bezeichnet damit eben nicht nur eine sprachliche Temporalkonstruktion, sondern bildet als solche eine kulturelle Weltsicht ab, die in allen Kategorien des Zusammenhangs von Gesellschaft, pharaonischem Staat und Kosmos ihren Ausdruck findet. „Als kulturelle Einstellung äußert sich Resultativität in einem Streben nach Erreichen und, vor allem, Bewahren eines Resultats, einer verewigungsreifen Endgestalt. Dieses Streben nun äußert sich in kulturellen Ausdrucksformen, die geradezu als Wahrzeichen der altägyptischen Kultur gelten können: Hieroglyphen, Pyramiden und Mumien." (Assmann, Jan 1984: 94) In Rückgriff auf die Thesen Claude Lévi-Strauss' aus dem vorhergehenden Abschnitt wird hier deutlich, welch enormen Arbeitsaufwandes es bedurft hat, um diese spezifisch ägyptische *Kälte* der Gesellschaftlichkeit herzustellen. In derselben Art, wie die politische Dynamik der Reichseinigungszeit ihre semantische Textualisierung im Mythos von Horus und Seth bekam – wobei Horus zum Königsnamen wurde und Seth als Wüstengott und Schutzgott des Königs präsent blieb (vgl. Assmann, Jan 2005b: 56) –, und so wie die lebensspendende und zeitstrukturierende Wirkung des Sonnenlaufs als Re vorstellbar wurde – und Re zum Bestandteil der Königstitulatur avancierte –, so bekam auch die sprachlich und kulturell präsente, auf Ewigkeit gerichtete Vollendung ihre göttliche Form in Osiris – der zudem die Gestalt des gestorbenen Königs war. Osiris war als zeitliche Komponente des Kosmos gewissermaßen der Komplementärfaktor zum täglich wandernden Sonnengott Re, indem er die gewordene Vergangenheit in sich aufnahm und das Bleibende darstellte. Mit der Verbreitung des Totenkults im Verlauf des Alten Reiches blieb Osiris nicht mehr nur auf die Form des in die Ewigkeit übergegangenen Königs beschränkt, sondern wurde zum Herrn über das Totenreich insgesamt. In der prozessualen Konzeption der ägyptischen Weltvorstellung muss dabei auf das präzise Verständnis von Osiris als Komplementärgott zu Re geachtet werden: Es handelt sich hier nicht um von einander geschiedene Kategorien oder sogar Gegensätze, sondern um ineinander übergehende Funktionen, genau in derselben Art, wie die Gesellschaft nicht mit einer Zeitkonzeption auskommt, sondern alle Zeitkonzeptionen, die zur Bewältigung kultureller Komplexität erforderlich sind, *gleichzeitig* präsent halten muss: „Erst beide zusammen ergeben die Wirklichkeit und aus ihrem Zusammenwirken entsteht die Komplexion von Neheh und Djet, die vom Menschen als Zeit erfahren wird: Eine sich periodisch vollziehende Vereinigung der beiden Aspekte, Wandel und Vollendung, aus der die Wirklichkeit als eine Art Lebenskontinuität des Kosmos hervorgeht." (Assmann, Jan 1984: 96) Das wichtige an Osiris ist nun, dass sich der Kult um diesen Gott im Mittleren Reich stark verbreitet (vgl. Assmann, Jan 1984: 216). Jan Assman führt dies darauf zurück, dass es eine signifikante Verbindung zwischen Moral und Todesfurcht gibt: Der Gedanke an eine Fortexistenz nach dem Tode motiviert zur Einhaltung der Ma'at (vgl. Assmann, Jan 1984: 207). In der auf Erik Hornung zurückgehenden Konzeptionierung des Polytheismus ist jeder Gott immer als Akteur auf andere Götter bezogen und stellt zugleich eine kulturelle Realität dar. So ist zum Beispiel zu erklären, dass der Sonnengott Re ab dem Mittleren Reich allmählich zur Figur des Amun-Re zusammengezogen wurde, weil Amun der Stadtgott Thebens war und Theben sich allmählich als kultisches, teilweise auch politisches Zentrum des pharaonischen Reiches etablierte (vgl. Assmann, Jan 2000: 38). Auch für die Götter gilt, was für Bilder bereits gesagt worden ist: Sie sind keine Oberflächen für die Projektion eines Verständnisses, sondern ihre Erscheinungsformen werden – in Abwandlung von Castoriadis' *gesellschaftlichen Dingen* könnte man es so nennen – *kultische Dinge* der Ma'at. Dies lässt sich in der Erläuterung einiger weiterer Gottheiten des ägyptischen Polytheismus illustrieren: So ist Thoth figurativ der Gott des Mondes, und funktional ist er der Gott der Schreiber und der Rechenkunst und damit der Beamten. Der konstellative Zusammenhang ergibt sich aus dem Umstand, dass der Mond ein die Zeitmessung strukturierendes, in den Worten Jan Assmanns sogar „ein ausgesprochen intellektuelles Gestirn" (Assmann, Jan 1984: 98) ist. Ein anderes Beispiel ist der Gott Ptah, dessen natürliche Verkörperung die Erde ist. Er ist Gott der Künstler und Handwerker, was verständlich wird, wenn die Erde als Urstoff aller artefaktischen Kreativität gesehen wird. Zudem ist er der Lokalgott von Memphis, das über lange Phasen der Residenzsitz der Pharaonen war. Als Stadtgott der Residenz des Garanten des Staates ist Ptah dann auch Schöpfergott (vgl. Assmann, Jan 1984: 97-100).

Mit diesem Verständnis der sich entwickelnden ägyptischen Götterwelt ausgestattet, kann nun erläutert werden, welche Rolle Ma'at als Göttin erfüllte, womit nicht nur ein erbauliches Narrativ der ägyptischen Mythologie angeboten wird, sondern sich sozialwissenschaftlich der Ort und die Funktion der Staatsideologie innerhalb der ägyptischen Gesellschaft illustrieren lässt.

Ma'at ist Tochter des Sonnengottes Re.[14] In Verbindung mit der etymologischen Herkunft von Ma'at als richtungsgebende Kraft (vgl.: 52) weist also die

---

14 Jan Assmann verweist auf einzelne Texte, in denen Ma'at die Mutter des Re ist – dies zeigt, dass in der ägyptischen Götterwelt die konstellative Bedeutung den Bedürfnissen angepasst werden konnte (vgl. Assmann, Jan 2006a: 161).

Tochter dem Vater die Richtung, und wenn Sinn als Richtungssinn gedeutet wird (vgl. Assmann, Jan 2005b: 17), so kann die konstellative Übersetzung erfolgen, dass der von Re gestiftete Tagesverlauf erst durch Ma'at einen orientierten Sinn erhält (vgl. Assmann, Jan 2006a: 160-167). Die Bedeutung der Sonne aufgrund ihres lebensspendenden Lichts und ihres zeitstrukturierenden Laufs ist sehr alt (vgl. Assmann, Jan 1984: 75), aber im Zuge der Explikation der polytheistischen Mythen bekommt die Staatsideologie der Ma'at hier eine wichtige Funktion, als Tochter des Re wird die Göttin Ma'at als „das Licht der Sonne gedeutet als die gegen das Böse gerichtete, aggressive Glut der zornigen Gerechtigkeit. Daher ist die Mittagsstunde, die Zeit der größten Sonneneinstrahlung, die Zeit des Triumphes, in der [...] der Himmel in Harmonie versetzt wird." (Assmann, Jan 2006a: 183) Abermals ist hier entscheidend, dass den Göttern der personale Charakter erst allmählich zuwächst, er ist ein dezidiert spätes Produkt der gesellschaftlichen Entwicklung. Und dieser personale Charakter ist von zwei anderen Dimensionen des Religiösen nicht zu trennen: Der Gesellschaftlichkeit der Götterwelt, denn: „Ein Gott ist als Person nicht ohne Bezugnahme auf andere Götter denkbar." (Assmann, Jan 1984: 123) Und die Götter sind von der Eingebundenheit in die Sprache nicht zu trennen, weil sie erstens vom Menschen durch die Sprache erreicht werden, weil sie zweitens – man denke hier beispielsweise an den Rechtsstreit zwischen Horus und Seth oder zwischen Re und Apophis – untereinander sprachlich verkehren, und weil drittens ihre Bedeutung durch ein mythologisches Narrativ in der Sprache hervorgebracht wird. Zum Verständnis darf nicht aus dem Blick geraten, dass die Bedeutungsfülle natürlicher und kultureller Phänomene dieser sprachlichen Gestaltwerdung der Götter vorausgeht. „Personalität ist vielmehr ein Aspekt, der ihnen zuwächst in dem Grade, wie die Religion diskursiven Charakter annimmt" (Assmann, Jan 1984: 124). Zu den hervorhebenswerten Besonderheiten gehörte, dass die Einbindung der Götterwelt in die ägyptische Kultur oder – aus Perspektive des alten Ägyptens richtiger formuliert – der Einwohnung der Welt durch die Götter eine intransitive kosmologische Weltvorstellung mit sich brachte: Es gab keinen von der Welt systematisch getrennten Schöpfer, die Götter behandelten Welt nicht aus einer eigenen Sphäre heraus, deshalb brauchte es auch keine der Weltentstehung vorgängige Gottesvorstellung (vgl. Assmann, Jan 2006a: 164 f.). Auch das Böse war keine die Welt von außen bedrohende Kraft, sondern ihr innewohnend, wie in der Deutung des Staatsgründungsmythos deutlich wird: „Horus verkörpert das Recht, Seth die Gewalt. [...] Seth ist von Haus aus kein Satan, sondern verkörpert einen notwendigen Aspekt des Lebens, das ohne ihn im wahrsten Sinne des Wortes kastriert wäre" (Assmann, Jan 2005b: 55). Diese auch das Böse umgreifende Weltvorstellung gibt der Ma'at als Staatsideologie eine dramatische Komponente, da der geordnete, nicht katastrophische Verlauf des Geschehens fortwährend gefährdet ist: „Der Kult hat die Funktion, den Segen zu fördern und das Unheil abzuwenden, schaltet sich als mithandelnd in dieses Handlungsgeflecht ein." (Assmann, Jan 1984: 85) Deshalb war die ägyptische Staatsideologie auch nicht auf die Zukunft ausgerichtet, sondern auf die Gegenwart: Weder gab es einen erlösenden Endzustand, der anzustreben gewesen wäre, noch eine drohende Zukunft, sondern das Heil lag in der Gegenwart – der sorgfältigen Umsetzung der Ma'at – verborgen (vgl. Assmann, Jan 1984: 88).

In den letzten vier Abschnitten ist herausgearbeitet worden, wie sich in den Werken von Jan Assmann die Entwicklungslinie der ägyptischen Staatsideologie bis an den Beginn des Neuen Reichs um 1550 v. Chr. entwickelte. Dieser Prozess bezeugt zum einen nicht etwa eine vorgeschichtliche Stasis, sondern eine Entwicklungsdynamik, die – zum zweiten – auf eine gesellschaftlich sinnerfüllte Handlungsstruktur zurückzuführen ist. Dabei wird – drittens – die Welt zunehmend mit Sinn aufgeladen, was zur mythologischen Ausformulierung und Absprache einer Götterwelt führt, die parallel zur menschlichen an Komplexität gewinnt. Jan Assmann nennt die sich herausschälende Weltsicht eine „implizite Theologie" (Assmann, Jan 1984: 25), weil sie der Nachwelt deutliche Botschaften ihrer Selbstwahrnehmung hinterließ, jedoch noch in keiner Weise expliziert war und auch reflexive Züge vermissen ließ. Die Hauptmerkmale dieser impliziten Selbstwahrnehmung, die als rudimentäre Form einer politischen Imagination als Vorstufe kollektiver Identität beschrieben werden könnte, fasst Jan Assmann wie folgt zusammen: „1. Die *Autogenese* des Schöpfers, 2. die Posteriorität des Bösen, 3. die Kontinuität von Kosmogonie und Geschichte." (Assmann, Jan 1984: 148) Auf die politische Struktur der Gesellschaft darf aus dem konstellativen Gefüge der impliziten Theologie freilich kein falscher Rückschluss gezogen werden: Denn der Herr über den Kult ist Herrscher der Welt, und dies ist – buchstäblich ohne jeden Zweifel – der Pharao, der die Ma'at bringt (vgl. Assmann, Jan 1984: 180; Assmann, Jan 2006a: 186). Damit ist auch das Zentrum der Ma'at benannt: Dies ist nicht eine Götterwelt, der die Menschen dienen, sondern es ist der Pharao als Herrscher (vgl. Assmann, Jan 2006a: 248). Es ist der ägyptische Staat, der die Ma'at hervorbringt, und die Implizität der Bedeutung der Ideologie bringt Jan Assmann durch zwei Aussagen zum Ausdruck, die nur in der kausal aufeinander verweisenden Abfolge ihren Sinn offenbaren: „Der Mensch kann ohne Ma'at nicht leben. [...] Der Mensch kann ohne Staat nicht leben." Und es ist der Mittler zur Götterwelt eingesetzte Pharao, der Verwirklichung der Ma'at in Gang setzt (vgl. Assmann, Jan 2006a: 201-208). Die Funktion der Ma'at-Ideologie ist die Stiftung einer Weltordnung, die ihre konnektive Struktur nicht mehr aus verwandtschaftlichen Beziehungen einer Stammesgesellschaft bezieht, und noch nicht aus der in Abgrenzung zu fremden Formen gesellschaftlicher Organisation reflexiv gewonnener kollektiver Identität. Das Zentrum bildet der

2 Kognitive Dimensionen des Werks

König, in ihm verkörpert sich die Verknüpfung von Herrschaft und Kult (vgl. Assmann, Jan 2006a: 239-244). „Der pharaonische Staat ist die Vorgängerinstitution sowohl von Religionen als auch von Imperien." (Assmann, Jan 2006a: 224) Es handelt sich bei den Studien Jan Assmanns über die Ma'at um die detaillierte Untersuchung eines kulturhistorisch sehr entscheidenden Zwischenschritts, denn es „haben sich im Alten Orient und in Ägypten, im Zuge der Ausbildung großräumiger, staatlich organisierter und hierarchisch gegliederter Gemeinwesen und auch der Schriftkultur, wesentlich differenziertere Moralvorstellungen und Rechtsformen entwickelt, die eine Mittelstellung einnehmen zwischen der wesentlich auf mündlicher Überlieferung beruhenden Moral und Lebensweisheit der Einfachen Sittlichkeit und den systematisierten, einigen wenigen regulativen Normen unterstellten Morallehren der nachachsenzeitlichen Religionen und philosophischen Richtungen" (Assmann, Jan 2006a: 276). Die in diesen Sätzen angedeutete Ausdifferenzierung vollzieht sich in Ägypten in der Form der Explikation theologischer Vorstellungen.

2.6.5 Revolution der Staatsideologie

Zwischen den Mittleren und dem Neuen Reich findet die Geschichtsschreibung neben Hinweisen auf chaotische Herrschaftsverhältnisse (etwa in der Angabe von 47 bis 62 Königen in der 13. Dynastie zwischen 1781 und 1650 v. Chr.) vor allem die Herrschaft der Hyksos. Diese wurden von Autoren der ägyptischen Spätzeit als Fremdherrscher dargestellt, wenngleich sich ihre Pharaonen namentlich als Abkömmlinge des Sonnengottes Re präsentierten, so dass zumindest der Versuch einer Eingliederung in den ägyptischen Sinnzusammenhang vorlegen haben müsste und historische Vorsicht angebracht erscheint. Von diesen Zweifeln unberührt ist die Auffassung, dass das Neue Reich mit der erneuten Durchsetzung einer Zentralherrschaft beginnt, erinnert als Befreiungskriege gegen eben jene Hyksos, deren Stammsitz sich im Norden des Reiches befand (vgl. Assmann, Jan 2005b: 225 f., 546 f.). Diese Befreiungskriege von Süden gegen den Norden stellten damit eine augenfällige Parallele zur ersten Reichseinigung dar. Dass auf diese historische Phase gerichtet tatsächlich von einer bewussten kollektiven Erinnerung gesprochen werden kann, steht für Jan Assmann außer Zweifel, denn „die frühen Herrscher der 18. Dynastie [haben] sich im Stil ihrer inschriftlichen und künstlerischen Selbstdarstellung eng an Vorbildern der 12. Dynastie [die von 1994 bis 1781 v. Chr. herrschte, JüS]" orientiert und „[i]n gleicher Weise erhält zu Beginn des Neuen Reichs Sesostris III. [1881 bis 1842 v. Chr., JüS] göttliche Verehrung und einen Tempel in Buhen (Nubien)." (Assmann, Jan 2005b: 226) Während nach dem Zusammenbruch des Alten Reiches und der Errichtung des

Mittleren Reiches die pharaonische Herrschaft ihre unmittelbare Selbstverständlichkeit verlor und rechtfertigungsbedürftig wurde, erforderte der Übergang in das Neue Reich mit dem gezielten und bewussten Rückgriff über den Kontinuitätsbruch der Zweiten Zwischenzeit hinweg eine neue Stufe in der Konstruktion einer politischen Imagination. Es ist die lebendig gehaltene Vergangenheit, die zur Legitimierung pharaonischer Herrschaft beitrug, und dass dieser Schritt auf die nun auch den Norden wieder umfassende Zentralherrschaft abzielte, scheint sehr wahrscheinlich: „Im Süden des Landes, vor allem in Theben, hat es wohl nie einen Bruch in der kulturellen Überlieferung [gegenüber dem Mittleren Reich, JüS] gegeben." (Assmann, Jan 2005b: 226) Ein zweites Kennzeichen der reflexiven Herausbildung kollektiver Identität tritt nun hinzu: In der Erinnerung des Neuen Reichs werden die Hyksos zum exemplarischen Fall des Fremden stilisiert, und damit einher geht die religiöse Externalisierung des Bösen. Der Wüstengott Seth wird zum Gott der als Asiaten charakterisierten Hyksos (vgl. Assmann, Jan 2005b: 227). Die Wandlung der Weltsicht bleibt nicht auf die Neustrukturierung der Götterwelt beschränkt, denn mit der systematischen Ausgliederung der Hyksos aus der ägyptischen Weltordnung verband sich auch die Wahrnehmung einer Umwelt des ägyptischen Territorialreiches, das aus fremden Völkern bestand, und diese Zurkenntnisnahme ging mit einem Handlungsbezug einher, wenngleich zunächst in aggressiver Form: „Befreiung und Vertreibung sind zwei Seiten derselben Medaille. Wo immer eine politische Semantik aus der Erfahrung der Befreiung heraus entwickelt wird, nimmt sie die aggressiven Konnotationen der Vertreibung in sich auf. Auf der Grundlage dieser Semantik entfalten sich im Ägypten des Neuen Reichs Militarismus und Imperialismus zu einer in der Geschichte bis dahin nicht gekannten Blüte. [...] Die *Erweiterung der Grenzen* wird zum vornehmsten Ziel der Politik." (Assmann, Jan 2005b: 228) Aber nicht nur die Außenpolitik änderte sich, sondern im Wandel von Religion und Politik vollzog sich auch eine Binnendifferenzierung der Gesellschaft. Eine Verknüpfung zwischen den beiden Dimensionen blieb bestehen, aber sie gewannen an eigenständiger Explikation, indem Kriege im Namen des thebanischen Stadtgottes Amun geführt wurden und als Taten des Pharao im Sinne historischer Ereignisse berichtet und erinnert wurden. Der Tempel, bisher Lokalverwaltung und Kultstätte, wurde nun auch zum Ausgangspunkt und Finanzzentrum der Kriegsführung, und diese funktionale Erweiterung bewirkte die Herausbildung spezialisierter gesellschaftlicher Kollektive: „Die beiden sozialen Gruppen, die sich im Laufe des Neuen Reichs als die beherrschenden Faktoren durchsetzen, sind das Militär und das Priestertum." (Assmann, Jan 2005b: 230) Mit den Berichten über pharaonische Schlachten änderten die Texte insgesamt ihren Charakter: Das alte Bild der enthaupteten Feinde als Symbolisierung der Macht Pharaos war in seiner steten Wiederkehr ein narratives Ikon geblieben und gehörte in den Bereich des Mythos,

2 Kognitive Dimensionen des Werks 91

dieser wiederum in die zyklische Zeit (vgl. Assman, Jan 1984: 135-138). Mit dem Bericht über datierbare Ereignisse entsteht nun aber eine Literatur, und an diesem kann sich ein Diskurs entzünden, der im pharaonisch-kosmischen Gefüge auch die bisher implizite Theologie erfasst. Jan Assmann betont, dass den neuen Entwicklungen des theologischen Diskurses ein Eigenwert zukommt, der über eine Reaktion auf die neue Weltmachtpolitik der Herrscher hinaus geht. „Im Neuen Reich ist die allgemeine geistige Situation eine grundsätzlich andere. [...] Der theologische Diskurs begegnet jetzt nicht mehr verstreut, [...] sondern innerhalb des im engeren Sinne religiösen Schrifttums, in Götterhymnen und Eulogien, verfasst von professionellen Priestern und nicht von philosophierenden Beamten." (Assmann, Jan 1984: 195; vgl. Assmann, Jan 1984: 224 f.) Die erhaltenen Texte dieses Diskurses haben sich vorwiegend als Grabinschriften erhalten, was aufgrund der Vergänglichkeit von Papyrus durchaus einen verzerrten Eindruck vermitteln kann. Aber der entscheidende Unterschied zu früheren Texten ist, dass nun nicht Mythen reproduziert, sondern offenbar *neue* Texte angefertigt werden. Jan Assmann deutet dies als Ausdruck einer diskursiven Auseinandersetzung, als eine reflektierende *Suche* nach Erkenntnis – die zyklische Wiederholung mythischer Ikone verfing nicht mehr. Ein Aspekt dieser Suche scheint der einer theologischen Begriffsfindung zu sein, der in der Zusammenziehung des Namens des thebanischen Stadtgottes, in dessen Namen zunächst die Hyksos vertrieben und dann expansive Kriege geführt wurden, mit dem Namen der zentralen Gottheit des Sonnenlaufs zu Amun-Re ihren Ausdruck findet. Diese Suche richtet sich nicht nur auf ein *Höchstes Wesen* – denn die parallele Anrufung zweier Götter hätte die polytheistische Religion ja vor kein theologisches Problem gestellt –, sondern dieses wurde nun auch als Akteur gegenüber der Menschenwelt begriffen, nicht mehr nur als zur Weltordnung korrelierende Sinndimension. Dieses findet seinen Ausdruck in Opferfesten, in denen Amun-Re durch Orakelsprüche in die Welt hinein wirkte, und die Pharaonin Hatschepsut und ihr Mitregent bzw. Nachfolger Thutmosis III. (1479 bis 1423 v. Chr.) zählten offenbar die Herrichtung Thebens für große Wallfahrtsfeste zu ihren zentralen Aufgaben (vgl. Assmann, Jan 1984: 222, 227 f.). Die im Zuge dieser Veränderungen auftretende Literatur charakterisiert Jan Assmann entschieden als „Weisheitsliteratur" (Assmann, Jan 1984: 199), weil ihre Suche über den religiösen Rahmen weit hinaus zielte. Sie verlor ihren empraktischen Charakter, wurde damit aus kultischen Handlungszusammenhängen herausgelöst und wirkte zentrifugal auf den Ma'at-Zusammenhang: „Auf dieser Ebene stellt sich gleichsam unvermittelt, in einer Situation des Umbruchs, die Frage, nicht nach den Göttern und nicht nach einem bestimmten unter ihnen, sondern nach *Gott*, nach dem Einen Verantwortlichen, der die Welt einschließlich der Götter geschaffen und für ihren Bestand einzustehen hat. Die Frage nach Gott stellt sich also, das ist der entscheidende Punkt, nicht im Horizont des Kults, sondern in dem der Weisheit: Der Auseinandersetzung mit dem überlieferten Wissen von den Ordnungen der Welt und den Möglichkeiten eines Lebens im Einklang mit diesen Ordnungen." (Assmann, Jan 1984: 200) Damit wurde eine Spannung erzeugt zwischen dem altehrwürdig überlieferten, polytheistischen Mythos, der unbedingte Gefolgschaft zur Inganghaltung der Welt forderte und einer neuartigen Theodizee. In Anbetracht der zentralen Stellung des Pharaonentums in der Ma'at wurden politische Rückkopplungen wahrscheinlicher, und Jan Assmann spricht in diesem Zusammenhang gar von der Entstehung einer „kognitiven Dissonanz" (Assmann, Jan 1984: 197) – eine Einschätzung, die vor dem Hintergrund der historischen Ereignisabläufe nicht unberechtigt erscheint. Seine bislang größte territoriale Ausdehnung, und damit verbunden eine kulturelle Innovationsphase, erfuhr Ägypten unter einer langen Regierungsphase Amenophis III. von 1390 bis etwa 1352 v. Chr. Dessen Nachfolger, Pharao Amenophis IV., beteiligte sich offenbar an der in der Weisheitsliteratur ersichtlich werdenden Suche und betete Aton, zunächst als eine Erscheinungsform des Re-Harachte[15] an. Bald begannen archäologischen Forschungen zufolge die Vorbereitungen für einen radikalen Umsturz. Aton wurde radikalisiert zu einem neuen Gott, und in einem Kosmos mit zentraler Bedeutung für den Lokal- und Stadtgott benötigte dieser auch eine neue Heimstatt, die auf halbem Wege zwischen den alten Residenzstädten Theben und Memphis begründet und nach etwa einem Jahr Bauzeit vom Herrscher, allmählich gefolgt von vermuteten 50000 Untertanen, bezogen wurde, der sich nun konsequenterweise den Namen Echnaton gab (vgl. Hornung 2008b: 93-97; Hornung 2000) Im Mittelpunkt allen Denkens und kultischen Handelns stand allein die Sonne. „Echnaton glaubte das eine Prinzip entdeckt zu haben, aus dem die Welt hervorging und täglich aufs neue hervorgeht." (Assmann 2005b: 245) Seine Radikalisierung erfolgte aber nicht als weitere Umwandlung von Re, sondern durch eine komplette Ersetzung, vor allem Amun wurde als Konkurrenz der eigenen Einsicht begriffen. Mit dieser Separierung der Königsposition verband sich eine quasi naturwissenschaftliche Umformung des Weltbilds insgesamt: „Es handelt sich [bei der Aton-Religion, JüS] um eine Entmythologisierung der Sonnentheologie und um eine Entmythisierung des Weltbilds. Die Bilderwelt wird verworfen und damit die Sicht frei auf eine neue Wirklichkeit." (Assmann, Jan 1984: 239) Eine solch radikale Umwälzung, nach neueren Forschungen zudem vollzogen in weniger als einem Jahrzehnt (vgl. Hornung 2008b: 96) konnte nicht gewaltfrei ablaufen: „Die neue Religion warb nicht, sie wurde verordnet. Die Tradition wurde nicht in Frage gestellt, sondern verfolgt und verboten." (Assmann, Jan 1984: 233) Die umfassende Gründlichkeit und Härte dieser Revolution kann kaum unterschätzt werden, insbesondere die kon-

---

15 Harachte betonte die lichtspendende Eigenschaft des Re und stellt zugleich eine Verknüpfung mit Horus her.

kurrierende Verkörperung der Sonne durch den thebanischen Amun in Amun-Re sollte systematisch ausgelöscht werden, mit einem heute noch spürbaren Erfolg: „Sein Name wird auf allen Denkmälern des Landes mit einer Gründlichkeit ausgelöscht, die uns als sicheres Datierungskriterium dient: Wo der Name unzerstört ist, stammt das Denkmal aus späterer Zeit." (Assmann, Jan 1984: 253) Die Revolution, einschließlich der neuen Hauptstadt Achet-Aton – heute meist nach einem dort siedelnden Beduinenstamm aus moderner Zeit el-Amarna benannt – wurde unmittelbar nach dem Tode Echnatons mit der gleichen Gründlichkeit rückgängig gemacht, wie sie durchgeführt wurde, und zwar mit lange nachwirkenden Konsequenzen: „Der zweite Punkt, der den Umsturz des Echnaton so merkwürdig macht ist das völlige Verschwinden jeder Erinnerung an ihn im Gedächtnis der ägyptischen Kultur. [...] Nicht einmal in Ägypten selbst hat man fünfzig oder hundert Jahre nach Echnatons Tod noch etwas davon gewusst. Sein Name war aus den Königslisten gestrichen, seine Inschriften waren getilgt, seine Bauten abgerissen worden. Nichts erinnerte später an dieses Intermezzo, das für längstens zwanzig Jahre die ägyptische Welt auf den Kopf gestellt hatte. [...] Die monotheistische Religion ist in Ägypten weder rezipiert noch tradiert, sondern sofort wieder vergessen worden." (Assmann, Jan 2005b: 244) Von Echnatons Tod um etwa 1340 v. Chr. bis zur Wiederentdeckung von Hinweisen auf ihn, die sich bald archäologisch verifizieren ließen, im Zuge der napoleonischen Ägyptenexpedition 1798/99 war Echnaton in der historischen Erinnerung faktisch ausgelöscht. Diese Verfemung eines Herrschers war nichts grundsätzlich Neues und hatte zuvor bereits z.B. die Pharaonin Hatschepsut getroffen (vgl. Hornung 2008b: 63), aber Echnaton hatte das Weltbild des alten Ägypten aus den Angeln gehoben.

Das revolutionäre Erscheinen Echnatons, sein abruptes Verschwinden und die über drei Jahrtausende des Vergessens bewirken ein großes Interesse an diesem Pharao und entsprechend zahlreiche Publikationen auch jenseits der Ägyptologie, und gerade die Geschichte der Geschichte lädt zu Spekulationen ein. Die sollen hier nicht im Detail thematisiert werden, sind jedoch von Belang, weil sich bei Jan Assmann zwei Deutungen der Herrschaftszeit Echnatons mit spürbar unterschiedlicher Tendenz finden. In der jüngeren, zuerst 1996 erschienenen *Sinngeschichte* (Assmann, Jan 2005b) liegt die Betonung auf „Umsturz" (Assmann, Jan 2005b: 243) und „Trauma" (Assmann, Jan 2005b: 252), während in der älteren, von 1984 stammenden *Theologie und Frömmigkeit einer frühen Hochkultur* größerer Wert auf die Einordnung in eine Entwicklungslinie erfolgt, die früher einsetzt und hinterher nicht abbricht: Die Aton-Religion erscheint hier eher als krisenhafter, gescheiterter Lösungsversuch eines umfassenderen Problems.

Beide Interpretationen weisen große Gemeinsamkeiten auf. So erwähnt Jan Assmann, dass als Ursache des Umsturzes Echnatons häufig der Bedeutungszuwachs der Amun-Tempel in Theben vorgebracht wird, in denen sich durch strategische Bedeutung der Außenpolitik und Kriegsbeute militärische und ökonomische Macht konzentriert habe. Diese Deutung verwirft er jedoch, weil es dafür weder Zeugnisse gebe, noch davon ausgegangen werden könne, dass der Pharao zu dieser Zeit bereits den Zugriff auf das Tempelwesen verloren habe: Dieses sei vielmehr eindeutig auf den Herrscher ausgerichtet gewesen (vgl. Assmann, Jan 1984: 254; Assmann, Jan 2005b: 243). Mit größerer Zustimmung wird die These erwähnt, wonach der politische Umbruch das bisher auf das Territorialreich entlang des Nils gewissermaßen selbstgenügsam beschränkte Weltbild zerbrochen habe (vgl. Assmann, Jan 1984: 240; Assmann, Jan 2005b: 243). Die Wahrnehmung Ägyptens außerhalb des Reiches ist gut belegt: „Die minoischen Fresken lassen auf enge Beziehungen zur Ägäis schließen, und aus schriftlichen Quellen wissen wir, dass intensive diplomatische Beziehungen mit Nubien bestanden." (Assmann, Jan 2005b: 225) Diese Deutung geht bereits auf einen der ersten Rekonstrukteure der Herrschaftsgeschichte Echnatons, den Ägyptologen James Henry Breasted, zurück (vgl. Breasted 1909: 355-395), der in Übereinstimmung mit historischen Deutungsparadigmen zu Beginn des 20. Jahrhunderts eine Einordnung der Ereignisse vor allem im Hinblick auf die politische Geschichte vornahm: Unter der langen Regierungszeit von Echnatons Vater hatte Ägypten seine bisher größte territoriale Ausdehnung erreicht, und der neue Herrscher hätte nun in dem Konflikt zwischen forscher Expansion und Konservierung der Herrschaftsverhältnisse nach einem Ausweg gesucht: Echnaton „had inherited a difficult situation. The conflict of new forces with tradition, was [...] already felt by his father. The task before him was such manipulation of these conflicting forces as might eventually give reasonable play to the new and modern tendency, but at the same time to conserve enough of the old to prevent a catastrophe." (Breasted 1909: 355) Die beiden Argumentationen schließen einander freilich nicht aus. Der Kern des revolutionären Krisenlösungsversuchs Echnatons wird von Jan Assmann in beiden Darstellungen übereinstimmend zusammengefasst, „er beruht auf der Verehrung einer kosmischen Macht, die sich als Sonne und zwar in Licht und Zeit, Strahlung und Bewegung manifestiert. Seine Offenbarung besteht nicht in moralischen Gesetzen und geschichtlichem Handeln, sondern in der Erkenntnis, dass sich *alles* [...] auf das [...] Wirken der Sonne [...] zurückführen lässt. Echnaton glaubte das eine Prinzip entdeckt zu haben, aus dem die Welt hervorging und täglich aufs neue hervorgeht." (Assmann, Jan 2005b: 245) Erstaunlicherweise rückt Jan Assmann in der 1996er Deutung dann jedoch einen anderen Aspekt in den Vordergrund, trotz der Betonung, dass die Texte des Aton-Kults sogar das Wort *Gott* überhaupt vermeiden, nennt Assmann sie hier „Monotheismus" und stellt Echnaton in „die Reihe der Religionsstifter", in die er explizit „Moses[,] Buddha, Jesus und Mohammed" (Assmann, Jan 2005b: 245) aufnimmt. Er schreibt dem Pharao einen theologischen Schritt zu, der unweigerlich

2 Kognitive Dimensionen des Werks

das Bild vom Monotheismus prägt: „Echnaton hat zum ersten Mal in der Geschichte die Unterscheidung zwischen *wahr* und *falsch* in die Religion eingeführt." (Assmann, Jan 2005b: 246) Keineswegs soll die Entschiedenheit Echnatons mit dieser gewaltträchtigen Unterscheidung von *wahr* und *falsch* bezweifelt werden, sondern vielmehr die mit dem Benennung als Religionsstifter verknüpfte Begrifflichkeit des Monotheismus, über die sich Jan Assmann spekulativ äußert: „Die Orthopraxie, die auf der Unterscheidung zwischen *richtig* und *falsch* im Handeln beruht, gibt es überall; die Orthodoxie dagegen, die zwischen *wahr* und *falsch* unterscheidet, gibt es nur in Buchreligionen. Daher wäre es gewiss auch in Ägypten zur Ausbildung eines Textkanons gekommen." (Assmann, Jan 2005b: 246) Nicht ganz zwingend erscheint diese Sichtweise vor dem Hintergrund der weiteren Betonung des speziellen Charakters des Aton-Kults, „denn nur in der Gestalt des Königs ist in Armana das Göttliche als Person ansprechbar; für die Menschen ist Aton die Sonne, und Echnaton der Gott." (Assmann, Jan 2005b: 247)

Hier sei, in Überstimmung mit den bisherigen Ausführungen, hervorgehoben, dass diese göttliche Mittlerposition *keine Änderung*, sondern lediglich eine Reduzierung darstellt: Als Verkörperung des Horus zu Lebzeiten und Osiris nach dem Tod war der Pharao immer schon in einen unmittelbaren Handlungszusammenhang mit dem Sonnengott eingebunden, aber der Rest des ägyptischen Pantheons fiel nun weg. Am extrem diesseitsbezogenen Charakter des Aton-Kults lässt Jan Assmann in der Analyse der Texte, Hymnen und bildlichen Darstellungen keinen Zweifel: „Echnaton beschränkt sich auf die sinnlich erfahrbare Gegenwart [. Es geht] um das Werden der Sonne, die, indem sie scheint und sich bewegt, zu dem wird, was sie hervorbringt und sichtbar macht. [...] Gott und Schöpfung sind zwar im Leuchten und Schauen innig verbunden, aber diese Verbundenheit vollzieht sich nicht in der Sprache und im verstehenden Geist. Das ist allein die Sache des Königs. Die Geschöpfe haben Augen, Gott zu schauen, aber nur er hat das verstehende Herz, ihn zu erkennen. Sein Herz ist der einzig ruhende Pol in diesem ständigen Wechsel von Licht und Finsternis, Leben und Tod, Werden und Vergehen, der einzige Ort, an dem der Gott auch des nachts anwesend ist." (Assmann, Jan 2005b: 249) Auch die politische Folge dieses Wandels im herrschaftliche Kult wird von Jan Assmann in aller wünschbaren Deutlichkeit ausgesprochen: „Nicht der solidarisch denkende, redende und handelnde lebt in der Ma'at, sondern derjenige, der sich dem König anschließt und seine Lehre befolgt." (Assmann, Jan 2005b: 250) Wir haben es bei Echnatons Revolution also mit einer fundamentalen Umkonzeptionierung der *Staatsideologie* zu tun. Auch in der älteren Interpretation ist bereits von der – nicht von der Hand zu weisenden – Religionsstiftung mit ihrer Folge, die Anhängerschaft des bisherigen Kults zu verstören, die Rede. Dann bekommt die Einordnung des

Aton-Kults jedoch einen anderen Einschlag. Jan Assmann hebt hier zwei andere Hauptmerkmale hervor: Zum einen, „dass es sich bei der Amarna-Religion *nicht* um einen Einbruch von außen handelt, auch wenn sie sich wie alle gestifteten Religionen als einen solchen, als Offenbarung legitimiert. *Es handelt sich vielmehr um eine radikalisierte Position im Prozess des theologischen Diskurses.*" (Assmann Jan 1984: 234) Die Abgrenzung erfolge zum einen gegen die polytheistische Götterwelt im allgemeinen, zum anderen gegen Amun-Re, „der als gefährlichster Konkurrent erscheinen musste." (Assmann, Jan 1994: 235) Diese Deutung zielt – in einer theologischen Wendung des politischen Arguments Breasteds – auf den Umstand, dass Echnaton die Tendenz, den ägyptischen Lebenszusammenhang auf Natur und Kultur im Rahmen der Staatsideologie zu erklären, forciert habe. In der bisherigen Entwicklung war die semantische Komplexitätssteigerung der Götterwelt darauf zurückzuführen gewesen, dass zunehmend nach einer sinnhaften Erläuterung der Welt verlangt worden sei. Im Zusammenbruch des Alten Reiches wurde die Herrschaft des Pharao brüchig und war durch die Mittlerrolle gegenüber einer Götterwelt abgestützt worden. Nach der ersten Zwischenzeit erschien Pharao als Garant der Abwehr eines Chaos. Nach der zweiten Zwischenzeit, erinnert vor allem in einer Fremdherrschaft der Hyksos, erwirkte der Pharao durch imperiale Kriegszüge, aber auch durch politische Verträge, den Schutz vor einer erneuten Fremdherrschaft. In diese weltlichen Geschehnisse hatten die Götter aber zunehmend durch Orakelsprüche – und das heißt: mit kontingentem Ergebnis – eingegriffen. Über den Bedeutungsgewinn im chronologischen Vorfeld von Echnatons Herrschaft führt Jan Assmann aus: „Mit der neuen Form der Orakelprozession, Inszenierung und zugleich authentische Erfahrung des Übernatürlichen, der leibhaftigen, persönlichen Intervention Gottes, verändert das Fest seinen Charakter und gewinnt eine neue, ungeheure Bedeutung. Von nah und fern strömen die Menschen in Theben zusammen, um am Opferfest dabei zu sein und der neuen Erfahrung einer neuen Gottesnähe teilhaftig zu werden. Das Fest wird zum Wallfahrtsfest und damit zum Ort einer gewaltigen, das ganze Land vereinigenden Öffentlichkeit, zur idealen Bühne königlicher Propaganda." (Assmann Jan 1984: 227) Was hier bedroht wurde, war zum einen der Kern der Ma'at mit ihrem stabilitätsgarantierenden Kult, zum anderen damit einhergehend die funktionale Zentralstellung des Pharao. Untertanen suchten nach *neuer Gottesnähe*, gewissermaßen am Pharao vorbei und durch Partizipation an einem außeralltäglichen Fest, statt durch die tägliche Erfüllung der Ma'at. Dies erscheint der bedrohliche Teil für den Herrscher, ihm wird durch eine Negierung der Götterwelt und eine aggressive Auslöschung insbesondere des thebanischen Amun begegnet. Entscheidend für die vorliegende Darstellung ist der fundamentale Wechsel im Charakter des Göttlichen, heißt es bei Jan Assmann doch über die Zeit vor Echnaton: „Amun als Lebensgott ist

2 Kognitive Dimensionen des Werks

ein *sprechender* Gott, ein Gott der recht spricht und zuhört, Weisungen erteilt, Urteile fällt" (Assmann, Jan 1984: 230). Im Rahmen der Ma'at hatten die Götter nur untereinander kommuniziert, die Rechtsstreitigkeiten liefen *zwischen* den Göttern ab. Für den Aton-Kult heißt es bei Jan Assmann dann aber: „Ganz eindeutig beschränkt sich die *Äußerung* des Gottes auf das Licht. [...] Aton ist ein stummer Gott." (Assmann, Jan 1984: 255) Damit scheint unverkennbar, welchen Aspekten der ideologischen Entwicklung Echnaton entgegen steuerte: Der Bedeutungszuwachs der Götterwelt und die zunehmende Kommunikation zwischen Untertanen und Göttern sollte unterbunden werden. Der Bedeutungszuwachs war offenbar aus einem Erklärungsbedürfnis gespeist, und diesem begegnete der Pharao mit einer auf heutige Betrachter naturwissenschaftlich anmutenden Konzeption: „Hinter der Amarna-Religion steckt nun offensichtlich eine physikalische Konzeption, die den Zusammenhang von Tageslicht und Sonne durchschaut hat, aber an dem Zusammenhang von Licht und Luft festhält." (Assmann, Jan 1984: 245) Die Quelle der Erklärungen wird auf *eine* reduziert, diese wird systematisch entmythologisiert und verliert jeden personalen Charakter, sie wird stumm und schließlich von den Untertanen weggerückt und ist nur noch über den Umweg des Pharao erreichbar. Ein anderer mit Amun-Re an Wichtigkeit erlangender Aspekt scheint von Echnaton umfunktioniert worden zu sein. So stellte Jan Assmann heraus, dass sich angesichts der Opferfeste des Amun-Re eine für diese frühgeschichtliche Phase erstaunliche Öffentlichkeit herstellte, die von den Pharaonen als politische Bühne geschätzt worden sei. Insbesondere in den kultischen Bildern, aber auch den Texten tritt die königliche Familie ins Zentrum der Aufmerksamkeit: „Die reichen Leute bauten dieser Trias [aus Aton, Pharao Echnaton und seiner Gattin Nofretete, JüS] in den Gärten ihrer Villen kleine Heiligtümer mit drei Altären. König und Königin beten den Gott an, das Volk betet diese Trias an." (Assmann, Jan 1984: 252) Dieses Phänomen war auch Breasted als einem der ersten neuzeitlichen Beobachter ins Auge gestochen: „His mother, Tiy; and his queen, Nofretete [...] and a favorite priest, Eye [...] formed his immediate circle. The first two probably exercised a powerful influence over him, and were given a prominent share in the government, at least as far as its public manifestations were concerned, [...] he constantly appeared in public with both his mother and his wife." (Breasted 1909: 355) Hier liegt zunächst eine ikonische Verschiebung vor, weg von der mythologischen Götterwelt hin zum unmittelbaren Umfeld des Pharao, und funktional bewirkte sie, unter Nutzung einer in Theben entstandenen Dynamik, die Forcierung der politischen Repräsentation.

In Abweichung von der These einer ersten monotheistischen Religionsstiftung erscheint in dieser früheren Darstellung Jan Assmanns eher eine religiös gewissermaßen sterilisierte, dafür politisch erheblich konzentrierte neue Staatsideologie, und er selbst zieht in der Publikation von 1984 daraus auch den

Schluss: „Wir stehen hier am Ursprung weniger der monotheistischen Weltreligionen als der Naturphilosophie und hätten, wenn diese Religion sich durchgesetzt hätte, eher einen Thales als einen Moses zu erwarten." (Assmann, Jan 1984: 248 f.) Dem folglich wäre es doch schlüssiger, gerade eben nicht von einer *Religions*stiftung als vielmehr von einer politischen Revolution zu sprechen. Zumindest erweckt Echnaton aus der hier gewählten Perspektive den Anschein, als sei vor allem die *Ausschaltung des persönlicher Frömmigkeit* sein Anliegen gewesen. Schlüssiger erscheint diese Interpretation gerade auch im Hinblick auf die weitere Entwicklung, denn die kultische Revolution ließ sich von seinen Nachfolgern zwar rückgängig machen, nicht jedoch ein damit einher gehender „kognitiver Durchbruch" (Assmann, Jan 2005b: 245; vgl. Assmann, Jan 1984: 239), den Jan Assmann verzeichnet.

2.6.6 Kennzeichen der Ausdifferenzierung: Frömmigkeit und politische Gewalt

Eine für die frühhistorische Periode plausible Vermutung Jan Assmanns ist, dass Echnatons Umsturz eine Breitenwirkung weniger durch den vom ihm intendierten Kult erzielt habe, da nur eine kleine, vermutlich auch regional beschränkte Elite hiervon überhaupt eingehende Kenntnis erlangt haben dürfte. Landesweit spürbar wäre hingegen jene bis heute erkennbare gründliche Auslöschung des Amun-Namens gewesen, das heißt, für die politische Verfolgung des vormaligen religiösen Kults kann ein breites Bewusstsein in der Bevölkerung unterstellt werden. Jan Assmann kann in dieser Hinsicht sogar einen „Klagepsalm" mit den auf Amun bezogenen Versen „Wende dich uns wieder zu, du Herr der Zeitfülle! / [...] / Vertreibe die Furcht, gib Freude / in das Herz der Menschen!" (Assmann, Jan 1984: 260) präsentieren, diesen müsse man „als den einzigen erhaltenen Überrest einer heimlich von Mund zu Mund kursierenden Dissidentenliteratur verstehen." (Assmann, Jan 1984: 261) Nach dem offenbar schnellen Zusammenbruch des Aton-Kults knüpft das kultische Leben wieder an die Suchbewegung nach dem Höchsten Wesen an. Was sich hier ankündigt, scheint dann tatsächlich den Weg in Richtung achsenzeitlicher Religionen zu weisen.

Als ein erstes Kennzeichen entwickelt sich ein Sündenbegriff, für den Jan Assmann eine wahrscheinliche Erklärung anbietet: „Nur die völlige Entäußerung der gestörten Innenseite durch das öffentliche Bekenntnis der eigenen Schuld und der erfahrenen Macht Gottes kann diese persönliche Bindung von Gott und Menschen wieder ins Reine bringen." (Assmann, Jan 1984: 264) Der dahinter stehende Mechanismus kann als ein Sonderfall der Tauschökonomie betrachtet werden, wie Marcel Mauss sie herausarbeitete (vgl. Mauss 1990): Für gewöhnlich entsteht durch das Entgegennehmen einer Gabe das verpflichtende Gefühl einer (in die Zukunft verschobenen) Gegen-Gabe. Die Empfindung der Sünde basiert nun auf dem Sonderfall, dass Gaben ohne die Möglichkeit oder Absicht zur Gegenleistung, also als Form von Schulden, oder im Verstoß gegen die angemessene Gegenleistung, angehäuft wurden. Während der Normalfall des Tausches die einfache Schuld mit der Option von zukünftigem Ausgleich bewirkt, liegt im Sündenfall die Schuld bereits in der Vergangenheit, und die Gegenwart erscheint im Lichte einer nicht-erfolgten Gegen-Gabe. Erhält das Individuum nun erneut eine Gabe, potenziert sich die Schuld nicht nur quantitativ, sondern auch qualitativ, weil die im Tausch vorausgesetzte Reziprozität eigentlich nicht mehr gegeben war: Das *do ut des* war bereits unerfüllt. Auf den konkreten Fall der entstehenden neuen Religiosität am Übergang von der 18. zur 19. Dynastie – beginnend mit Haremhab um 1323 v. Chr. als erstem nach Echnaton in den Königslisten wieder anerkannten Pharao und vollends umgesetzt in der langen Herrschaftszeit von Ramses II. zwischen 1279 und 1212 v. Chr. – übertragen bedeutet dies, dass die Gläubigen in der Phase nach Echnatons Umsturz ihrer eigentlichen Verpflichtung der Opfergaben gegenüber Amun-Re nicht mehr nachkommen konnten. Damit wäre eigentlich der wechselseitige kommunikative Tausch beendet und eine Abwendung der Götterwelt vom Menschen gerechtfertigt gewesen. Diese Vorstellung war bereits in der langen Entwicklungsgeschichte der Ma'at zur zentralen Furcht geworden.

Die älteste ägyptische Form des Opfers – die der unmittelbaren Kommunikation zwischen Gläubigen und Amun-Re im Theben des Neuen Reichs lange vorherging – war das Sprachopfer. Diese Form des Opfers bestand funktional aus der Antwort im sprachlichen Tausch. „Durch die kultische Beantwortung wird dieses Handeln [der Götter, JüS] kommunikativ, es wird in den übergeordnetem Zusammenhang eines *Füreinander-Handelns* eingebunden. [...] Im Opfer gibt man den Göttern zurück, was von ihnen ausgeht." (Assmann, Jan 2006a: 186 f.) Die sich im Mittleren Reich als mythologische Textgattung herausbildenden Hymnen und Huldigungen funktionierten, im sprachlichen Tempus der Resultativität als Verkörperung der nicht-zyklischen Zeit vollendeter Handlung abgefasst (vgl.: 85), als jeweils bereits vollzogener Tauschakt: „Im vollen Wissen um die latente Katastrophe, die jeden Augenblick den Sonnenlauf zum Stillstand bringen kann, schildern sie bewusst eine heile Welt, um das Heil zu beschwören und zu festigen. Und dieses *Heil* ist die Ma'at." (Assmann, Jan 2006a: 194) Bereits in dieser impliziten Form der Theologie herrscht eine Furcht vor dem Nicht-mehr-Zustandekommen des Füreinander-Handelns: „Dann würde die Sonne zwar noch auf- und untergehen, aber das hätte nichts mehr zu besagen für die Überwindung der Feinde und des Todes, für die Wohlfahrt des Landes und die unvergängliche Erneuerungsfähigkeit des Lebens." (Assmann, Jan 2006a: 195) Das hierzu notwendige Opfer bestand in der Staatsideologie Ma'at aus den drei Komponenten: Des Füreinander-Handelns im Bereich der gesellschaftlichen, vertikal gestützten Solidarität, in der Verwirklichung der pharaonischen Herrschaft, die implizit nach Gefolgschaft verlangte, und im Sprachopfer in der kultischen Handlung zur Aufrechterhaltung des Sonnenlaufs (vgl. Assmann, Jan 2006a: 204). Dieses Sprachopfer nahm zu Beginn des Neuen Reichs einen neuen, direkteren Sinn an. Erste eindeutige Hinweise auf eine unmittelbare Kommunikation zwischen Menschenwelt und Götterwelt sind in den Inschriften über die Thronbesteigung Königin Hatschepsuts nachgewiesen.[16] Das Beziehungsgefüge innerhalb der Konstellation Gesellschaft-Pharao-Kosmos änderte sich grundsätzlich, ein von Hatschepsut berichtetes „sehr großes Orakel" (Assmann, Jan 1984: 226) war nur das erste seiner Art. „Mit der neuen Form der Orakelprozession, Inszenierung und zugleich authentische Erfahrung des Übernatürlichen, der leibhaftigen und persönlichen Intervention Gottes" (Assmann, Jan 1984: 227) verändert nicht nur das Fest seinen Charakter, sondern auch das Schuldempfinden für den Fall der Nichterfüllung einer Opferpflicht. Wenn unter den Bedingungen der impliziten Theologie noch von einer Sinnentleerung ausgegangen werden kann, entsteht angesichts der Vorstellung von in die Welt eingreifenden Göttern eine konkrete Furcht. In der Erinnerung an die Zeit des Aton-Kults erschien das in der Gefahr drohende Unglück erstmals realisiert: „Die in ihren Kulten gestörten Götter haben dem Lande ihre Einwohnung aufgekündigt und es damit auch politisch erfolglos gemacht." (Assmann, Jan 1984: 266) Zum Kennzeichen der sich hier ausbildenden, sündenbewussten Religiosität wird – anstelle der vertikalen Solidarität – die Haltung, „sich in Demut und Gehorsam dem Willen Gottes anheim[zu]geben" (Assmann, Jan 2005b: 260). Dies ist zum einen der unverkennbare Ausdruck eines schuldbewussten Individuums: Im reflexiven Bewusstsein des eigenen Verstoßes gegen die kommunikative Praxis der Vergeltung wird von einer eigenen Erwartung der Gegen-Gabe abgesehen und die eigene Glaubensbekundung erfolgt in demütiger Hingabe. Die Schuld für die Aufhebung der Vergeltung als Grundprinzip des kultischen Tauschaktes verorteten die Menschen bei sich, in ihrem Unterlassen zur Zeit des Aton-Kults. Abschließend muss die Klarstellung Jan Assmanns betont werden, dass die ägyptische von der späteren, durch den hebräischen Glauben verbreitete Schuldkultur unterschied, weil sie keine Möglichkeit der Umkehr des Individuum beinhaltete. „Nicht der Sünder, sondern Gott macht eine innere Wandlung durch, lässt von seinem Zorn ab und wendet sich dem Sünder wieder zu." (Assmann, Jan 2002a: 170)

Zum anderen hatte dies als zweites Kennzeichen auch neustrukturierende Wirkung auf das konstellative Gefüge der Staatsideologie, denn die Vermittlung zwischen Gesellschaft und Götterwelt durch Kult und Staat war nun nicht mehr

---

16 Jan Assmann mutmaßt, dass womöglich die außerordentliche, weil weibliche Thronfolge hier den Bericht vom „Einbruch des Übernatürlichen" (Assmann, Jan 1984: 226) erforderlich gemacht habe.

2 Kognitive Dimensionen des Werks

erforderlich. Damit basierte auch der kollektive Bezug nicht mehr auf dem Zentrum des Pharao, sondern im Vertrauen auf die entscheidende Dimension: „Jetzt tritt in der Tat Gott als Instanz für Lohn und Strafe auf." (Assmann, Jan 2005b: 270) Für diese neue Religiosität, in der die Untertanen sich fürbittend an die Götter wendeten, übernahm Jan Assmann den Begriff der „Persönlichen Frömmigkeit" (Assmann, Jan 1984: 261) von James Breasted (vgl. Breasted 1909: 399-422). Der Prozess der Suche nach dem Höchsten Wesen wurde im Rahmen dieser persönlichen Frömmigkeit durch einen Prozess der Kanonisierung zu einem vorläufigen Abschluss gebracht: In der Ramessidenzeit sind es drei Götter, die als Kollektiv die Funktion eines Reichsgottes einnehmen und damit die Stelle füllen, die in der Ma'at noch vom Pharao eingenommen worden war: Es waren drei altehrwürdige Götter, die ihre herausgehobene Stellung durchaus einer langgestreckten Evolution verdankten: Ptah, Re und Amun. Ptah als Gott der alten Residenzstadt Memphis wurde funktional für den Bereich des Kultes eingesetzt, Re als Sonnengott symbolisierte den kosmischen Aspekt, und Amun als Stadtgott des neuen Zentrums Theben wurde die sprachliche Dimension zugeordnet (vgl. Assmann, Jan 1984: 276). Diese Götter-Trias übernahm die zentrale Stellung, die in der Ma'at noch dem Pharao zugekommen war, und damit stellte sie auch den Ankerpunkt der kulturellen Imagination Ägyptens dar. Dies kann als entscheidender Prozess einer gesellschaftlichen Ausdifferenzierung interpretiert werden, wie aus den Werken Jan Assmanns herauszulesen ist. Die ursprünglich „stadtzentrierte Zugehörigkeitsstruktur mit ihrer Ideologie der Heimatverwurzelung erfährt nun, ausgehend von der Erfahrung der Stadtfeste [wie z.B. jenes in Theben zu Ehren Amuns, JüS], einen Prozess der Theologisierung, der im Neuen Reich beginnt und in der Spätzeit [zwischen 760 und 333 v. Chr., JüS] die ägyptische Mentalität bestimmt. Aus der Staatsloyalität wird eine Religion." (Assmann, Jan 2005b: 262) Deren Hauptfunktion bestand in der Stiftung einer konnektiven gesellschaftlichen Struktur, die vormals das konstellative Gefüge der Ma'at gestiftet hatte.

Da der Pharao nun nicht mehr die zentrale Mittlerfunktion im Kosmos zur Aufrechterhaltung der Ma'at innehatte, benötigte er eine andere Rechtfertigung: „[D]er neue Sozialtyp des Militärführers und Militäraristokraten [bestimmte] die kulturelle Semantik des Neuen Reichs und insbesondere der Ramessidenzeit." (Assmann, Jan 2005b: 278) An den Beginn dieser Veränderung der semantischen Tiefenstruktur stellt Jan Assmann in seiner *Sinngeschichte* Ägyptens ein Narrativ, das die unhintergehbare Aufhebung des alten kosmologisch geprägten Selbstbildes des Reichs am Nil schlagend beleuchtet: Nämlich die Beschreibung historischer ägyptischer Ereignisse aus den Schriftquellen einer anderen Territorialmacht. Die Hethiter hatten im 2. Jahrtausend v. Chr. ebenfalls ein Großreich aufgebaut, im wesentlichen im heutigen Kleinasien gelegen. In den Wirren nach

Echnatons Tod gab es offenbar von Seiten Ägyptens den Versuch einer internationalen Heiratspolitik im Vorderen Orient durch die Absicht, einen hethitischen Prinzen mit der Witwe eines Pharaos zu vermählen. Von diesem Plan weiß die heutige Geschichts- und Kulturwissenschaft bezeichnenderweise aus hethitischen Quellen. Der Plan scheiterte und mündete in einen jahrzehntelangen Krieg – zur Betonung der bereits komplexen Verhältnisse in dieser historischen Frühphase mag aber bereits der Umstand genügen, dass eine internationale *diplomatische* Initiative am *Beginn* dieser Staatenbeziehung stand und Krieg die nachrangige Folge war (vgl. Assmann, Jan 2005b: 280-283). Als ereignisgeschichtliche Ausdeutung dieser diplomatischen und kriegerischen Affäre reicht für den hier verfolgten Pfad früher gesellschaftlicher Ausdifferenzierungsprozesse jedoch aus, dass am Ende offenbar eine militärische Machtübernahme in Ägypten stand: Unabhängig von der Gewissheit archäologischer Detailkenntnisse darf als gesichert gelten, dass der erste Pharao, der nach Echnaton wieder Aufnahme in die Königsliste fand (und zur Verleugnung Echnatons zudem dessen Herrschaftsjahre und die seiner Nachfolger zugeschlagen bekam[17]) am Ende eines Restaurationsprozesses stand, der kaum weniger gewalttätig und umwälzend gewesen sein dürfte als die Revolution des Aton-Kults selbst. Ihm folgte mit vermutlich nur einem Jahr Abstand der Pharao Sethos I. nach, und so wie im kultischen Bereich an die Suche nach dem Höchsten Wesen vor der Zeit Echnatons angeknüpft wurde, nahm sich Sethos I. ganz bewusst Thutmosis III. (1479 bis 1423 v. Chr.) zum Vorbild, der nicht nur als erster großer, imperial ausgreifender Erorberer unter den Pharaonen galt, sondern bezeichnenderweise auch die Krise um die als illegitim erinnerte Thronfolge Hatschepsuts überwunden hatte. Kulturell änderte sich damit auch die zeitliche Semantik: Der Pharao stand nicht mehr als Garant des zyklisch beständigen immer Gleichen, sondern wurde zum Herrscher einer Ereignisgeschichte. „Für die Verewigung seiner Taten entwickelte Sethos ein neuartiges ikonographisches Schema. Der König ließ sich auf dem Streitwagen darstellen beim Berennen einer Festung oder befestigten Stadt, die durch Beischriften identifiziert war." (Assmann, Jan 2005b: 285) Die militärische Durchdringung der Gesellschaft, nicht nur in ihrer symbolischen Selbstdarstellung, bewirkte auch soziologisch relevante Veränderungen: So wurde nun beispielsweise sozialer Aufstieg durch eine Karriere im Militär möglich (vgl. Assmann, Jan 2005b: 284) und laut Jan Assmann ist „das wichtigste Faktum die Verbindung von Thronfolge und Oberbefehl" (Assmann, Jan 2005b: 285). In diesem Konnex kann ein deutlicher Hinweis auf die neue Quelle der pharaoni-

---

17 Dass Howard Carter 1922 das ungeplünderte Grab des Tutenchamun im Tal der Könige finden konnte, ist vermutlich auch auf die jahrhundertelange erfolgreiche Leugnung dieses Nachkommens Echnatons zurückzuführen: Da er nirgends verzeichnet war, suchte niemand nach den Schätzen seines Grabes.

schen Zentralstellung im Gesellschaftsgefüge gesehen werden: Militärische Macht. Gegenüber dem religiösen Aspekt der kollektiven Selbstwahrnehmung übernahm der Pharao nun durch „ein gewaltiges Tempelbauprogramm" (Assmann, Jan 2005b: 285) die Rolle des institutionellen Garanten eines Kults, in dem er funktional keine zentrale Stellung mehr innehatte.

Die neue *religiöse* Rolle des Pharao belegt Jan Assmann anhand der detaillierten Schilderung der Qadesch-Schlacht durch Ramses II. von 1274 v. Chr., denn bezüglich dieses mit einer Niederlage endenden Kriegsereignisses, dem der Pharao jedoch heil und lebend entkommt, tritt dieser selbst als Betender im „Bewusstsein der Ausgeliefertheit an die rettende Gnade des Gottes" (Assmann, Jan 2005b: 293) auf. In den zahlreichen und reichhaltigen Darstellungen der Qadesch-Schlacht erscheint der Pharao weiterhin überlebensgroß, aber als Herrscher, der eines besonderen Gunsterweises der Götter teilhaftig wurde. Die konstellative Stellung des Herrschers gegenüber den Göttern ist damit keine kategorial andere als diejenige der Untertanen. Die neue Rolle des Pharao gibt auch dem Verlauf gesellschaftlicher Entwicklung und dem Ort des Herrschers in diesem eine neue Position, wie Jan Assmann betont: Denn die Darstellung des Kriegsereignisses katapultiert die öffentlichen Äußerungen von der zyklischen Neheh-Zeit in die nicht-zyklische, linear verlaufende Djet-Zeit, die Taten sind nun kein Beitrag zur Inganghaltung der Welt, sondern einzelne, unterscheidbare Ereignisse im Zeitverlauf. Damit bewegt sich Ägypten an dieser Stelle aus einer Selbstverortung in der mythischen Zeit auch in die Geschichte hinein. In den Berichten der Qadesch-Schlacht wird diese fundamental neue Sichtweise vor allem deutlich, weil Ramses II. hier seine militärischen Truppen des Versagens beschuldigt. Ein solcher Verweis bedeutet im Vergleich zur Ma'at-Ordnung einen Bruch, innerhalb der Ma'at hätte es auf einen kompletten Sinnverlust hingewiesen, die Welt wäre aus den Fugen gewesen – in der neuartigen, historischen Darstellung ist dies nur ein singuläres Moment, dass für Dynamik sorgt. Die Schwäche der Truppen wird durch die Stärke Amuns ausgeglichen, und der Pharao ist die Rettung organisierende Instanz (vgl. Assmann, Jan 2005b: 296-301).

Damit markiert Jan Assmann den Übergang von der 18. zur 19. Dynastie, in der Überwindung des fehlgeschlagenen, revolutionären Krisenlösungsversuchs Echnatons, als einen tiefgreifenden gesellschaftlichen Bruch in der ägyptischen Kulturgeschichte, auf den seine eigenen Kategorien des kulturellen Gedächtnisses am gewissermaßen empirischen Fall zur Geltung gebracht werden. Ramses II. war ein Pharao, der ganz bewusst auf eine als heroisch erinnerte Phase des Mittleren Reichs zurückgriff. Seine eigene Herrschaft in den Spuren der Pharaonen der 12. Dynastie (insbesondere Sesostris I. mit seiner ähnlich langen Herrschaft von 1979 bis 1924 v. Chr. und Sesostris III. von 1881 bis 1842 v. Chr.) hat er offenbar semiotisch so überzeugend verfolgt, dass diese drei Pharaonen in der

Erinnerung der ägyptischen Spätzeit, ein weiteres Jahrtausend später, zu einer einzigen Person verschmolzen (vgl. Assmann, Jan 2005b: 305). Entscheidend daran ist, dass sich Ramses II. im kulturellen Gedächtnis der Nachwelt am unteren Ende des Brunnenschachts der Erinnerung befindet – nicht mehr im Mythos, der sich auf seinem Grund spiegelt, sondern am undeutlich erkennbaren, sich im Dunkel verlierenden Rand. Ein Stück weiter unten, ohne das Hilfsmittel der archäologisch und historisch arbeitenden Ägyptologie ab dem 19. Jahrhundert vollständig im Dunkeln, befindet sich die Geschichte Echnatons, der durch den revolutionären Eingriff seine Erinnerung aktiv aus der zyklische Zeit des Mythos herauslöste.

Dieser Prozess der gesellschaftlichen Ausdifferenzierung rechnet auch der Religion allmählich eine neue Funktion zu. Für die Hervorhebung der theologischen Folgen des umwälzenden Aton-Kults hat Jan Assmann ein gutes Argument mit dem Verweis auf die hier erstmalig virulent werdende Funktion des Religiösen als „Gegenreligion" (Assmann, Jan 2005b: 247). In einer Präferenz für die Schwerpunktsetzung der älteren Deutung des Aton-Kults durch Jan Assmann, ist das „Trauma von Amarna" wirksam vor allem in seinem Angriff auf den etablierten Kult: „Es wurden [unter Echnaton, JüS] aber nicht nur die Tempel geschlossen, sondern auch die Feste eingestellt. Die Feste begründeten die soziale Identität eines Ägypters. [...] Die Abschaffung der Feste wurde als Sinnentzug erfahren" (Assmann, Jan 2005b: 253). In Reaktion auf diese Ereignisse erfolgte der Rückgriff auf die religiöse Suche, die bereits mit dem Beginn des Neuen Reichs eingesetzt hatte – und als solcher ist er Kennzeichen der kulturellen Erinnerung, die sich nicht mehr auf die Tradierung des Wichtigen verlässt. Die Religion entwickelt sich hier als bewusster Rückgriff über den Kontinuitätsbruch einer gescheiterten Revolution hinweg. Sünde und Frömmigkeit als Kennzeichen einer Religion, in der sich das Individuum *persönlich* einem Gott unterwirft, entsteht, indem Religion zu einer Ausformung des kulturellen Gedächtnisses wird.

2.7 Mythomotorik eines kulturellen Gedächtnisses: Moses, der Ägypter

Die Figur des Echnaton nimmt im Werk Jan Assmanns eine doppelte Funktion ein: Zum einen markiert sie, wie dargestellt, als historische Person einen entscheidenden Einschnitt in der Geschichte des alten Ägypten, indem gerade das Scheitern der versuchten Revolution als Katalysator der Loslösung der gesellschaftlichen Handlungsweisen aus dem kultischen Gesamtprozess der Ma'at wirkte. Zum anderen behauptet Assmann, dass Echnaton gerade durch die erzwungene Auslöschung der Erinnerung an ihn gleichsam als *Lücke* eine nachhal-

2 Kognitive Dimensionen des Werks

tige Wirkung auf die „Gedächtnisspur" (Assmann, Jan 2007a: Titelseite) des alten Ägypten gehabt habe. Diese finde ihren Ursprung nicht allein in den Geschehnissen von Achet-Aton, sondern auch in den kontingenten historischen Ereignissen, die jene Phase für ihre Zeitgenossen als katastrophische Ära erschienen lassen haben muss, wie die folgende Aufzählung verdeutlicht: „The nonobservance of ritual interrupts the maintenance of cosmic and social order. The consciousness of a catastrophic and irreparable crime must have been quite widespread. But there is even more. At the end of the Amarna age, a political crisis broke out between the Hittite Empire and Egypt. The Hittites raided an Egyptian garrison in Syria and took prisoners. These prisoners brought a plague to Anatolia which swept over the entire Near East – probably including Egypt – and raged for twenty years. It was the worst epidemic which this region knew in antiquity. It is more than probable that this experience, together with that of the religious revolution, formed the trauma that gave rise to the phantasm of the religious enemy." (Assmann, Jan 1997: 25) Nach Assmann führten diese traumatischen Erfahrungen dazu, dass Echnaton nicht einmal als Heretiker in Erinnerung blieb, damit aber eine um so verzerrendere Wirkung auf die Erinnerung an jene Epoche hatte, denn als verpönter Herrscher hätte er keine *Lücke* hinterlassen. Daher interessiert sich Assmann für Echnaton nicht nur archäologisch-althistorisch, sondern eben auch gedächtnisgeschichtlich, das heißt: An der Person Echnatons mache sich eine auffällige Form der Erinnerung fest. Da die Ereignisse der Aton-Revolution eine einschneidende Wirkung auf die Gesellschaft hatten, ihr Urheber aber einer Tabuisierung unterworfen war, musste sich demnach das Gedächtnis an *andere Erinnerungsfiguren* heften.

Aus der zeitlichen Ferne betrachtet ist es wenig verwunderlich, dass der erste, gescheiterte und tabuisierte Versuch eines radikal monotheistischen Weltbildes dazu verführte, seine verbotenen Spuren auf den zweiten, erfolgreichen Monotheismus zu verschieben, der sich wenige Jahrhunderte später in der regionalen Nähe etablierte. Und tatsächlich finden sich solche Verquickungen der Geschichte Echnatons mit der späteren Geschichte des Exodus bereits in der ägyptischen Spätzeit (vgl. Assmann, Jan 1997: 24, 32 f.). Diese Verwobenheit einer traumatischen und tabuisierten Vergangenheit mit anderen, kausal nicht zusammenhängenden historischen Ereignissen und mythischen Erzählungen bildet das Thema des 1997 erstmals veröffentlichten *Moses the Egyptian* (Assmann, Jan 1997), das ein Jahr später leicht verändert als *Moses der Ägypter* (Assmann, Jan 2007a) in deutscher Sprache erschien. Es stellt nicht nur den schwierigen Balanceakt dar, mythische Erzählungen – deren Relevanz sich nach Assmann *nicht* an der Faktizität bemessen – in einen geistes- und kulturwissenschaftlich untersuchten historischen Ablauf – der fundamental auf wissenschaftliche Belege angewiesen ist – einzuordnen. Darüber hinaus kompliziert wird dieses Vorhaben durch eine Vermehrung der zeitlichen Perspektiven, denn Gedächtnisgeschichte blickt auf zwei oder mehr Zeiten zugleich, indem die *gegenwärtige* Bedeutung von (angeblichen) Spuren der *Vergangenheit(en)* verfolgt wird, während klassische Geschichtswissenschaft die Validität ihrer Darstellungen gerade durch ihre universale, von gegenwärtigen Einflüssen *unabhängige* Gültigkeit zu gewinnen trachtet, indem sie sich auf die *eine* Vergangenheit in Unabhängigkeit von späteren Perspektiven bemüht. Zusätzlich bezieht Jan Assmann auch noch psychoanalytische Texte in die Interpretation mit ein. So ist es wenig verwunderlich, dass *Moses der Ägypter* eine ganze Reihe von Kritiken, aber auch Missverständnissen provoziert hat. Daher bildet es in der vorliegenden Publikation den Abschluss der kognitiven Einführung, während die Antworten auf diese Studie in den sich daraus entfaltenden Debatten die Wirkungsgeschichte des Werkes von Jan Assmann einleiten sollen. Zum Verständnis der Wirkungsgeschichte wird zunächst in die reichhaltigen, nicht immer leicht überschaubaren Argumentationslinien von *Moses the Egyptian* eingeführt.[18]

Zu Beginn des Buches greift Jan Assmann auf ein fundierendes Element des Theoriegebäudes von Niklas Luhmann zu, den „Laws of Form" des Mathematikers George Spencer-Brown (vgl. Luhmann 1998: 44-59). Dabei geht es um die Operation der bewussten und gewollten Unterscheidung, und dem Phänomen, dass eine Aufrechterhaltung dieser Unterscheidung immer weitere Unterscheidungen nach sich zieht. Während der treibende Motor hierfür im ursprünglichen Werk Spencer-Browns die mathematische Suche nach Definitionen ist (vgl. Spencer-Brown 2008), resultiert der Zwang im sozialen Raum aus der Aufrechterhaltung der symbolisch gezogenen Grenze. „All cultural distinctions need to be remembered in order to render permanent the space which they construct." (Assmann, Jan 1997: 3) Der für Jan Assmann entscheidende Punkt im Zusammenhang mit der Entstehung von monotheistischer Religion ist, dass die Unterscheidung zwischen *wahrer* und *falscher* Religion erstens eine solche bewusste Unterscheidung – mit dem Zwang zur permanenten Reaktualisierung – darstellt, die zweitens historisch nicht alternativlos ist und drittens auch nicht den Ursprung von Religion bildet. Gleichwohl ist sie von grundlegender Bedeutsamkeit für die weitere Entwicklung der Gesellschaft: Wie bereits gezeigt worden ist, ließ die kosmotheistische Konzeption des alten Ägyptens eine Subjektivierung der Menschen überhaupt nicht zu. „Der Kosmos war nach ägyptischer Vorstellung nicht aus dem Nichts, sondern aus der Eins, der undifferenzierten Ur-Einheit entstanden, in die

---

18 Die deutsche Übersetzung unterscheidet sich durch eine Ausweitung der Abschnitte über Warburton und *Hen kai pan*, die in dieser Genauigkeit hier ohnehin keinen Platz finden, und durch eine Weglassung ägyptologischer Grundlagen, die hier in Teilen bereits aufgenommen wurden (vgl. Assmann, Jan 2007a: 13). Zur Rekonstruktion der ursprünglichen Intention Assmanns erscheint es sinnvoller, hier weitestgehend auf die englischsprachige Fassung zurück zu greifen.

er am Ende der Zeit auch wieder zurückkehren würde." (Assmann, Jan 2005b: 235) Zunächst wird also nur eine Einheit als ägyptischer Kosmos gedeutet, und dieses Eine besteht aus verschiedenen Ausprägungen, Funktionen und Erscheinungsweisen. Ein Individuum in Abtrennung vom Ganzen des Kosmos war überhaupt nicht denkbar. *Polytheismus* bezeichnet bereits die nächste Stufe der Ausdifferenzierung, die in einem Raum des interkulturellen Austauschs angesiedelt ist. Götter erhalten Aufgaben zugewiesen, und anhand dieser Aufgaben sind sie interkulturell vergleichbar: „Ancient polytheisms functioned as [...] a technique of translation. They belong within the emergence of the *Ancient World* as a coherrent ecumene of interconnected nations." (Assmann, Jan 1997: 2 f.) Der pragmatische Ursprung dieser Übersetzungen waren vermutlich Schwüre bei Vertragsabschluss: Wenn Angehörige verschiedener Kulturen den Vertrag durch Schwur auf den höchsten oder zuständigen Gott bekräftigten, bedurfte es eines Vergleichs.[19] In der Charakterisierung der primären, polytheistischen Glaubensformen liegt für Assmann der Fall einer international erkennbar differenziert verlaufenden Entwicklung auf einer gemeinsamen religiösen Grundlage vor: „The cultures, languages, and customs may have been as different as ever: the religions had always a common ground. Thus they functioned as a means of intercultural translatability." (Assmann, Jan 1997: 3)

Der Schritt vom Kosmotheismus zum Polytheismus bedeutet für die soziologische Fragestellung kollektiver Identitätsbildung durchaus einen evolutionären Fortschritt, weil die *Feindschaft* einer Kultur nicht länger nur als *Fremdheit*, sondern auch als *Andersheit* verstehbar wird. Auch dies hat Assmann argumentativ ausgearbeitet: Während Andersheit die Anerkennung grundlegender Gemeinsamkeit erfordere, basiere Fremdheit auf dem Unbekannten jenseits einer Grenze der Vertrautheit. Und Feindschaft könne sowohl in der Form der Andersheit, nämlich als Rivalität, als auch in der Form der Fremdheit als unversöhnliche Ausschließung erfolgen (vgl. Assmann, Jan 2002a: 218 f.). In der frühesten Zeit der ägyptischen Kultur gab es überhaupt keine Welt von Relevanz jenseits des Nils – außerhalb des Herrschaftsbereichs des Pharao begegnete dem Beobachter allein Fremdheit. Durch interkulturellen Austausch im Mittelmeerraum, nicht zuletzt befördert durch die militärische Expansion im Mittleren Reich, wurde diese Fremdheit in eine Andersheit konvertiert – also in grundlegend vergleichbare, aber abzugrenzende Identität. Und dieser Prozess vollzog sich im Medium der Religion: Es gab *andere* als die ägyptischen Götter, deren Funktion verstanden werden konnte, auch wenn sie *nicht die richtigen* Götter waren.

---

19 Durch solche *Übersetzungen* kommen auch die Namen vieler altägyptischer Orte zu Stande, indem die Funktion des Stadtgottes (oder alternativ: des heiligen Tieres) mit der jeweils griechischen Gottheit bezeichnet und zum Stadtnamen erweitert wurde: Heliopolis – griechisch Ἥλιος heißt Sonne – ist die Stadt des Sonnengottes Re.

Mit der Entstehung des Monotheismus sei es nun zu einem Bruch gekommen, der mit einer *bewussten kulturellen Produktion von Fremdheit durch Abgrenzung* einher ging. Ausdruck finde dieser revolutionäre Sprung im sich etablierenden Monotheismus im ersten Gebot: „Du sollst keine Götter haben neben mir." (Exodus 20,3) Mit diesem Gebot wurde im Verständnis Assmanns die kulturelle Vergleichbarkeit von Göttern unterbunden: „False gods cannot be translated." (Assmann, Jan 1997: 3) An die Stelle der Übersetzung trat die Abgrenzung. Die Identitätsmerkmale dienten nicht länger der Verständigung, sondern der Aufrechterhaltung einer Ausschließung, und die Religion des wahren Gottes wurde zur „counter-religion" (Assmann, Jan 1997: 3) der vormaligen falschen Lebensweise unter falschen Göttern. Der gesellschaftliche Ausdifferenzierungsprozess der „counter-religion" war aber, wie ursprünglich von Karl Jaspers einleuchtend herausgestellt worden ist, die Voraussetzung dafür, dass der Mensch als Subjekt entstehen konnte. Die Herkunft des Begriffes – lateinisch *subiecere* heißt *unterwerfen* oder *unterordnen* – verweist darauf, dass diese sich ihrer selbst bewusste Form des Menschen dadurch zustande kommt, dass sie sich einem Ordnungsmuster unterwirft, also aus einem einheitlich-ganzen Kosmos heraus löst. Die monotheistische Unterscheidung macht aus der Eins des ägyptischen Kosmos eine Drei: Da ist erstens der unsichtbare Gott, der keine anderen Götter neben sich (2. Mose 20,3 und 5. Mose 5,7) und auch kein Abbild seiner selbst duldet (2. Mose 20,4 und 5. Mose 5,8). Ihm ist zum zweiten die Welt gegenüber gestellt, der monotheistische Gott ist ganz entschieden „nicht von dieser Welt" (Johannes 18,36). Zum dritten sind ihm die einzelnen Menschen gegenüber gestellt, an die seine Forderungen gerichtet sind. Daraus folgt auch, dass der Mensch in seiner Selbstwahrnehmung nicht nur einem Gott, sondern auch der Welt als Ganzes gegenübertritt, er ist kein organischer Bestandteil eines Kosmos mehr.

Die Argumentation Jan Assmanns in *Moses the Egyptian* fährt fort, dass mit dieser Revolution die Grundlage für eine kulturelle Distinktion geschaffen wurde, die das alte Ägypten gleichsam als Kontrastfolie des jüdisch-christlichen Kulturraums zurück ließ. Im kulturhistorischen Entstehungsgebiet des Monotheismus existierten vielfältige Verbindungen, sowohl ethnischer Art zwischen den Hebräern und den Ägyptern, als auch ökonomischer Art zwischen dem Niltal und der östlichen Küstenregion des Mittelmeeres, und eben auch religiöser Art im polytheistischen Dialog. Für alle diese Verbindungen finden sich zahlreiche Belege in den heiligen Schriften von Judentum und Christentum. Die Erläuterung des ersten Gebots enthalte jedoch eine strikte Abgrenzungsanweisung, aus der eine Verneinung der kulturellen Nachbarschaft des neuen Monotheismus resultierte: „Du sollst dir kein Bildnis noch irgend ein Gleichnis machen, weder des, das oben im Himmel, noch des, das unten auf Erden, oder des, das im Wasser unter der Erde ist." (Exodus 20,4) Dass diese Anweisung als gegen die ägyp-

2 Kognitive Dimensionen des Werks

tische kultische Praxis des Tempelwesens gerichtet verstanden werden kann, geht aus einer Erläuterung dieses Gebots in Levitikus 26,1 hervor: „Ihr sollt keine Götzen machen noch Bild und sollt euch keine Säule aufrichten, auch keinen Malstein setzen in eurem Lande, dass ihr davor anbetet; denn ich bin der Herr, euer Gott." Diese Bilder erinnern an die ägyptische Praxis von Grenz- und Mahnstelen. Assmann hebt hervor, dass der Dekalog zum Zeitpunkt seiner Verkündigung an eine Bevölkerung adressiert gewesen sei, die inmitten der polytheistischen Praxis Ägyptens gelebt hatte, und nach dem Exodus erzwinge die Konstituierung als kollektive Gruppe im Sinne der *Laws of Form* die permanente Re-Aktualisierung der Unterscheidung von der althergebrachten ägyptischen Umwelt. Die Anweisungen für das Pessach-Fest in Deuteronomium 16,3 stellen die Verknüpfung von eigenem Fest-Ritus und der identitätsstiftenden Abgrenzung unmissverständlich klar: „Du sollst kein Gesäuertes auf das Fest essen, denn mit Furcht bist du aus Ägyptenland gezogen, auf dass du des Tages deines Auszugs aus Ägyptenland gedenkest dein Leben lang." Damit kann Jan Assmanns Argumentation gefolgt werden, wenn er feststellt, dass die vielschichtige historische Verknüpfung zwischen Israel und Ägypten in der Entstehung des Monotheismus in einen Antagonismus überführt wurde, der vor allem auf der Konstruktion eines abwertenden Ägyptenbildes basierte: „Remembering is an act of constant disowning. Egypt must be remembered in order to know what lies in the past, and what must not be allowed to come back. [...] If the space of religious truth is constructed in distinction between *Israel is truth* and *Egypt is error*, any discoveries of Egyptian truths will necessarily invalidate the Mosaic distinction and deconstruct the space separated by this distinction." (Assmann, Jan 1997: 8) Genau dies geschah jedoch am Beginn des europäischen philosophischen Rationalismus, in ein geflügeltes Wort zusammengefasst von Baruch de Spinoza (1632-1677), als er jene alte Logik des ägyptischen Kosmotheismus explizit ausformulierte und dem Monotheismus entgegenstellte. Spinoza folgerte, dass die Ursache der Welt in einer einheitlichen, sich selbst begründenden und alles durchdringenden Substanz zu suchen sei und brachte dies auf die Formel, dass *Gott oder die Natur* (lat. *deus sive natura*) synonym seien. Für den Ägyptologen ist damit gewissermaßen der Startschuss zu einer Wiederentdeckung der ägyptischen Quellen der europäischen Kulturgeschichte gegeben worden: „Spinoza's (in)famous formula *deus sive natura* amounted to the abolition not only of the Mosaic distinction but of the most fundamental of all distinctions, the distinction between God and the world. [...] It immediately led to a new appraisal of Egypt." (Assmann, Jan 1997: 8)

Sigmund Freud (1856-1939) wurde als Sohn jüdischer Eltern im mährischen Freiberg geboren, das damals zum österreichisch-ungarischen Kaiserreich gehörte. Im Alter von vier Jahren zog seine Familie nach Wien, wo Freud heimisch bleiben sollte, bis die Verfolgung der Nationalsozialisten ihn im Juni 1938 zur Emigration nach London zwang. Er wurde zum Doktor der Medizin ausgebildet und später Privatdozent für Neuropathologie an der Universität Wien. Auf einer Studienreise nach Paris im Jahre 1885 kam er mit der hypnotischen und suggestiven Behandlung von Hysterie in Kontakt. Dieses Vorgehen war insofern revolutionär, als bislang Krankheiten stets an ihren Symptomen – also an den offen zutage tretenden Formen – behandelt wurden, und die Anwendung der Hypnose eine verdeckte Ursache postulierte, die in ihren äußerlichen Kennzeichen lediglich einen irreführenden Ausdruck erhielt. In Zusammenarbeit mit dem Wiener Arzt Josef Breuer (1842-1925) entwickelte Freud in den Folgejahren die Psychoanalyse als systematische medizinische Praxis, um von den Symptomen auf verschobene Ursachen zu schließen. In der Behandlung hatte sich erwiesen, dass die Bewusstwerdung verdrängter Auslöser von somatischen Störungen zur einer Linderung oder gar Heilung führen konnte. Wesentliches Mittel des Zugangs zu diesen verborgenen Ursachen wurde für Sigmund Freud zum einen die Beobachtung regelmäßig auftretender Fehlleistungen wie etwa Versprecher oder auch sonderbare Verhaltensweisen und somatische Ticks, zum anderen die insbesondere im Traum zum Ausdruck kommenden, nicht bewusst kontrollierten psychischen Verarbeitungsprozesse des einzelnen Subjekts. Im November 1899 erschien als bis heute einflussreiches erstes Hauptwerk *Die Traumdeutung*.

Obwohl die Psychoanalyse als auf die Einzelperson bezogene, langwierige Gesprächstherapie zur Lösung psychischer Blockaden konzipiert wurde, begann Sigmund Freud selbst spätestens mit der Publikation einer Artikelserie in den Jahren 1912 und 1913, die zusammengefasst als *Totem und Tabu* veröffentlicht wurde (Freud 1991), seine Erkenntnisse erstens auch auf Kollektive und zweitens in anthropologischen Analysen anzuwenden. In *Totem und Tabu* greift er auf das Motiv der „Urhorde" (Freud 1991: 179) des Evolutionstheoretikers Charles Darwin (1809-1882) zurück, und verknüpft es unter Hinzuziehung zahlreicher Motive aus der Ethnologie, Biologie, Geschichtswissenschaft, Psychologie und Soziologie zu der Hypothese, dass Religionen aus dem Schuldbewusstsein über einen ursprünglichen Vatermord entstanden seien: Der Vater der Urhorde sei als Tyrann von seinen Söhnen gemordet und kannibalisch verspeist worden. Das Schuldbewusstsein habe zu seiner posthumen Überhöhung als anbetungswürdiges Wesen geführt (vgl. Freud 1991: 151-217). *Der Mann Moses und die monotheistische Religion* versteht sich als eine fortgesetzte Ausarbeitung der Thesen aus *Totem und Tabu* (vgl. Freud 2006: 68).

Die ethnologisch und anthropologisch orientierten Arbeiten Freuds sind von auffällig ekklektizistischem Charakter und lassen die argumentative Strenge der psychoanalytischen Schriften vermissen. Die Kombination unterschiedlichster Motive hat häufig eher literarischen Charakter. Dadurch verlieren sie nicht jeden wissenschaftlichen Wert: So zeigt beispielsweise *Totem und Tabu* durchaus wahrscheinliche Motive für den Zusammenhang zwischen der subjektiven Trauerarbeit und der Angst vor den Toten auf. Und in *Der Mann Moses und die monotheistische Religion* werden Erfah-

2 Kognitive Dimensionen des Werks

> rungen eines nach eigenen Angaben atheistischen Sohns jüdischer Eltern, der jedoch nach jüdischem Ritus heiratete und zeitlebens einer jüdischen Gemeinschaft angehörte, verarbeitet. Auslöser war hierfür die existenzielle Bedrohung durch den Nationalsozialismus (vgl. Freud 2006: 67 f.). Allerdings ist die Tragfähigkeit der hierzu herangezogenen, teilweise hochgradig hypothetischen und mittlerweile zumeist unhaltbaren Behauptungen von Nachbarwissenschaften der Psychoanalyse sehr kritisch zu prüfen (vgl. Erdheim 1995).

In dieses Erinnerungsbild erhält die Beziehung zwischen Echnaton und Moses Einzug auf dem psychoanalytischen Weg der Verschiebung als einer Form der Verdrängung, in der eine Wirkung eine neue, konstruierte Ursache zugewiesen bekommt (vgl. Freud 1992: 113 f.), denn wo „Moses" stehe, hätte demnach „Echnaton" stehen müssen. „Moses is a figure of memory but not of history, while Akhenaten [engl. Schreibweise von *Echnaton*, JüS] is a figure of history but not of memory." (Assmann, Jan 1997: 2) Hinter der jüdisch-christlichen Überlieferung des Exodus habe sich stets eine andere, verdrängte Geschichte befunden, die sich durch den philosophischen Bruch, den Spinoza auf die eine Sentenz *deus sive natura* gebracht hatte, ihren Weg zurück in das kollektive Wissen gebahnt habe: „The past is not simply received by the present. The present is haunted by the past and the past is modeled, invented, reinvented, and reconstructed by the present. [...] It makes much more sense to speak of Europe's having been haunted by Egypt than of Egypt's having been received by Europe. [T]here was always the image of Egypt as the past both of Israel and of Greece and thus of Europe." (Assmann, Jan 1997: 9) Hier kommt nun die wissenschaftlich grundlegende Perspektivverschiebung des erinnerungskulturellen Blicks zum Tragen, denn das fortwährende Interesse historischer und philosophischer Abhandlungen an Ägypten sei nicht aus der historischen Faktizität gespeist gewesen, sondern aus einer fortwährenden *Aktualität* des Themas. Die unaufhörliche Notwendigkeit, die in den heiligen Schriften geforderte Abgrenzung zum überwundenen falschen Glauben aufrecht zu erhalten, habe die ägyptische Vergangenheit als *counter-history* präsent gehalten: „The importance of the discourse on Moses and Egypt for the cultural memory of Europe lies in the foregrounding of the Egyptian subtext in the Bible" (Assmann, Jan 1997: 11). Ob es sich bei Moses um einen Ägypter, oder sogar um einen Anhänger Echnatons gehandelt habe, sei überhaupt nicht Anlass für seine Studie, so Assmann.[20] Ihn interes-

---

20 Die Missachtung des Unterschieds zwischen dem psychoanalytischen Motiv der *Verschiebung* und der Behauptung einer tatsächlichen Verbindung – die im Falle der Verschiebung gerade *ausgeschlossen* wird – rückt Assmanns Werk schnell in die Nähe phantastischer Literatur. So erschien unter Ausnutzung dieses Missverständnisses jüngst *Moses war Tutenchamun* von einem Autor namens Hans Josef Werding, der auch bereits seine ganz eigene Übersetzung der Hieroglyphen als

siere die Beständigkeit der Beschäftigung mit dem alten Ägypten: „The reason for this *living on* lies in the continuous relevance of these events. The relevance comes not from their historical past, but from the ever-changing present in which these events are remembered as facts of importance." (Assmann, Jan 1997: 10) Die wissenschaftliche Reflexion unter dem Titel *Moses der Ägypter* ziele somit auf die mythomotorische Wirkung ab, die aus der verzerrten Erinnerung, bestehend aus der Verpflichtung zur Aufrechterhaltung der Abgrenzung gegen Ägypten, hervor ginge. Das Paradox im Sinne der *Laws of Form* besteht darin, dass gerade die Abgrenzung die Erinnerung an Ägypten wach hält – als zwar negierte, aber dennoch unbestimmt vorhandene Hintergrundfolie. Den ursprünglichen Anstoß für diese konservierende Wirkung sieht Assmann in dem umfassenden Charakter des Traumas aus verstörender politisch-religiöser Revolution und Gegen-Revolution, existenzieller Bedrohung des traditionellen Glaubens, internationaler politischer Krise und – womöglich – epidemischem Unglück in Form einer Pest (vgl. Assmann, Jan 1997: 25-29). Über viele Jahrhunderte sei die Verneinung der ägyptischen Kultur aufrecht erhalten worden. Die ersten Initiativen zur Wiederentdeckung jenseits der biblischen Darstellungen tauchten in der Renaissance beim florentiner Philosophen Marsilio Ficino (1433-1499) auf, der nach 1462 die griechische Schriftensammlung über den Ursprung der Welt mit dem Titel *Corpus Hermeticum* ins Lateinische übersetzt hatte. Dieser Titel leitete sich aus der, erst 1614 von Isaac Causabon widerlegten Annahme her, ihr Verfasser sei eine Einzelperson mit Namen Hermes Trismegistos gewesen, deren Lebenszeit in der fernen Vergangenheit des Moses vermutet wurde. Die gefundenen Texte ergaben in Vermischung mit den spekulativen Annahmen über ihre Herkunft ein zwar unhaltbares, aber nachhaltig prägendes Bild der Vergangenheit: „Its image of Egypt was a real reinvention of tradition and a stupendous achievement of the retrojective imagination which had very little to do with history. Nevertheless, that image exerted an enormous influence on cultural memory." (Assmann, Jan 1997: 18) Die Phantasmen über Hermes Trismegistos versinnbildlichen, dass Ägypten – auch nach der Aufklärung durch Causabon – als „Ursprung aller Religionen" (Assmann, Jan 2007a: 40) und Quelle der von Spinoza behaupteten „Konvergenz von Vernunft und Offenbarung" (Assman, Jan 2007a: 40) galt. Es bildete sich die Vorstellung heraus, dass unter der kaum durchdringbaren Oberfläche der altägyptischen Kulthandlungen eine geheime Weisheit, vielleicht sogar in der Form eines ursprünglichen Monotheismus, vorhanden gewesen sei (vgl. Assmann, Jan 1997: 20 f.). Wie wirkungsmächtig diese Vorstellung in der Aufklärung wurde, zeigt Jan Assmann in seiner Deutung der Oper *Die Zauberflöte* von Wolfgang Amadeus Mozart (1756-1791). Während

---

Grundlage für den Raketenbau benutzt und unter dem Titel *So flogen schon die Pharaonen* veröffentlicht hatte. Um so sorgfältiger ist die Zurückweisung der Identitätsbehauptung zu beachten.

2 Kognitive Dimensionen des Werks

der Oper in vielen Interpretationen ein doppelter, teilweise widersprüchlicher oder gar ein Patchwork-Charakter zugeschrieben wird, gälte es nach Jan Assmann, in einer sich auf verschiedenen Ebenen und in ägyptisch inspiriertem kultischen Kontext abspielenden Handlung „einen verborgenen Inhalt zu entschleiern" (Assmann, Jan 2008: 18), und zwar mit „dem Thema der affektverwandelnden und weltverbessernden Kraft der Musik" (Assmann, Jan 2008: 17). Assmann erkennt in der *Zauberflöte* ein „Mysterienspiel" (Assmann, Jan 2008: 22), und zwar keines, dass dem distanzierten Zuschauer auf der Bühne vorgeführt wird, sondern einen real ablaufenden, den erkennenden Zuschauer in den Fortgang einbeziehenden kultischen Akt: „Die Priester führen eine symbolische Handlung auf, die darauf angelegt ist, den Initianden, zu denen außer Tamino, Pamina und Papageno auch wir gehören, durch wechselnde Bilder aufs tiefste zu beeindrucken und einem wahren Wechselbad der Gefühle, Werturteile und Neuorientierungen auszusetzen. Wir dürfen daher nicht fragen, wer und was die Königin der Nacht wesensmäßig ist, sondern wie sie erscheint. Sie wird uns einmal so und einmal anders gezeigt, weil wir zusammen mit Tamino einen Perspektivwechsel vollziehen sollen." (Assmann, Jan 2008: 28) Nicht die kausale Verknüpfung, sondern die Wirkung der wechselhaften Darstellung auf das Publikum bilde den Kern der Oper. In der Darstellung sei der kultische Ablauf beschrieben, dessen starke Beeinflussung durch die zeitgenössischen Praktiken der Freimaurer-Logen, in denen Mozart teilweise Mitglied und teilweise als Gast zugegen war, von Jan Assmann mit vielen Belegen unterstrichen wird. Zugleich spielt die *Zauberflöte*, das Verständnis nicht unerheblich erschwerend, auf zwei Ebenen, weil es neben dem Tamino-und-Pamina-Handlungsstrang noch den volkstümlichen Charakter des Pagageno mit seiner eigenen Geschichte gibt. Dies erläutert Jan Assmann wie folgt: „Die Struktur der *religio duplex* mit ihrem Gegensatz von Volksreligion und Elitereligion findet im Doppelgesicht der Zauberflöte als Kinderoper und Mysterienspiel ihren Ausdruck." (Assmann, Jan 2008: 23) Dies spiegelt sehr deutlich die Vorstellungen über die ägyptische Religion in der Zeit vor Entzifferung der Hieroglyphen im Jahre 1822: Beeindruckt von den vielen unterirdischen Bestandteilen ägyptischer Bauwerke wurde auch für die Religion gleichsam eine Unterteilung in oberirdisch – also frei zugänglich für jedermann – und unterirdischer Krypta angenommen. Oder um eine andere Parallele zu verwenden: So wie in den biblischen Schriften eine götzendienerische, Bauwerke und Tiere anbetende Oberfläche des ägyptischen Kults beschrieben wurde, befände sich im Hintergrund des heiligen Textes ein implizites Wissen um eine weise Religion, die im Christentum hinter der strikten Abgrenzung verborgen mittransportiert werde. Eine motivierende Quelle für solche Annahmen findet sich in der Apostelgeschichte 7,22, wo es heißt: „Und Moses ward gelehrt in aller Weisheit der Ägypter und war mächtig in Werken und Worten." Die historischen Fakten liegen freilich anders, wie Jan Assmann klarstellt. Zwar könnte für den ägyptischen Kult durchaus eine Zweiteilung festgestellt werden, die aber völlig anderen Charakters gewesen sei. „Die vom Staat zu verwirklichende wahre und gerechte Ordnung (Ma'at) [bestand] einerseits in Rechtsprechung und Unterweisung für die Menschen und andererseits im Opferkult für die Götter und Toten." (Assmann, Jan 2007d: 201) Der Gegensatz war also weniger öffentlich/klandestin als vielmehr profan/sakral. Die historisch abwegige Vorstellung einer unterirdisch praktizierten Geheimreligion weist deutlich größere Verwandtschaft zum Gnostizismus der christlichen Frühzeit als zum alten Ägypten auf – dies passt auch zu der heute angenommenen Entstehungszeit des *Corpus Hermeticum* zwischen 100 und 300. Es könnte sich also bei der Annahme der *religio duplex* um eine andere Verschiebung in der kollektiven Erinnerung handeln, indem der ägyptischen Religion untergeschoben wurde, was in Frühformen des Christentums der Fall war, aber in der später etablierten Kirche ausgeblendet werden musste.

Entscheidend für die kulturelle Erinnerung ist jedoch, dass diese einzelne, zitierte Bibelstelle über *Moses den Ägypter* zahlreiche aufklärerische Initiativen provoziert hat, um – in Parallelisierung mit den eigenen, spekulativen Annahmen über die ägyptische Religion – auch *hinter* dem Bibeltext eine geheime Botschaft zu vermuten. Eine solche Linie aufklärerischer Schriften, beginnend bei John Spencer (1630-1693) bis zu Friedrich Schiller (1759-1805) analysiert Jan Assmann und legt damit eine kulturell bedeutsame Grundströmung der europäischen Geistesgeschichte frei.

John Spencer war ein christlich motivierter Wissenschaftler im englischen Cambridge, der jene strikte Abgrenzung zwischen den religiösen Riten der Hebräer und der kultischen Praxis der Ägypter nicht etwa einriss, sondern sie als Umkehrung interpretierte. Zu diesem Zweck griff er zum einen auf das oben angeführte Zitat der Apostelgeschichte 7,22 und damit übereinstimmende, außerbiblische Quellen der Antike zurück, und zum anderen auf die Argumentationsfigur der *normativen Inversion*, die im Judentum stattgefunden habe und die bereits beim römischen Geschichtsschreiber Tacitus (vgl. Assmann, Jan 1997: 37 f., 64) und dem jüdischen Philosophen und Rechtsgelehrten Maimonides (1138-1204) zu finden ist: Demnach belege gerade die strikte Umkehrung aller ägyptischen Riten im Rahmen der jüdischen Verhaltensvorschriften eine enge Verwandtschaft der beiden. Dieses Argument funktioniert ganz im Sinne der *Laws of Form*, denn die denkbar strikteste Unterscheidung von der Umwelt erfolgt durch die Umkehrung ihrer Prinzipien. „Normative inversion is another form of historical contextualisation, another relation of system an environment." (Assmann, Jan 1997: 72) Assmann ergänzt hierzu, dass dieser Mechanismus zudem auch der nachdrücklichste für ein Vergessen sei: „The most efficient way of

2 Kognitive Dimensionen des Werks

erasing a memory is by superimposing on it a counter-memory." (Assmann, Jan 1997: 58 f.) Und mit seiner, den ägyptischen Ursprung verdeckenden Wirkung erfüllte das jüdische Religionsgesetz für Spencer einen doppelten Zweck: So wie die offenkundige Absicht des Verbots in der Unterbindung von gefährlichen Verhaltensweisen liege, so schirme es zusätzlich eine höhere Weisheit vor dem leichtfertigen Zugriff ab: „What Egypt kept secret under the veil of its hieroglyphs, Moses promulgated in the form – but also under the veil – of legislation." (Assmann, Jan 1997: 79) Hier tauchte also jene Spaltung der Religion in eine populäre und eine klandestine Variante, die später *Die Zauberflöte* prägen wird, erstmals explizit auf, und aus der Entgegensetzung der Erinnerungsbilder Ägyptens und der Ursprünge der jüdischen Religion wurde eine innere, erst nach eingehender Analyse sichtbar werdende Verwandtschaft konstruiert. Als eine zweite Initialzündung zur Überwindung der antagonistischen Sichtweise legt Jan Assmann ein Werk von Spencers Zeitgenossen Ralph Cudworth aus dem Jahre 1678 mit dem Titel *True Intellectual System of the Universe* frei. Das entscheidende an Cudworths Wirkung ist, dass er nach Bekanntwerden des wahren Alters des *Corpus Hermeticum* durch Causabon schreibt. Obwohl diese Quelle nun also viel jünger ist als lange vermutet, bezieht sich Cudworth mit der Rechtfertigung der Authentizität darauf (vgl. Assmann, Jan 1997: 88). Cudworths Argumentationslinie beabsichtigte den Nachweis, dass allen Religionen ein – teilweise verdeckter – Monotheismus innewohne und sich daher im Ursprung aller Religiosität der eine, wahre Gott befinde. So sei allen Polytheismen gemeinsam, dass sie von einer höchsten Gottheit ausgingen, die letztlich die anderen Götter dominiere – eine Sichtweise, die nicht nur im römischen und griechischen Pantheon Bestätigung findet, sondern auch in der ägyptischen Theologie der „Persönlichen Frömmigkeit" ab der Ramessidenzeit. Ägypten wurde von Cudworth als die originale Quelle all dieses Wissens über den einen, wahren Gott konstruiert (vgl. Assmann, Jan 1997: 82), allerdings betont er die Transposition dieser Quelle nicht etwa ins Hebräische, sondern – vermittelt über die mythische Figur des Orpheus – ins Griechische. „Egypt was thus connected to Europe in two ways: to Jerusalem via Moses and to Athens via Orpheus." (Assmann, Jan 1997: 141) Wirkungsmächtig wird Cudworth vor allem durch das Motiv der *gespaltenen, doppelbödigen religiösen Wahrheit*, das mit ihm eine Konjunktur gewinnt, die bis auf die Werke von Friedrich Schiller, Johann Wolfgang von Goethe und Ludwig van Beethoven ausstrahlt (vgl. Assmann, Jan 1997: 122-142). Durch die *doppelbödige Wahrheit der Religion* wird bei Cudworth selbst der Atheismus zu einem verdeckten Monotheismus, denn in der Logik seiner Argumentationsfigur bestätigte gerade die strikte atheistische Abwehr kontrafaktisch den einen, verborgenen Gott. Diese Argumentationsfigur hatte in jener Zeit des Übergangs von der Renaissance in die Aufklärung einen Anwalt in den nicht entzifferbaren Hieroglyphen, die in ihrer gegenstandsnahen bildlichen Darstellungsweise die Phantasie über ihre Bedeutung stimulierten. Gerade das Unverständnis der Hieroglyphen habe eine Aufhebung der seit Aristoteles dominierenden Sichtweise ermöglicht, wonach Schriftzeichen auf Übereinkunft ihrer Bedeutung und nicht auf eine Herkunft aus den von ihnen bezeichneten Dingen beruhten. Die ägyptischen Hieroglyphen wurden im Zuge dieser Debatten in eine Entwicklungslinie eingereiht, die den tatsächlichen historischen Gegebenheiten exakt widerspricht: Während nach übereinstimmender Erkenntnis der Ägyptologie die Hieroglyphen die ursprüngliche Schriftform darstellen, die zunächst als hieratische Schrift für den handschriftlichen Gebrauch vereinfacht und, viele Jahrhunderte später, in die demotische Schrift popularisiert wurde (vgl. Hornung 2008a: 22-28), stilisierte man sie im Vorfeld der Aufklärung zu einer späten Entwicklung, deren Sinn in der verdeckten Offenbarung tiefgründiger Bedeutungen liege (vgl. Assmann, Jan 1997: 102-111).

Durch die Werke von Spencer und Cudworth beginnt die Zeit der Aufklärung mit einem Repertoire an Schriften, die *den letzten Grund* bzw. *die höchste Wahrheit* nicht etwa in zeitgenössischen oder zukünftigen wissenschaftlichen Erkenntnissen, sondern in einer Dekonstruktion verborgener Weisheit der fernsten Vergangenheit suchten.[21] In dem gedächtnisgeschichtlichen Konzept Jan Assmanns heißt dies, dass jene Wissenschaft sich eben nicht nur in der ausmessbaren, relativen Vergangenheit bewegte, sondern auch in der absoluten Vergangenheit des Mythos jenseits des *floating gap* (vgl.: 18). Geschichte wird in dieser Sichtweise zu einer *Verfallsgeschichte*, in deren Ursprung eine unbeschädigte Wahrheit liege, die zusehends verschüttet worden ist (vgl. Assmann, Jan 1997: 92).

Sehr deutlich wird diese geschichtsphilosophische Grundhaltung beim irischen Philosophen John Toland (1670-1720) in der beginnenden Aufklärung: Im mythischen Ursprung der Menschheitsgeschichte macht er insgesamt sechs große Gesetzgeber an sechs verschiedenen Orten aus – gewissermaßen eine rudimentäre und hochspekulative Vorform von Karl Jaspers' Konzept der *Achsenzeit* –, indem er einigermaßen zeitgleiche, aber voneinander unabhängig induzierte Entwicklungen ihren Ausgang von handelnden Personen nehmen lässt. Als einer dieser sechs Gesetzgeber wird Moses identifiziert, der eine klare und einfache Weltanschauung gestiftet habe: In ihrem Ursprung habe sich *ein Feiertag* – der

---

21 Hierzu sei ergänzt, dass hier ein Verbindungsglied in Sigmund Freuds *Totem und Tabu* zu finden ist, wo es am Schluss heißt: „Gewiss sind bei beiden, Wilden wie Neurotikern, die scharfen Scheidungen zwischen Denken und Tun, wie wir sie ziehen, nicht vorhanden. Allein, der Neurotiker ist vor allem im Handeln gehemmt, bei ihm ist der Gedanke der volle Ersatz für die Tat. Der Primitive ist ungehemmt, der Gedanke setzt sich ohneweiters in Tat um, die Tat ist ihm sozusagen eher ein Ersatz des Gedankens, und darum meine ich [:] Im Anfang war die Tat." (Freud 1991: 216 f.) Zwar impliziert dies keine eindeutige normative Wertung Freuds, wohl aber die Annahme, dass die Lösung gegenwärtiger Rätsel sich im *Ursprung* finde.

2 Kognitive Dimensionen des Werks

Sabbat –, und *ein* Gesetzeswerk befunden – der Dekalog. Darüber hinaus identifizierte Toland jene zehn Gebote mit dem Naturrecht als dem Ursprung aller Gerechtigkeits- und Verfassungsüberlegungen. Entscheidend werden nun zwei weitere Schlussfolgerungen, die Toland deutlich von seinen christlichen Referenzen Spencer und Cudworth unterscheidet, und die er unter Rückgriff auf den antiken griechischen Geschichtsschreiber Strabon (63 v. Chr.–23 n. Chr.) abzusichern trachtet: Zum einen wird Moses hier dezidiert zu einem *ägyptischen* Priester erklärt, und zweitens wird das Argument einer doppelbödigen Religion *deistisch* gewendet. Der ursprüngliche, einheitliche Kern des Dekalogs, ergo Naturrechts erforderte demnach gar keinen Gott, sondern betete das *Prinzip der Natur* an. Erst in dem, durch die Leidenschaften und Träume der sündigenden Menschen herbeigeführten Verfallsprozess dieser Lehre würden der Name einer Gottheit sowie religiöse Kultgesetze zum Schutz und zur Reinhaltung der grundlegenden Weisheit eingeführt (vgl. Assmann, Jan 1997: 93-96). Religion bzw. religiöser Kult wird hier zu einer menschengemachten Verfälschung einer ursprünglichen, klaren und unverstellten Wahrheit. In einer solchen Konzeption der zunehmenden Verschüttung eines Originals findet im weiteren Verlauf der Geistesgeschichte das Motiv der *doppelbödigen Religion* seinen fruchtbaren Grund, indem beispielsweise der Bischof von Gloucester, William Warburton (1698-1779) die kultische Praxis als beschwichtigendes Ritual für die verführbare Masse der Gläubigen interpretiert, die schützend vor einer tieferen, aber schwerer verträglichen Wahrheit gelegt worden sei. Der Erwerb von Wissen und Weisheit ist demnach verbunden mit einem nicht ungefährlichen Prozess der *Desillusionierung*: „Initiation constitutes a process of disillusionment." (Assmann, Jan 1997: 98) Auch Warburton greift zur Stützung seiner Sichtweise auf antike Quellen wie etwa Clemens von Alexandria (150-215) zurück. Allerdings ist Warburton ein *Verteidiger* des jüdisch-christlichen Religionsstifters Moses, der auf eine solche Verschleierung der Wahrheit eben gerade *nicht* habe zurückgreifen müssen und an ihre Stelle die Offenbarung des wahren Prinzips im Dekalog gesetzt habe. Hier wird Ägypten abermals zum dunklen Antagonismus des Abendlandes. Den für die weitere Geschichte wichtigen Beitrag Warburtons sieht Assmann weniger in der Hauptbotschaft dieser Fassung der mythischen Ursprünge des Abendlandes als vielmehr in der Offenlegung der politischen *Doppelwirkung* des Geheimnisses: Denn bei Warburton werde klar, dass ein Geheimnis zum einen eine *ablenkende* Wirkung besitze, indem es die Masse der nicht initiierten Bevölkerung fasziniere und an den religiösen Kult binde, und in einer zweiten Folge die verborgene Wahrheit *schütze*.

Aber von dieser, mit der monotheistischen Orthodoxie in Übereinstimmung stehenden Fassung Warburtons war es nur ein kleiner Schritt bis zu einer erneuten Identifikation der Ursprünge von Monotheismus und altem Ägypten, und somit vom *biblischen Moses* und *Moses dem Ägypter*, den einige Jahre nach Warburton der aus Wien stammende aufklärerische Philosoph Karl Leonhard Reinhold (1757-1823) vollzog: Er war Freimaurer und *identifizierte* nämlich die geheime Wahrheit der ägyptischen Kulte mit der Offenbarung des Moses: Die Verkündung des Dekalogs wird, in den Worten Assmanns, hier zu einer „huge open-air performance of an initiation" (Assmann, Jan 1997: 100) in die ursprünglich ägyptischen Glaubensinhalte. Damit wird Reinhold zu einem zentralen Scharnier in dem Jahrhunderte währenden Diskurs, den Jan Assmann skizziert. Zum einen greift Reinhold in die Vergangenheit von John Spencer und William Warburton aus, indem er das Wissen Spencers über die Bedeutung der abergläubigen, götzendienerischen Kulte Ägyptens mit dem Motiv der geheimen Verschleierung Warburtons verband. Und er kreierte das Motiv der Übereinstimmung einer deistischen Verehrung des Einen – dessen Herkunft aus dem ägyptischen Kosmotheismus unbezweifelbar sei – mit dem monotheistischen Glauben an einen einzigen Gott. Dieses Motiv sei, so Assmann, von Friedrich Schiller in seinem Werk *Die Sendung Moses* übernommen und habe über diesen diskursiven Kanal fundamentale Wirkung auf Sigmund Freud gehabt. Berücksichtigt man in dieser diskursiven Linie noch der Rückgriff Spencers auf den *Corpus Hermeticum*, wird die Linie von der griechisch-ägyptischen Antike bis in die Wissenschaftskultur des 20. Jahrhunderts sichtbar, um die es Jan Assmann in „Moses der Ägypter" geht.

Schiller ist Assmanns exemplarischer Autor für die gedächtnisgeschichtliche Konstruktion in der Aufklärungszeit. Sie kreist um den Begriff des *Erhabenen* und den Umgang der monotheistischen – hier: christlichen – Religion mit dessen Gefahren. Denn das Erhabene sei nicht für jedermann schadlos zugänglich: „The holy awe and terror which the sublime inspires in a man serve to prepare his soul and mind for the apprehension of truth that can only be grasped in a state of emotional arousal." (Assmann, Jan 1997: 131) Die Erinnerungsfigur *Moses des Ägypters* sei nun keineswegs pejorativ gemeint, sondern referiere auf einen Schutzmechanismus, den Reinhold und Schiller in die monotheistische Religion eingebaut glaubten. Übereinstimmend mit dem einen Satz der Apostelgeschichte 7,22 wird Moses zu einem ägyptischen Priester, der mit den geheimen, unterirdischen Wahrheiten vertraut ist: „According to Reinhold and Schiller, this sublime idea of Nature as Supreme Being was the god in whose mysteries Moses was initiated in the course of his Egyptian education. But this God of Moses was not the god he revealed to his people." (Assmann, Jan 1997: 138) Die Gefährlichkeit des Erhabenen für gewöhnliche Menschen verhinderte dies und bewegte den Religionsstifter zu einer schützenden Maskierung der wahren Botschaft: „The only solution was to proclaim the truth in a fabulous way and to endow the true god with some fictitious properties and qualities that

2 Kognitive Dimensionen des Werks

the people would be able to grasp and believe in. God had to be transformed from an object of pure reason and cognition into an object of blind belief and obedience." (Assmann, Jan 1997: 138 f.) Es ist dieser gemeinsame wahre Kern von ägyptischem Kult und *deistischer* Wahrheit, in den auch *Die Zauberflöte* Mozarts ihre Zuschauer auf dem Weg eines initiierenden Rituals einweihen will. Spuren dieser Überzeugung finden sich – neben den bereits Genannten – auch beim Philosophen Gotthold Ephraim Lessing (1729-1781) und dem Lyriker Friedrich Hölderlin (1770-1843). Jan Assmanns Behauptung, dass es sich um ein kennzeichnendes und nachhaltig prägendes Schlüsselmotiv der abendländischen Geistesgeschichte vor Entzifferung der Hieroglyphen handelt, ist angesichts dieser Referenzen nicht von der Hand zu weisen. Den Befund über die Zeit von Renaissance und Aufklärung pointiert Assmann durch die These, dass auf dem Wege des intertextuellen Rückgriffs auf antike Autoren von einem sehr viel älteren Diskurs ausgegangen werden könne: „This kind of intertextuality can be interpreted as a form of cultural memory that kept a certain body of knowledge accessible for more than two thousand years." (Assmann, Jan 1997: 144) Angesichts dieser Zuspitzung muss betont werden, dass der Rückgriff rein textueller Natur erfolgte – es wurden also mythische Erzählungen über den Ursprung der Menschheit, deren genaue Herkunft unbekannt ist, über Jahrhunderte hinweg in immer neuer Kombination wiederholt interpretiert. Was sich in dieser Zeit nie änderte, war das zu Grunde liegende gesicherte Wissen an Spuren und Botschaften. In seinem Werk *Ägypten – Eine Sinngeschichte* unterscheidet Jan Assmann sorgfältig Spuren, Botschaften und Erinnerungen der Vergangenheit: Während Spuren durch archäologische Arbeit und Botschaften durch Entzifferung und Interpretation überlieferter Zeichen herausgefiltert würden, unterlägen Erinnerungen durch unterschiedliche Ausdeutung von Mythen der Veränderung (vgl. Assmann, Jan 2005b: 15-24). In dem hier thematisierten intertextuellen Rückgriff liegt aber allein eine Änderung der Erinnerungen vor, ohne Rückgriff auf Spuren und Botschaften. Dies ändert nichts an der prägenden Kraft – gerade der Umstand, dass *trotz* fehlender Neuigkeiten das Thema virulent bleibt, beweist seine jeweils kulturformende Bedeutung, wie Jan Assmann wiederholt betont. Aber dennoch muss die Wirkung jenes Bruchs bezüglich der Spuren und besonders der Botschaften sorgfältig bedacht werden, der durch die vollständige Entzifferung der Hieroglyphen im Jahre 1822 durch Jean-Francois Champollion einsetzte. Mit der Möglichkeit, die Hinterlassenschaften der ägyptischen Kultur nach jahrundertelanger Unterbrechung erneut zu *lesen*, nimmt die wissenschaftliche Ägyptologie ihren Ausgang: „Spencer, Warburton, and Reinhold were working within a paradigm of memory, not of observation. But this paradigm vanishes with the rise of Egyptology, and all of the carefully collected and interpreted body of knowledge about Egypt fell into almost complete oblivion as

soon as the primary sources began to speak. History took the place of memory."
(Assmann, Jan 1997: 144 f.) Aus einem Blickwinkel der Erinnerungskultur verschwinden hier viele bedeutsame Werke in den Hintergrund der Aufmerksamkeit. Der leicht verständliche Grund dafür ist jedoch, dass die ursprünglichen Quellen, überlieferten Schriftstücke und Bauwerke des alten Ägyptens wieder verständlich sprechen, und damit einen Großteil der bisherigen Interpretationen ins Reich der phantasievollen Geschichten katapultieren. Geschichtswissenschaftlich betrachtet ist die Entwertung der älteren Erinnerungen unvermeidlich. Nichts spricht dagegen – und hier liegt der am breitesten anerkannte Wert von *Moses der Ägypter* – die älteren, gedächtnisgeschichtlichen Motive und Argumente aufgrund ihrer kulturprägenden Kraft zu rekonstruieren. Allerdings hätte man nun, Jan Assmanns eigenen Arbeiten zum kulturellen Gedächtnis und dem kommunizierenden Verhältnis von *Geschichte* und *Erinnerung* folgend, eigentlich erwarten können, dass eine kritische Überprüfung der Erinnerung angesichts der unerwartet wieder sprechenden Spuren und Botschaften des alten Ägyptens erfolgt. Der Umgang früher archäologisch-ägyptologischer Schriften mit der Hinterlassenschaft von Renaissance und Aufklärung bildet jedoch *nicht* den nächsten Schritt der Analyse. Überraschenderweise setzt Jan Assmann seine Rekonstruktion fort, indem er auf Sigmund Freuds *Der Mann Moses und die monotheistische Religion* (Freud 2006) zugreift. Dadurch findet ein Wechsel in der wissenschaftlichen Methode durch den Austausch von Geschichtswissenschaft durch eine Mischung aus erinnerungskultureller Interpretation und Psychoanalyse statt.

Dieser Wechsel wird von Assmann in einer nicht immer leicht zu durchschauenden Weise betont und auch wieder verwischt. Denn zum einen ist Assmann überzeugt, dass es die geschichtswissenschaftlichen Entdeckungen sind, die Sigmund Freud zu seiner Darstellung bewegt haben: „Freud knew what all the others [gemeint sind die hier behandelten intellektuellen Vorläufer der Debatte über *Moses den Ägypter*, JüS] did not now: that there really was a monotheistic and iconoclastic counter-religion in ancient Egypt." (Assmann, Jan 1997: 148) Die Ägyptologie hatte also jene, durch traumatische Erfahrungen gerissene, von einer politisch-religiösen Gegen-Revolution aber verschüttete Lücke durch Wiederentdeckung Echnatons füllen können. Assmann betont, dass Sigmund Freud hiervon spätestens ab 1912 bewusst Kenntnis genommen habe. Die Bedeutung der 1934 einsetzenden Arbeit Freuds an *Der Mann Moses und die monotheistische Religion* erscheint Assmann hier eindeutig erinnerungskulturell begründet: „If we look at *Moses and Monotheism*[22] not from the viewpoint of Freud's oeuvre but from that of the Moses/Egypt discourse we realize that this

---

22 Dies ist der englische Titel von *Der Mann Moses und die monotheistische Religion*.

2 Kognitive Dimensionen des Werks

book had to be written. The rediscovery of Akhenaten simply could not pass unnoticed by those who looked for Egyptian origins. The case of Moses had to be reopened." (Assmann, Jan 1997: 148) Assmanns Argument ist hier, dass neue *Spuren* und *Botschaften* zu einer Neuinterpretation der *Erinnerungen* führen müssten. Doch Freud ist eben kein Historiker, und seine Wiederaufnahme des Themas erfolgt aus seinem eigenen fachspezifischen Blickwinkel. Aufsehenerregend an Freuds Studie ist auch nicht in erster Linie die Behauptung, dass Moses ein ägyptischer Beamter oder Priester des Echnaton gewesen sein soll, sondern die – ganz in der bekannten Argumentationslinie Freuds zur Entstehung von monotheistischen Religionen (vgl. Freud 1991) liegende – Spekulation, die strenge Vaterfigur Moses sei von seinem eigenen Volk getötet worden: Er lehnt sich hierzu an den Theologen Ernst Sellin an, denn der „fand beim Propheten Hosea (zweite Hälfte des achten Jahrhunderts) die unverkennbaren Anzeichen einer Tradition, die zum Inhalt hat, dass der Religionsstifter Moses in einem Aufstand seines widerspenstigen und halsstarrigen Volkes ein gewaltsames Ende fand." (Freud 2006: 49). Auf die psychoanalytische Rechtfertigung für diesen dürftigen und indirekten Beleg wie für scheinbare begriffliche Ungenauigkeiten wird noch einzugehen sein. So spricht Freud beispielsweise durchgehend von *Juden*, obwohl in der religionshistorischen Rekonstruktion unwidersprochen ist, dass diese Bezeichnung erst für die monotheistische Fassung der Religion angebracht erscheint, und für frühere Zeiten *Hebräer* und *Israeliten* die richtigen, weil ethnischen Bezeichnungen für jene Bevölkerungen darstellt. Dabei beging Freud gewiss keinen Faux pas[23], sondern nahm eine bewusste Betonung vor, wie auch Jan Assmann explizit feststellt: „This conscious anachronism is the unmistakable sign that we are moving in the space of memory rather than history." (Assmann, Jan 1997: 148 f.) Damit tritt die Komplizierung zu Tage, dass die *historische* Klärung weiterhin rein *erinnerungskulturell* – also eben unter *Absehung* von der Faktizität der Spurenlage – ausgedeutet wird. Doch damit ist die fundamental andere Logik der Psychoanalyse noch nicht vollständig beschrieben, und auch dies stellt Assmann unmissverständlich fest: „Freud does away with this social topology of knowledge, only to replace it with a psychic topology. As we shall see, he replaces *mystery* with *latency*." (Assmann, Jan 1997: 152) Welche Folgen dieser Wechsel hat, beschreibt Assmann exemplarisch am Umgang mit der erinnerungskulturellen Deutung des religiösen, spezifisch jüdi-

---

23 Die Entstehungsgeschichte der drei Essays, die schließlich zusammen als *Der Mann Moses und die monotheistische Religion* erscheinen, weist unmissverständlich nach, dass Sigmund Freud sich in dieser für ihn lebensbedrohlichen Zeit der zunächst faschistischen, dann nationalsozialistischen Verfolgung seiner jüdischen Herkunft bewusst wurde. Dass ein Wissenschaftler, dem sprachliche Fehlleistungen den Schlüssel zu seinen wichtigsten Erkenntnissen lieferten, *unbeabsichtigt* von Juden statt *Hebräern* oder *Israeliten* sprach, kann als ausgeschlossen gelten.

schen Kennzeichens der männlichen Beschneidung: Die Geschichtswissenschaft erkennt hier eine Praxis, die im antiken Nordafrika wie dem seinerzeitigen Nahen Osten gleichermaßen – und damit auch in Ägypten – bekannt gewesen ist, ohne jedoch exakt klären zu können, wo der Ursprung und in welcher Region die Nachahmung anzusiedeln ist. Einer der bereits thematisierten Vorläufer der Debatte habe angesichts dieser Unsicherheit vorsichtig agiert: „Spencer left the question open as to who borrowed the custom from whom." (Assmann, Jan 1997: 154). Ganz anders verfährt angesichts dieser Ungesichertheit der Psychoanalytiker: „Of course, Freud was free of any such scruples regarding the orthodox view. He concluded that it was Moses who brought this Egyptian custom to the Jews because he saw a sign of superiority, of purity, and distinction in it and he did not want his new people to fall behind the Egyptians in this respect." (Assmann, Jan 1997: 154) Entscheidend für die richtige Einordnung von Freuds Behauptungen ist nicht allein, dass es sich um gedächtnisgeschichtliche Rekonstruktionen unter Absehung von der historischen Faktenlage handelt, sondern dass der spezifische Sinn dieser Erzählung in ihrer therapeutischen Zielsetzung liegt: Für Freud steht außer Frage, dass „die religiösen Phänomene nur nach dem Muster der uns vertrauten neurotischen Symptome des Individuums zu verstehen sind, als Wiederkehren von längst vergessenen, bedeutsamen Vorgängen in der Urgeschichte der menschlichen Familie, dass sie ihren zwanghaften Charakter eben diesem Ursprung verdanken" (Freud 2006: 68). Der von Jan Assmann ausdrücklich bemerkte Austausch des Motivs des *Geheimnisses* durch jene psychoanalytische Kategorie der *Latenz* bedeutet für den Text von Freud, dass es sich um ein Narrativ handelt, das nicht etwa im Dienste der historischen Wahrheitsfindung steht, sondern dem Zweck einer Lösung von neurotischen Blockaden dienen soll. Freud schreibt ausdrücklich, dass der „Beitrag eine *Anwendung* der Psychoanalyse zum Inhalt hat" (Freud 2006: 27, Hervorhebung JüS) und fügt pessimistisch an: „Das so gewonnene Argument wird gewiss nur auf jene Minderheit von Lesern Eindruck machen, die mit analytischem Denken vertraut ist." (Freud 2006: 27) Das Ziel einer solchen Anwendung hat Freud an vielen Stellen klar zum Ausdruck gebracht, wie beispielsweise in seinen einführenden Vorlesungen zur Psychoanalyse: „Die analytische Therapie greift weiter wurzelwärts an, bei den Konflikten, aus denen die Symptome hervorgegangen sind, und bedient sich der Suggestion, um den Ausgang dieser Konflikte abzuändern." (Freud 1996: 430) Während also die Geschichtswissenschaft – und als eine ihrer Abteilungen die Ägyptologie – die Vergangenheit möglichst in ihren eigenen Worten sprechen lassen will, und die erinnerungskulturellen Arbeiten sich für die Wirkung der Vergangenheit in unterschiedlichen Gegenwarten interessieren, sieht die psychoanalytische Schrift von beiden Aspekten weitestgehend ab und zielt auf die Konstruktion eines Narrativs, das mächtig genug ist, um eine verstörende

2 Kognitive Dimensionen des Werks

Fixierung aufzulösen. Freud lässt keinen Zweifel daran, dass dies sein Hauptmotiv auch in *Der Mann Moses und die monotheistische Religion* ist, das in einer Art Selbsttherapie auf sein eigenes Kollektiv der Juden abzielt, als dessen Problem er die neurotische Übernahme von Echnatons Religion des monotheistischen Gottes sieht, die, „von ihrem Boden losgelöst und auf ein anderes Volk übertragen, von diesem Volk nach einer langen Zeit der Latenz Besitz ergreift, als kostbarster Besitz von ihm gehütet wird und nun ihrerseits das Volk am Leben erhält, indem sie ihm den Stolz der Auserwähltheit schenkt." (Freud 2006: 92) Dieser „Stolz der Auserwähltheit" ist nach Freud symptomatischer Ausdruck der *Kollektivneurose Religion*: „Die negativen Reaktionen [des Neurotikers gegen seine Umwelt, JüS] verfolgen das entgegengesetzte Ziel, dass von den vergessenen Traumen nichts erinnert und nichts wiederholt werden soll. Wir können sie als *Abwehrreaktionen* zusammenfassen. Ihr Hauptausdruck sind die so genannten *Vermeidungen*, die sich zu *Hemmungen* oder *Phobien* steigern können." (Freud 2006: 84) Wohlgemerkt spricht Freud hier von Gedächtnislücken und Vergessen angesichts der heiligen Schriften des Judentums, die aus vielen Erinnerungsberichten bestehen, die er – anders kann diese Textpassage nicht verstanden werden – als neurotische Hilfsmittel der Vermeidung von Auseinandersetzungen mit dahinter Verborgenem betrachtet. Seine Erzählung soll dazu geeignet sein, diesen Wunsch nach Vermeidungen zu überwinden, und die Bereitschaft zu einer Auseinandersetzung mit den verdrängten Quellen und Ursachen der eigenen Besonderheit motivieren. Der therapeutische Sinn einer psychoanalytischen Anwendung liegt dabei *nicht* in einer originalgetreuen Rekonstruktion solcher Ursprungsquellen, sondern in einer *Überwindung der Blockade*. Über die Beweggründe Freuds für eine solche Aufklärungsabsicht gegenüber der jüdischen Religion hatte Assmann bereits im ersten Kapitel von *Moses the Egyptian* geschrieben: „When Sigmund Freud felt the rising tide of German anti-Semitism outgrowing the traditional dimensions of persecution and oppression and turning into a murderous attack, he – remarkably enough – did not ask the obvious question of *how the Germans came to murder the Jews*; instead he asked *how the Jews came to attract this undying hatred.*" (Assmann, Jan 1997: 5) Diese Frage darf nicht missverstanden werden als eine Verantwortungszuschreibung an die Opfer blutiger Verfolgung, sondern als die psychoanalytisch außerordentlich konfliktbehaftete, aber unvermeidliche Frage, welche Eigenheit dazu geführt haben mag, dass ausgerechnet die Juden zum Opfer der Verfolgung wurden. Denn was die psychoanalytische Theorie ausschließt, ist, dass es sich um einen arbiträren Zufall handelt – womit sie hingegen rechnet, sind Phänomene von Verschiebung und Vertauschung. Was Freud provozieren will, ist eine Selbstbefragung des Judentums nach den Ursachen der *Fixierung* des antisemitischen Hasses.[24] Unter dieser Perspektivierung sollte die Absicht seiner Abhandlung über den *Mann Moses* rekonstruiert werden, und sie wird bereits aus dem ersten der insgesamt drei Essays deutlich ersichtlich: Hier referiert Freud zunächst die psychoanalytische Grundauffassung, dass die mythische Heldengeschichte dem Zweck der Erhöhung der eigenen Abkunft diene und sich zu diesem Ziel häufig eine Geschichte konstruiere, in der ein Abkömmling höheren Ranges verstoßen und von niederen Leuten gerettet werde, bevor er zur heroischen Größe aufsteige, die nun auch seinen ehemals niederen Rettern zukomme. Der psychoanalytische Sinn solcher Mythen sei klar: „Ein Held ist, wer sich mutig gegen seinen Vater erhoben und ihn am Ende siegreich überwunden hat. Unser Mythus [sic!] verfolgt diesen Kampf bis in die Urzeit des Individuums, indem er das Kind gegen den Willen des Vaters geboren und gegen seine böse Absicht gerettet werden lässt. [...] Die Quelle der ganzen Dichtung ist aber der sogenannte *Familienroman* des Kindes, in dem der Sohn auf die Veränderung seiner Gefühlsbeziehungen zu den Eltern, insbesondere zum Vater, reagiert." (Freud 2006: 29) Diese Heldensagen dienten im Regelfall der mythologischen Erhöhung eines Volkshelden und dem Zweck, einem bedeutenden Herrscher eine bewundernswerte Herkunft anzudichten. Die Geschichte Moses' nehme hierbei aber eine auffällige „Sonderstellung" ein, weil sie „in einem wesentlichen Punkt allen anderen widerspricht." (Freud 2006: 29) In der sozialen Stellung der ursprünglichen und der rettenden Familie liege im Falle Moses' ersichtlich eine Umkehrung vor, und diese rätselhafte Vertauschung glaubt Sigmund Freud anhand der ägyptologischen Wiederentdeckung Echnatons aufklären zu können: „Und nun führt vielleicht der neue Gesichtspunkt zur Klärung, dass die erste Familie, die, aus der das Kind ausgesetzt wird, in allen Fällen, die sich verwerten lassen, die erfunden ist, die spätere aber, in der es aufgenommen wird und aufwächst, die wirkliche." (Freud 2006: 31) Wenn die Grundfunktion insgesamt *verkehrt* worden sei, könne im Falle Moses die erste Familie als tatsächliche angenommen werden. Demnach verweise die Rettung Moses' durch eine ägyptische Prinzessin also auf dessen eigentliche Nähe zu einem Pharao. Alle weiteren Ausführungen Freuds kreisen um dieses Motiv und versuchen es zu verstärken: Dass im Mythos über Moses nicht ein Emporkömmling eine edle Herkunft zugeschrieben bekommt, sondern dass viele Hinweise auf einen hochgestellten Ursprung schließen lassen, dem die hebräische Volkstümlichkeit angedichtet wird. Die Verknüpfung von Moses und Echnaton ist für Freud eine verwertbare *nur* unter der Voraussetzung, dass es Moses/Echnaton als historische Person wirklich gegeben hat. Auf diese Voraussetzung gründet Freud seine Thesen (vgl. Freud

---

24 Auch philosophisch wurde der Frage von Hannah Arendt in *Elemente und Ursprünge totaler Herrschaft* nachgegangen (vgl. Arendt 1996, insbesondere: 20 f.).

2 Kognitive Dimensionen des Werks 125

2006: 25), während Jan Assmann diese Gleichsetzung für eine Phantasie hält (vgl. Assmann, Jan 1997: 2). Das starke Argument, dass Jan Assmann als Ägyptologe bezüglich der Verschiebung von Moses und Echnaton vorbringen kann, bezieht sich *nicht* auf die personale Faktizität, sondern gerade auf die *Lücke*, die gefüllt wird: „It is quite impossible that the kind of religious confrontation and conflict which is so prominent in the story of the Exodus could have occurred in Egypt except the Amarna age, at least until the Persian conquest (525 B.C.E.)." (Assmann, Jan 1997: 28) Mit der Herrschaftszeit Echnatons sei also jene Phase bezeichnet, deren fehlende erinnernde Besetzung zu einer fortwährenden narrativen Füllung mit konstruierten Inhalten geführt habe. Hier erkennt Assmann seine fachspezifische Aufgabe: „But there is something here which only an Egyptologist can discover, and that is the original impetus which got this discourse started and which survives in an almost miraculous way through all of its transformations and ramifications. [I]t is only through mnemohistorical reflection that history (that is, Egyptology) becomes aware of its own function as form of remembering." (Assmann, Jan 1997: 21) Somit haben Sigmund Freud und Jan Assmann zwar einen identischen Bezugspunkt: Die Identifikation von Echnaton und Moses. Aber Sigmund Freuds Absicht ist, von einer *katastrophischen Gegenwart* antisemitischer Verfolgung aus nach den Motiven zu suchen, die eine Fixierung des Hasses auf das Judentum erhellen könnten – mit dem analytischen Ziel der Lösung dieser Verknüpfung. Jan Assmann hingegen geht von einer *katastrophisch erlebten fernen Vergangenheit* aus, und sieht hierin das Motiv für die Jahrhunderte währende Schaffung von Erzählungen, die um den archimedischen Punkt der monotheistischen Unterscheidung kreisen – als Vermeidungsstrategie der jeweils Erzählenden, um sich mit den subjektivierenden, und nicht auch mit den gewaltträchtigen Folgen auseinandersetzen zu müssen (vgl. Assmann, Jan 2007c). In diesem Zusammenhang interessiert er sich für Sigmund Freud: „The most outspoken destroyer of the Mosaic distinction was a Jew: Sigmund Freud." (Assmann, Jan 1997: 5)

Diese beiden unterschiedlichen Perspektiven auf einen gemeinsamen Bezugspunkt werden in einem weiteren Zusammenhang deutlich. Jan Assmann betont, dass die Frage des kulturellen ägyptischen Hintergrunds von Moses für die religiöse Fragestellung des Monotheismus aufgrund dessen universalistischen Ansatzes letztlich irrelevant sei: Das Bekenntnis zum *wahren Gott* vereint alle Gläubigen unabhängig von ihrer Herkunft – das gilt auch für den Religionsstifter selbst. Eine Bedeutung habe diese Fragestellung nur für eine *historische* Rekonstruktion der Entstehung des hebräischen Volkes und der Entstehungsgeschichte der Texte, die zur Grundlage der christlichen und der jüdischen Religion wurden: „For Moses the prophet, an Egyptian background is unimportant […] It is Moses the lawgiver and political creator who needs his Egyptian education." (Assmann,

Jan 1997: 165) Diese Gemeinsamkeit, so Assmann, sei von allen Autoren des Diskurses geteilt – dies gilt für Freud jedoch aus einem völlig anderen Grund: Denn aus der psychoanalytischen Perspektive wird von einer tiefen Schuld ausgegangen, die durch den Mord am Urvater ausgelöst wurde; dieses Vergehen zwinge die Nachkommen zur bußfertigen Heiligung ihres Opfers (vgl. Freud 1991; Freud 2006: 88-92). Das heißt, während Jan Assmann die Auswirkung der traumatisch erzeugten Lücke für die *europäische Kulturgeschichte* fokussiert, zielt Sigmund Freud auf die gemiedene Ursache der gegenwärtigen Identität der *jüdischen Religionsgemeinschaft*. Trotz eines gemeinsamen Bezugspunktes sind die Interpretationen durch grundverschiedene Methodologien gekennzeichnet. Der Unterschied wird noch ersichtlicher, wenn die Präzisierung der Bedeutung des Traumas für Erinnerungskulturen herangezogen wird, wie sie Aleida Assmann formuliert hat: „Das psychische Trauma geht auf lebensbedrohende und die Seele tief verwundende Erfahrungen von extremer Gewalt zurück, deren Wucht den Reizschutz der Wahrnehmung zerschlägt und die aufgrund ihrer fremdartigen und identitätsbedrohenden Qualität psychisch nicht verarbeitet werden können." (Assmann, Aleida 2006: 93) Jan Assmann thematisiert als ursprüngliches Trauma die *ägyptische* Erfahrung einer gewaltsamen politisch-religiösen Revolution, gefolgt von einer ebenso gewaltsamen Auslöschung der Erinnerung daran. Sigmund Freud thematisiert das von ihm vermutete *jüdische* Trauma des Mordes an den Stammvater Moses. Über die Folgen eines Traumas und deren Behandlung schreibt Aleida Assmann: „Die Erinnerung, die nicht ins Bewusstsein findet, ist, wie es heißt, in den Körper eingeschrieben. [...] Die Symptome des Traumas können oft erst nach Jahren zur Erscheinung kommen. Das seelische Erregungspotenzial, das sich in unterschiedlichen Symptombildungen äußert, kann sich dabei auch auf unbewusste Weise von einer Generation zur anderen übertragen. Dieser intergenerationelle Nexus des Traumas kann nur unterbrochen werden, wenn es gelingt, die abgespaltenen und unbewussten Teile des Traumas in bewusste Formen von Erinnerung zu überführen." (Assmann, Aleida 2006: 94) Die Form, in der sich Freud die intergenerationelle Überlieferung der traumatischen Erfahrung im Judentum vorstellt, skizziert er explizit: „Die Geschichte wird in großartiger Verdichtung erzählt, als ob sich ein einziges Mal zugetragen hätte, was sich in Wirklichkeit über Jahrtausende erstreckt hat und in dieser langen Zeit ungezählt oft wiederholt worden ist." (Freud 2006: 88) Die Verdichtung, die Sigmund Freud in den heiligen Schriften erkennt, transformiert er selbst in ein psychoanalytisch anwendbares Narrativ, dessen Kern durch folgende Sätze ausgedrückt ist: „Unzweifelhaft war es ein gewaltiges Vatervorbild, das sich in der Person des Moses zu den armen jüdischen Fronarbeitern herabließ, um ihnen zu versichern, dass sie seine lieben Kinder seien. Und nicht minder überwältigend muss die Vorstellung eines einzigen, ewigen, all-

2 Kognitive Dimensionen des Werks

mächtigen Gottes auf sie gewirkt haben, dem sie nicht zu gering waren, um einen Bund mit ihm zu schließen, und der für sie zu sorgen versprach, wenn sie seiner Verehrung treu blieben. Wahrscheinlich wurde es ihnen nicht leicht, das Bild des Mannes Moses von dem seines Gottes zu scheiden, und sie ahnten recht darin, denn Moses mag Züge seiner eigenen Person in den Charakter seines Gottes eingetragen haben wie die Zornmütigkeit und Unerbittlichkeit. Und wenn sie dann einmal ihren großen Mann erschlugen, so wiederholten sie nur eine Untat, die sich in Urzeiten als Gesetz gegen den göttlichen König gerichtet hatte [...]. Die große religiöse Idee, die der Mann Moses vertrat, war nach unseren Ausführungen nicht sein Eigentum; er hatte sie von seinem König Iknathon übernommen." (Freud 2006: 111 f.) Somit bezieht sich Freud in Übereinstimmung mit Jan Assmann auf den monotheistischen Charakter der Aton-Religion Echnatons, die sich in der Geschichte Moses' widerspiegele – das *Trauma* hat seinen Ursprung jedoch *nicht* im ägyptischen Teil der Geschichte: „Das arme jüdische Volk, das mit gewohnter Hartnäckigkeit den Mord am Vater zu verleugnen fortfuhr, hat im Laufe der Zeiten schwer dafür gebüßt. Es wurde ihm immer wieder vorgehalten: Ihr habt unseren Gott getötet. Und dieser Vorwurf hat recht, wenn man ihn richtig übersetzt. Er lautet dann auf die Geschichte der Religionen bezogen: Ihr wollt nicht zugeben, dass ihr Gott (das Urbild Gottes, den Urvater, und seine späteren Reinkarnationen) gemordet habt." (Freud 2006: 96)

Während für Sigmund Freud die Verbindung von Echnaton und Moses zwischen einer erstmaligen theologischen Formulierung des Monotheismus durch Echnaton mit dem bleibenden schuldhaften Trauma der Ermordung des Religionsstifters Moses besteht, geht es Jan Assmann um die Verbindung zwischen den historisch bewussten, zivilisations- und kulturfördernden Wirkungen des *christlichen Monotheismus*[25] und dem darunter verborgenen, traumatisch verschütteten, kosmotheistischen Erbe des alten Ägyptens.

Dies wird in *Moses the Egyptian* noch einmal deutlich, wenn Jan Assmann von dem überraschenden Kapitel über Sigmund Freud zu seinen Schlussfolgerungen übergeht, in deren Zentrum eben nicht Antijudaismus und Antisemitismus, sondern der Konflikt zwischen Deismus und monotheistischer Gegenreligion steht: „Making Moses an Egyptian amounts to abolishing this defining opposition. Tracing Moses and his message back to Egypt means leaving the realm of *revealed* or *positive* religion and entering the realm of *lumen naturale*: experience, reason, tradition, and wisdom. Starting in Hellenism and continuing

---

25 An dieser Stelle ist der Hinweis wichtig, dass Jan Assmann zwar mit Baruch de Spinoza und Maimonides auch zwei jüdische Beteiligte der Debatte erwähnt, die von ihm eingehend analysierten Schriften aber allesamt *christlichen* Ursprungs sind – mit der einen Ausnahme von Sigmund Freud, der jedoch als Psychoanalytiker und nicht als jüdischer Theologe schreibt. Daher scheint die Formulierung gerechtfertigt, dass sich Jan Assmann mit einem *christlichen* Diskurs beschäftigt.

through modernity up to Freud, the Mosaic project was interpreted as the claim for unity: there is but one God, the invisible source of all. [...] The discourse on Moses the Egyptian aimed at dismantling this barrier. It traced the idea of unity back to Egypt." (Assmann, Jan 1997: 168) Assmann diskutiert hier also wieder den Konflikt zwischen rigoroser Abgrenzung durch die theologische Unterscheidung von wahrer und falscher Religion in ihrem Gegensatz zur deistischen Utopie einer versöhnlichen Ganzheit von Mensch, Natur, Welt und Gott. In den abschließenden Ausführungen des Werkes betont Jan Assmann vor allem den monotheistischen Charakter der Aton-Religion, wenn er etwa herausstellt, dass unter Echnaton bereits an eine Gegenüberstellung von Gott und Welt geglaubt wurde, die der traditionellen ägyptischen Religion fremd gewesen sei (vgl. Assmann, Jan 1997: 178), die in ihrer Wirkung das Gute an den Glauben knüpft und auf diese Weise die monotheistische Unterscheidung abbilde: „In Akhenaten's world, reality is restructured from the point of view of the human eye. In the traditional representations of the cosmic process, the observing eye was systematically excluded. The cosmic process was conveyed by the traditional mythical imaginery, not from *far below* but from *within*. [...] It is not just the visible, but the intelligible world that counts as reality. In Amarna, by contrast, reality is reduced to the visible, to the here and now of a human observer. [...] In the night, when the sun withholds its emission of life, the world relapses into death and chaos" (Assmann, Jan 1997: 179 f.). Diese, auf eine ausführliche Textquelle der Aton-Religion gestützte Schlussfolgerung (vgl. Assmann, Jan 1997: 172-177) untermauert die Eingangsthese des Werks. Die radikale theologische Konzeption Echnatons löst in einem Schritt den kosmotheistischen Kosmos auf, knüpft das Gute an die Zuwendung zum wahren Gott und rechnet das Böse den gottabgewandten Aspekten – im Falle einer Sonnenreligion: der Nacht – zu. Für die Hypothese einer innigen Verwandtschaft dieser Konzeption mit dem späteren jüdischen und christlichen Monotheismen wird an dieser Stelle noch ein Trumpf präsentiert: Psalm 104, Vers 20-23 liest sich wie eine Rezitation des hier zu Grunde gelegten Aton-Textes. „There is no Egyptian text, outside Amarna, that depicts the night as divine absence." (Assmann, Jan 1997: 180) Hier kann also von einer intertextuellen Bezugnahme des später erfolgreichen Monotheismus auf seinen gescheiterten Vorgänger ausgegangen werden.

Die Berechtigung des Versuchs, mit *Moses the Egyptian* eine integrierte Darstellung eines mehrtausendjährigen Diskurses zu versuchen, der von einer enormen Mythomotorik angetrieben wird, erscheint nicht nur durch den bemerkenswerten Ausgangspunkt Echnaton legitimiert, sondern auch durch die sich seit 1997 entspannenden Debatten um dieses Buch abermals bestätigt. In der Rekonstruktion wird jedoch ersichtlich, dass es sich eigentlich um *drei* verschiedene thematische Debatten handelt, und auch um *drei* verschiedene methodolo-

2 Kognitive Dimensionen des Werks

gische Zugänge zur Vergangenheit, die Jan Assmann zwar grundsätzlich sorgsam voneinander unterscheidet, letztlich aber doch immer wieder ineinander schiebt: Da ist erstens die Debatte über Monotheismus und Gewalt, die ihre Logik aus dem methodologischen Motiv der *Laws of Form* zieht, ihre Schärfe jedoch in der Auseinandersetzung mit historisch und theologisch arbeitenden Wissenschaftlern bezieht – was insofern verwunderlich ist, als Jan Assmann selbst zu den Kritikern des rein formallogisch operierenden Konstruktivismus gehört (vgl. Assmann, Jan 2002b und vgl.: 163). Dann folgt eine zweite – und sicherlich die überzeugendste – Debatte um die frühe, angesichts noch nicht entzifferter Hieroglyphen vielleicht *vorwissenschaftlich* oder *spekulativ* zu nennende Ägyptologie und ihre Auswirkungen auf die europäische Geistesgeschichte bis ins 19. Jahrhundert: Was Jan Assmann hier offenlegt, ist die Gegnerschaft von einer christlichen Orthodoxie, deren Kennzeichen ein Bekenntnis zur monotheistischen Unterscheidung ist, und einer *deistischen* Aufklärung, die das alte Ägypten als Referenz benutzt. Erinnerungskulturell wird hier die frühe Ägyptologie als ein Geburtshelfer einer auf religiöse Toleranz zielenden Revision des monotheistischen Glaubens erkennbar. Sowohl die erste als auch die zweite thematische Debatte haben angesichts des sozial- und kulturwissenschaftlich mittlerweile konstatierten *postsäkularen Zeitalters*, in dem die Bedeutung von Religiosität neu verhandelt wird, wegweisend gewirkt. In der zweiten Debatte zwischen christlicher Orthodoxie und Deismus tritt aber auch ein methodologischer Konflikt über das Verhältnis von historischen Spuren, diskursiven Botschaften und kulturellen Erinnerungen zu Tage, der im wirkungsgeschichtlichen Abschnitt der vorliegenden Schrift wieder aufgenommen wird. Beim dritten Thema schließlich geht es um Antisemitismus. Sowohl thematisch als auch in Hinblick auf wissenschaftliche Methoden erscheinen die Passagen mit Bezug auf Sigmund Freud ungünstig platziert. Zum einen findet ein Abgleich der historischen Bezüge nicht systematisch statt – wenn etwa Freud auf einer tatsächlichen Existenz Moses'/ Echnatons beharrt, während Jan Assmann diese ausschließt. Zum anderen kollidieren hier nicht etwa geschichtswissenschaftliche und erinnerungskulturelle Herangehensweise wie in den anderen Themen, sondern der gedächtnisgeschichtliche Anspruch auf *intertextuelle Kohärenz* eines Erinnerungsdiskurses mit der psychoanalytischen Zielsetzung, durch weitestegehend *freie Assoziation* eine neurotische Konfliktdynamik zu verändern. Erinnerungskulturen benötigen den – vielleicht historisch nicht belegbaren, aber als gedacht vorhandenen – Bezug zur Vergangenheit, während die Psychoanalyse mit narrativen Konstruktionen, die im Augenblick der Anwendung erst entstehen, durchaus leben kann. Wie sich im folgenden noch zeigen lassen wird, erlaubt die sorgfältige Lektüre von *Moses der Ägypter* den profunden Einstieg in mehr als nur eine kultur- und sozialwissenschaftliche Debatte von Relevanz.

3 Wirkungsgeschichtliche Dimensionen des Werks

Die Wirkungsgeschichte Jan Assmanns soll hier allein unter der sozial- und kulturwissenschaftlichen Perspektive thematisiert werden – und auch das nur exemplarisch, mit einem Fokus auf die im deutschsprachigen Raum breit rezipierten Debatten. Diese Beschränkungen resultieren notwendig aus der Breite der Wirkung Jan Assmanns: Innerhalb seiner eigenen Disziplin ist die prägende Kraft so immens, dass allein Ägyptologen diese wirklich angemessen zu würdigen wissen dürften. Welche weitreichenden, zum Teil noch nicht ausgeschöpften Folgen die Erkenntnisse Assmanns in den Sozial- und Kulturwissenschaften haben könnten, sollte in der Rubrik der kognitiven Dimensionen des Werks deutlich geworden sein. Doch zum gegenwärtigen Zeitpunkt sind es zwei Themenbereiche, in denen ganz unmittelbar eine diskursive Dynamik wahrzunehmen ist, die von Jan Assmanns Werken angestoßen wurde, und nur diese werden hier aufgenommen: In der Analyse des Monotheismus und in den Studien über Erinnerungskulturen.

Für das Stichwort Monotheismus ist vor allem das theoretische Motiv der *Laws of Form* Anlass zur Auseinandersetzung mit Jan Assmann geworden. Erinnerungskulturelle Studien mit Referenz auf Jan Assmann sind so unglaublich zahlreich, dass hier – neben einer Würdigung der Fundierung dieses gesamten Forschungsgebiets durch Jan und Aleida Assmann – auf einen wissenschaftlichen Konflikt fokussiert wird, der gewissermaßen an die Ausgangsposition des Diskurses zurückführt: Es war die archäologische und historische Übersetzung strukturalistischer und konstruktivistischer Motive, die in den Arbeiten Jan Assmanns zum spezifischen Zugang der Erinnerungskulturen führten, und heute sind es Ansätze aus diesem Bereich des radikalen Konstruktivismus und der Systemtheorie, die am wahrnehmbarsten mit dem Ansatz Assmanns konkurrieren.

3.1 Monotheismus und Gewalt

Von der Veröffentlichung von *Moses the Egyptian* und *Moses der Ägypter* nahm eine wissenschaftliche Debatte ihren Ausgang, die einen auffällig anderen Schwerpunkt hatte als das Werk selber: Nicht die lange vernachlässigte Prägung der europäischen Geistes- und Kulturgeschichte durch den *normativen* Gehalt des vor-ägyptologischen Ägyptenbildes stand im Zentrum, sondern die *logische*, von Jan Assmann vorgenommene Verbindung der monotheistischen Glaubensvorstellung mit dem Motiv der kategorialen, identitätsbildenden Unterscheidung von *wahrem* und *falschem* Gott.

Fünf dieser Kritiken sind, zusammen mit einer ausführlichen Antwort Jan Assmanns, unter dem Titel *Die Mosaische Unterscheidung oder der Preis des Monotheismus* (Assmann, Jan 2003c) publiziert worden. Vier der fünf Kritiken stammen von Theologen, die zumeist einen Schwerpunkt in der alttestamentlichen Forschung aufweisen. Drei davon sollen hier in einem Abschnitt zusammen gefasst werden[1], zusammen mit der fünften Kritik durch den Germanisten Gerhard Kaiser, der Assmanns Thesen nicht nur inhaltlich, sondern auch wissenschaftstheoretisch kritisiert. Eine Wirkung ganz anderer – und öffentlich wesentlich breiterer Art – rief der Journalist Matthias Schulz hervor. Das Nachrichtenmagazin *Der Spiegel* veröffentlichte in seiner Weihnachtsausgabe 2006 seinen reißerischen Artikel mit dem Aufmacher „Gott kam aus Ägypten" (Spiegel 52/2006: Titelseite und 112-123). Die eindeutig verzerrende Darstellung des Artikels soll hier, zusammen mit der vom Spiegel unveröffentlichten Antwort Jan Assmanns, im zweiten Abschnitt aufbereitet werden.

3.1.1 Altes Testament und kulturelles Gedächtnis

Die erste hier behandelte Kritik stammt vom Heidelberger Alttestamentler Rolf Rendtorff und besteht aus insgesamt vier Argumenten. Zunächst geht es um die Frage, ob Moses ein Ägypter war oder gewesen sein kann. Hier verweist Rendtorff auf den konstitutiven Akt der Auserwählung des Volkes durch seinen Gott in den biblischen Texten: Die Herkunft der Hebräer sei insofern zweitrangig, als die spezifische Botschaft des Buches Exodus darin bestünde, sie durch die Anerkennung ihres Gottes zu *seinem* Volk zu machen. In Bezug auf Moses finde sich der entscheidende Schritt im Zuge der Auftragserteilung durch Gott in Exodus 3,6: „Spätestens von diesem Augenblick an ist Moses ganz eindeutig Israelit, und er wird von dem Gott Israels dazu beauftragt, sein Volk aus der ägyptischen Knechtschaft herauszuführen. Nichts deutet darauf hin, dass die jetzt von ihm entwickelte (oder wie man es ausdrücken will) Religion von der ägyptischen beeinflusst war. Genausowenig gibt es aber Hinweise oder Anzeichen dafür, dass dabei anti-ägyptische Elemente im Spiel waren." (Rendtorff 2003: 196) Der zweite Part dieser Kritik mag religionshistorisch aus einer Lesart des biblischen

---

[1] Der Tübinger Theologe Karl-Josef Kuschel unterstellt in seiner Kritik, Jan Assmann wolle „den biblischen Monotheismus durch einen Kosmotheismus ersetzen" (Kuschel 2003: 274) und argumentiert weiterhin für die Notwendigkeit eines transzendentalen Gottesglaubens. Die Argumentation erscheint wirkungsgeschichtlich nicht relevant, zumal die Unterstellung, Jan Assmann propagiere einen Kosmotheismus nicht haltbar ist, und wird hier folglich ausgespart.

3 Wirkungsgeschichtliche Dimensionen des Werks 133

Textes schlüssig erscheinen, er geht jedoch an dem entscheidenden Kern der Argumentation George Spencer-Browns vorbei, die Jan Assmann zu Grunde legt: Denn der Bezug auf die *Laws of Form* soll herausstellen, dass eine solche Identitätsbildung wie im Akt der Auserwählung eines Volkes durch Gott *als Unterscheidung* erfolgt: „That is to say, a distinction is drawn by arranging a boundary with separate sides so that a point on one side cannot reach the other side without crossing the boundary." (Spencer-Brown 2009: 1) Die entscheidende Frage ist also, anhand welcher Kennzeichen das hebräische Volk von Gott als solches auserwählt wird. Der Sinn einer Unterscheidung liegt nach Spencer-Brown darin, dass die andere Seite *anders gekennzeichnet* ist – nur dann liegt eine Unter*scheidung* vor. Dieses Theorem übersetzt Jan Assmann kulturwissenschaftlich in die These, dass es für die Identitätsbildung des Gottesvolks notwendig gewesen sei, die Kennzeichen der alten Lebensweise zu verbieten. Durch die Aufrechterhaltung einer einmal getroffenen Unterscheidung wurde die *verneinte* Lebensform, zu der sich die neue Gemeinschaft als *counter-religion* verhielt, nicht nur als Umwelt präsent gehalten, sondern erhielt durch die Wiederholung der Unterscheidung eine strukturierte[2] Form.

Aber im Einwand Rendtorffs tritt auch ein Problem durch die simultane Verwendung unterschiedlicher Argumentationsweisen bei Jan Assmann zu Tage: Denn der verbindet die Logik der monotheistischen Unterscheidung mit der vermuteten Herkunft Moses' aus der ägyptischen Kultur. Doch in der Logik der *Laws of Form* ist es unerheblich, welcher Herkunft Moses gewesen sein mag und auf welche Herkunft er zurückgriff, denn entscheidend ist allein die Rekonstruktion dieser Ressourcen der Vergangenheit als Merkmal der *neuen*, nun unterschiedenen Identität. Dies geht aus dem ersten Axiom der *Laws of Form* hervor, das besagt, „if a name is called and then is called again, the value indicated by the two calls taken together is the value indicated by one of them." (Spencer-Brown 2009: 2) Damit ist letztlich der erste Part des Arguments von Rendtorff gestützt, denn nach der monotheistischen Unterscheidung kann Moses nicht durch ein beliebiges Merkmal auf die *andere* Seite der Unterscheidung umgebucht werden: Er ist nun *Israelit* und unterscheidet sich *dadurch* von allen Ägyptern, selbst wenn er ägyptischer Herkunft gewesen sein sollte. Wie Jan Assmann selber betont, ist ein wesentliches Kennzeichen des universalistischen Charakters des Monotheismus, dass durch ein Gottesbekenntnis die Herkunft *überwunden* wird. Entscheidend ist, dass die Reaktualisierung eines Merkmals, das ursprünglich in einem anderen Zusammenhang gestanden haben mag – etwa der ägyptischen Herkunft – nun der Aufrechterhaltung einer Grenzziehung dient und damit

---

2 Wenn eine funktionale Unterscheidung wiederholt wird, und diese Wiederholung dasselbe Ergebnis bewirkt, dann ist die Funktion auch anhand dieses Ergebnisses erkennbar. In der sozialwissenschaftlichen Übersetzung der *Laws of Form* heißt dies *Struktur* (vgl. Esposito 2002: 20).

von dem ursprünglichen Kontext buchstäblich *abgeschnitten* ist. Die Schwierigkeit besteht also darin, dass Assmann sich einerseits auf eine Argumentationsfigur beruft, die radikal präsentistisch ist – es gilt nur, was gegenwärtig geltend gemacht wird – und andererseits in mythischen Texten nach vergangenen Identitäten und Verbindungen zwischen Moses und Echnaton forscht.

Das zweite Argument Rendtorffs bezieht sich auf den antiägyptischen Charakter der neuen Religion, den Jan Assmann in einem argumentativen Dreischritt konzentriert: „Mosaic monotheism is an explicit counter-religion which depends on the preservation of what it opposes for its own definition. [...] The central term here is idolatry. [...] The primal scene of idolatry is the story of the Golden Calf. [...] The Golden Calf is an Egyptian image, the image of Apis[3]." (Assmann, Jan 1997: 211) Rendtorff kommentiert hier lapidar: „Hier stutzt der Alttestamentler" (Rendtorff 2003: 197) und begründet dies: „Von den alttestamentlichen Texten und ihrer religionsgeschichtlichen Einordnung her spricht wenig für diese Gleichsetzung." (Rendtorff 2003: 200) Rendtorff betont, dass in den biblischen Texten die Abgrenzung eher gegen die benachbarten Religionsformen in Kanaan betont werde als diejenige gegen Ägypten. Das Land des Pharaos sei das Land des Auszugs und symbolisch mit Sklaverei verknüpft, jedoch kaum mit einer kultischen, religiösen Praxis. An diesem Punkt wirkt jedoch Jan Assmanns Argumentation zur Identitätskonstruktion, wonach der biblische Text lediglich Ausgangspunkt einer Unterscheidung ist, die sich verfestigt und verstärkt. Seine Hauptreferenzen für das negative Ägyptenbild sind antike *außerbiblische* Quellen und die christlichen Religionswissenschaftler ab John Spencer, die explizit danach gefragt hatten, was in ihrem Monotheismus verneint werde. Exegetisch betrachtet mag es in der Bibel nur wenige Anhaltspunkte für eine Verurteilung ägyptischer kultischer Praxis geben, *erinnerungskulturell* prägend ist, dass sich eine gegen Idolatrie gerichtete Identitätskonstruktion bildete, die sich zwar aus unterschiedlichen, sicher auch kanaanitischen Motiven speiste, aber letztlich *in einem Bild Ägyptens verdichtete*. Die neuzeitlichen Deisten griffen auf den pharaonischen Symbolhaushalt zurück, nicht auf den kanaanitischen.

Das dritte Argument Rendtorffs schließt unmittelbar an, denn es bestreitet, dass eine biblische Anklage der als Krankheit konnotierten Anbetung von Tieren und menschlichen Artefakten (vgl. Assmann, Jan 1997: 23-44) den Kern des Verhältnisses zwischen Israel und Ägypten bilde. Rendtorff will ein anderes Zentralmotiv in den Vordergrund rücken: „Exodus ist Befreiung." (Rendtorff 2003: 201) Die Rolle des Pharao in den biblischen Texten sei jene des Herrschers, der über Sklaven gebiete, und nicht die eines Oberpriesters, der seinen Kult verteidige. In der Textquelle zutreffend belegt, verfehlt dieses Argument ein

---

3 Apis war der Name des heiligen Tiers der Stadt Memphis, ein Stier.

weiteres Mal die von Jan Assmann geltend gemachte Logik. Demnach zieht der Exodus in der Konsequenz die Notwendigkeit zur Unterscheidung nach sich, und im Zuge der Verfestigung würden ägyptische kulturelle Praktiken in die Erinnerungskultur einbezogen, wozu auch Merkmale der Religion gehörten – und eine strikte Trennung von Herrschaft und Kult ist in Assmanns Sicht für primäre Religionen ohnehin abwegig. Das Motiv der Befreiung mag für den heiligen Text durchaus gültig sein – für die Konstituierung der christlichen Orthodoxie ist das Feindbild der Idolatrie mindestens ebenso bedeutsam.

Abschließend reißt Rendtorff ein viertes Argument als Frage nur kurz an – verweist dabei jedoch auf eine bemerkenswerte Eigenart der Debatte: „Ist nicht sehr vieles von dem, was Assmann an Auseinandersetzungen vorführt, erst durch die Übernahme der *Mosaischen Unterscheidung* durch das Christentum ausgelöst [...]? Wird nicht erst hier die Mosaische Unterscheidung mit ihrer ausgrenzenden und exklusiven Definition zur Beunruhigung für andere Religionen" (Rendtorff 2003: 206) und, möchte man anfügen, insbesondere für das Judentum? Diese Anfügung ist offenkundig im Sinne Rendtorffs: „Der Antisemitismus ist doch in seiner wesentlichen – nämlich christlichen – Ausprägung ein Problem *innerhalb* des Monotheismus." (Rendtorff 2003: 206) Rendtorff argumentiert an diesem Punkt nicht, er wirft lediglich abschließend diese Frage nach einer sinnvollen Verknüpfung unterschiedlicher Thematiken in einer Debatte auf.

Erich Zenger, Professor für katholische Theologie in Eichstätt und Münster, kritisierte in einem kurzen Essay vor allem die Rigorosität der Behauptung einer monotheistischen Fundamentalunterscheidung, und zwar unter zwei Aspekten: Zum einen käme mit dem Glauben an den einen, wahren Gott nicht nur die Verwerfung von jeglichem anderen Glauben in die Welt, sondern auch jene, insbesondere von Karl Jaspers hervorgehobenen zivilisatorischen Errungenschaften. Wenn Gott und Subjekt der einen Welt gegenüberstünden, ergäbe sich daraus auch eine von Verantwortlichkeit des Menschen gegenüber der Welt gekennzeichnete Konstellation (vgl. Zenger 2003: 216). Dieser Aspekt wird von Jan Assmann ausdrücklich betont, gerät in seinen Schriften jedoch zwangsläufig in den Hintergrund, weil die Würdigung der Monotheismen als Errungenschaft der Achsenzeit in den vergangenen Jahrzehnten dominierend gewesen ist. Auch gegenwärtig wird in Analysen wieder verstärkt auf den transnationalen, gewissermaßen bereits globalisierenden Charakter der christlichen Kirchen hingewiesen (vgl. Beck 2008: 83 f.). Da Jan Assmanns Absicht darin besteht, die gegenläufige Wirkung herauszuarbeiten, kommt er um eine anders gelagerte Pointierung nicht hin.

In der Frage der Abgrenzung gegenüber Ägypten zielt Zenger auf eine alternative Deutung des ersten Gebots ab. Die Betonung der Singularität Gottes im Kontext des Auszuges aus Ägypten ziehe eine *andere* Grenze als Jan Assmann sie wahrnehme: „Hier *definiert* JHWH sein Gott-Sein als Antithese zu den vielen Göttern Ägyptens nicht mit dem Rekurs auf seine Einzigkeit, sondern er expliziert seine göttliche Einzigkeit in der Antithese von Freiheit und Sklaverei: ‚Ich bin JHWH, dein Gott, der [weil] ich dich herausgeführt habe aus dem Land Ägypten, *aus dem Sklavenhaus*.' Das ist seine Wahrheit: Befreiung von allen Formen der Unfreiheit." (Zenger 2003: 219) Hier handelt es sich um die Deutung eines christlichen Theologen, und es steht außer Frage, dass die Bibel als Textquelle diese Deutung hergibt. Das ist jedoch nicht der Diskurs, den Jan Assmann rekonstruiert. Insbesondere seit der Zeit der Aufklärung reagieren die christlichen Kirchen auf *Deismus* als Provokation, und in *Moses the Egyptian*, aber auch *Die Zauberflöte* hat Jan Assmann sehr detailliert und überzeugend belegt, dass der Deismus zu seiner Rechtfertigung gezielt auf eine erinnerungskulturelle Konstruktion des alten Ägyptens zurückgegriffen hat, die es als antagonistischen Widerpart des christlichen Abendlandes zeichnen. Zudem konnte Assmann zeigen, dass wechselseitig ausschließende und aggressiv abwehrende Konstruktionen des Anderen bereits seit der ägyptischen Spätzeit auf beiden Seiten vorhanden gewesen sind (vgl. Assmann, Jan 1997: 6 f. und 29-44). Es handelt sich bei der Konfrontation von Israel und Ägypten also um einen sehr wirkungsmächtigen Gegensatz, der in der religiösen Auseinandersetzung bereits früh angelegt war. Bei dem Dissens zwischen Zenger und Assmann handelt es sich um einen zwischen christlicher Theologie und beobachtender erinnerungskultureller Rekonstruktion, die Argumentationen laufen auf verschiedenen wissenschaftlichen Ebenen und sind deshalb einander kaum zu vermitteln.

Die dritte hier geschilderte Kritik stammt von dem Hamburger Theologen Klaus Koch, der sich auch durch zahlreiche Publikationen zur altägyptischen Religion hervor getan hat. Bereits der Titel „Monotheismus als Sündenbock?" (Koch 2003: 221) lässt keinen Zweifel an der offensiven Absicht des Autors, der Jan Assmanns Werke über Moses sogleich in einen großen Diskurs eingliedert, der sich keine geringere Aufgabe als die Suche „nach einem Grund für die Entsetzen erregenden Geschehnisse und Verhältnisse [...], insbesondere die Schoah" (Koch 2003: 221) gestellt habe und dem sich „neuerdings der Monotheismus von Judentum, Christentum und Islam als genereller Sündenbock für Geschichte und Gegenwart" (Koch 2003: 221) anbiete. Zwar billigt Koch den Publikationen Assmanns „weit höheren wissenschaftlichen Rang" (Koch 2003: 221) als anderen Beiträgen zu und würdigt sie als „gründliche Bearbeitung" (Koch 2003: 221 f.), lässt aber keinen Zweifel, dass er ihren Tenor überaus kritisch ins Visier nimmt: Was Koch aufbringt, ist eine Assmann zugeschriebene Aufforderung, den Monotheismus zugunsten eines Polytheismus zu überwinden. Einen Anhaltspunkt sieht er darin insbesondere in der Überschrift „Abolishing the Mosaic Distinction: Religious Antagonism and Its Overcoming" (Assmann, Jan 1997:

3 Wirkungsgeschichtliche Dimensionen des Werks 137

208), in der er die Aufforderung zur „Bewältigung des religiösen Antagonismus" (Koch 2003: 227) erkennt. Koch sieht vor allem die inkludierenden Wirkungen des christlichen Monotheismus ungerechtfertigterweise entwertet, und führt demgegenüber eine andere Deutungslogik ins Feld: Während nämlich der Monotheismus eine allgegenwärtige und allen menschlichen Subjekten gleichermaßen zugängliche Gottheit anböte, seien die Götter der primären Religionen – bei aller, auch von Koch nicht bestrittenen funktionalen Übersetzbarkeit – doch immer mit ihren regionalen Kulturen verwachsen und deshalb beschränkt und für Außenstehende unzugänglich gewesen. „Polytheistische Götter sind wesensmäßig partikular, regional verortet und mit ihrem Verehrerkreis vergesellschaftet, deshalb abweisend, wenn nicht feindlich, gegen alles Unreine und Fremde" (Koch 2003: 229). Aus der sprachlichen Übersetzbarkeit von Götternamen auf eine religiöse Toleranz des Polytheismus zu schließen, hält Koch für voreilig und überzogen: „Es dürfte schwerfallen, polytheistischen Systemen eine Neigung zur Toleranz nachzuweisen." (Koch 2003: 230) Koch unterstellt Jan Assmann unverkennbar die Absicht, den Monotheismus überwinden zu wollen, was eine außerordentlich zugespitzte Lesart der Moses-Bücher erfordert. Das „Overcoming" der zitierten Überschrift bezeichnet jedoch weniger eine Absicht Jan Assmanns als vielmehr den Versuch, eine Motivation für die Beständigkeit des Diskurses über *Moses den Ägypter* zu identifizieren. Insbesondere bei den Schriften der Aufklärungszeit deckt Assmann anhand des Ägyptenbildes die Suche nach einem *versöhnenden Prinzip* auf: Deismus erscheint hier im wesentlichen als Alternative zu einem seinerzeit machtvoll, autoritär und konfrontativ auftretenden Christentum. Deutlich wird dies auch in der von Assmann behaupteten moralischen Zielsetzung von Mozarts *Zauberflöte*: Eine Besserung des Menschen mit einem normativen Gehalt, der eher auf eine Erfüllung als eine Zurückweisung des Dekalogs hinausläuft. Bei Sigmund Freud verlagert sich diese Konfrontation dann auf die mörderischen Absichten der Nationalsozialisten gegen Juden, und eine „Überwindung" zielt hier eher auf die *Kollektivneurose Religion*. Die Frage, ob diese thematische Verknüpfung Assmanns gelungen ist, bleibt berechtigt, aus ihr aber auf das Ziel der Überwindung des Monotheismus bei ihm zu schließen, erscheint abwegig. Gültig bleibt an der Kritik Kochs[4] jedoch gewiss der Hinweis auf die Notwendigkeit zur weiteren wissenschaftlichen Erforschung des Charakters von Polytheismus und Monotheismus. An der rigiden Logik im Sinne der *Laws of Form* meldet Koch seine Zweifel auch in

---

4 Koch verweist auf einige weitere Brüche in der Argumentation Assmanns, etwa wenn er beim Übergang von Renaissance zu Aufklärung plötzlich nur noch auf deutschsprachige Literatur des Idealismus zurückgreife, oder wenn er auf alternative Deutungsmuster der Amun-Religion bei Ägyptologen wie Erik Hornung (vgl. Hornung 2000) verweist. Diese Kritiken sind ernst zu nehmen, können hier aus Platzgründen aber nicht thematisiert werden.

Bezug auf die Gegenwart an: „Sind die überzeugten polytheistischen Hindus in Indien tatsächlich friedfertiger, weniger aggressiv, kurz toleranter als ihre moslemischen monotheistischen Landsleute?" (Koch 2003: 230)

Die Kritik des Freiburger Germanisten Gerhard Kaiser zeichnet sich dadurch aus, dass sich der Autor perspektivisch auf die erinnerungskulturellen Prämissen einlässt, um von hier aus das Verhältnis narrativer Konstruktionen zu den von ihnen behandelten Vergangenheiten zu problematisieren. Es handelt sich um eine wertvolle Überprüfung der immanenten Schwachstellen gedächtnisgeschichtlicher Arbeiten. Kaisers Kritik nährt sich aus dem Verdacht, dass ein „Impuls zum Geschichtsarrangement" (Kaiser 2003: 214) – wenn auch aus ehrwürdigen Gründen – zu einer Verzerrung in Assmanns Moses-Büchern geführt habe. In Verdacht hat Kaiser hier zunächst das logische Prinzip der *Laws of Form*: „Im Akt des wissenschaftlichen Deutens hat der Historiker nicht nur Voraussetzungen, er benutzt auch Deutungsmodelle, die den Gegenstand modellieren" (Kaiser 2003: 241), und die Anwendung Spencer-Browns regt bei Kaiser den Zweifel, ob nicht die Rigidität dieses formallogischen Prinzips historisch komplexere Beziehungen allzu leichtfertig beiseite schiebe (vgl. Kaiser 2003: 242). Diesen Verdacht ergänzt Kaiser durch sorgfältige Überlegungen zum Verhältnis von erinnerungskulturellen Studien und der traditionellen Geschichtswissenschaft: Er sieht die Gedächtnisgeschichte durch eine zusätzliche reflexive Ebene von der Spuren- und Botschaftenlage der Vergangenheit getrennt, weil sie nicht die Ereignisse selber, sondern deren Reflexion in einer anderen Zeit zum Thema habe. Unter der – in der heutigen Geschichtswissenschaft breit akzeptierten – Grundannahme, dass *jede* Geschichtsdarstellung eine Konstruktion aus Perspektive der Wissenschaften ist (vgl. White 1973: 1-42), handelt es sich bei der Gedächtnisgeschichte im Sinne Assmanns folglich um die Analyse der Verhältnisse solcher Konstruktionen zueinander. Kaiser verwendet hierfür den Begriff der *Geschichtsverhältnisse*. Aber diese seien wegen ihrer reflexiven Distanz zum historischen Ausgangspunkt noch keineswegs unabhängig vom geschichtswissenschaftlichen Fundament: „Wie der Erforscher des einst Vorvergangenen auf Quellen und frühere Deutungen angewiesen ist, so ist der Erforscher der Geschichte von Geschichtsverhältnissen darauf angewiesen, die späteren Sichtweisen des Vergangenen daran zu messen und zu charakterisieren, wie sie sich zur tatsächlich gewesenen Vergangenheit verhalten, die doch selber schon in ihrer Erschlossenheit ein Konstrukt ist, wenn auch mit der Bestimmung, dem Gewesenen so nahe wie möglich zu kommen. Kurz: Die Geschichten des Geschichtsverhältnisses brauchen eine Folie zur Realgeschichte. Wir müssen ein wissenschaftliches Bild haben von dem, was war, damit wir eine adäquate Vorstellung von dem gewinnen können, was im historischen Rückblick daraus gemacht worden ist, welche Stilisierungen warum erfolgt sind." (Kaiser 2003: 243)

3 Wirkungsgeschichtliche Dimensionen des Werks

Positiv gewendet heißt dies, dass für eine gedächtnisgeschichtliche Untersuchung von erheblichem Belang ist, wie weit sich die konstruierte kulturelle Erinnerung von ihrem Bezugspunkt in der Vergangenheit entfernt hat und wie stark die verzerrenden Effekte ausfallen. Wenn im Falle von *Moses der Ägypter* also Erinnerungen von der Vertreibung der Hyksos über eine Revolution unter Echnaton und Gegenrevolution unter seinen Nachfolgern bis zu einer davon unabhängigen Pest-Epidemie im Vorderen Orient zusammenfallen, ist für die *kulturelle Erinnerung* keineswegs unerheblich, inwiefern diese Erinnerungen zutreffend sind. Und dieses gilt in stärkerem – und nicht etwa: geringerem – Maße, wenn der analytische Begriff der *Verdrängung* hinzu tritt. Grundsätzlich stellt der Begriff des Verdrängten auf einen unbewussten – also der rationalen Wahrnehmung entzogen – Zugriff ab. Dies erlaubt allerdings auch, mit dem Begriff der *Verdrängung* argumentative Tricks durchzuführen, indem ein Bezug auch dort hergestellt wird, wo beobachtete Akteure genau diesen Bezug vehement zurückweisen oder *eigentlich* offensichtliche Tatsachen dem widersprechen. *Verdrängung* ermöglicht Behauptungen nicht nur trotz, sondern gerade *wegen* widersprechender Aussagen und Darstellungen: Fehlende bewusste Wahrnehmung und Widerstände *bestätigen* hier gerade die psychoanalytisch gemeinte Diagnose der Verdrängung. Fraglos gibt es tatsächliche Fälle von kollektiver Verdrängung, wie auch Kaiser betont, allerdings müsse ein Wissenschaftler einige Bedingungen erfüllen, damit es ihm möglich ist, solche Blockaden zu erkennen und richtig zu deuten: „Es muss gesichert sein, was verdrängt wurde. Es muss eine gewisse zeitliche und vor allem mentale Nähe des Geschichtsschreibers zu den verdrängten Sachverhalten da sein. Er muss sich in die Prozesse hineinversetzen können. Es sollte der Rückbezug zu Zeitzeugen möglich sein, am besten solchen, denen ihre eigene Verdrängung irgendwann bewusst geworden ist. Je weniger man vom Verdrängten weiß, je weniger man die Rahmenbedingungen, auch die psychischen, des Verdrängungsprozesses kennt, umso problematischer – oder sagen wir zumindest um so hypothetischer – wird die Anwendung der Kategorie." (Kaiser 2003: 244) Kaiser stellt hier fest, dass für eine psychoanalytisch gemeinte Rekonstruktion des Verdrängungsprozesses neben der Kenntnis des Verdrängten auch ein Verständnis der Verdrängungs*dynamik* unabdingbar ist: Um zu erkennen, wie eine Blockade wirkt, bedarf es eines sehr eingehenden Verständnisses der Umweltbedingungen der Verdrängung[5], die auf einer Verweigerung des Bewusstseins gegenüber Wahrgenommenem beruht. Deshalb verweist Kaiser auf das Erfordernis der zeitlichen und mentalen Nähe.

Kaiser entfaltet nun, dass Jan Assmann zunächst eine realgeschichtliche Entdeckung – nämlich Echnatons Gegen-Konzeption zum ägyptischen Kult –

---

5 Im Normalfall einer analytischen Gesprächstherapie ist dieses Verständnis der Weg zur Bestimmung des Verdrängten.

vorliegen hat, und dann die Exodusgeschichte als erinnerungskulturelles Narrativ deutet, das auf realgeschichtliche Ursprünge verweise. Zwischen beiden Quellen liegen, wie auch Assmann stets betont, mehrere Jahrhunderte. Nun kombiniert, wie Kaiser pointiert herausstellt, Jan Assmann das Motiv der logischen Fundamentalunterscheidung mit dem analytischen Begriff der Verdrängung: Weil sich *sowohl bei Echnaton als auch bei Moses* nachdrückliche Grenzziehungen im Sinne der *Laws of Form* ausmachen ließen, wird eine Verwandtschaft unterstellt, diese ließe sich aber *allein über das Motiv der Verdrängung* herstellen, da – wie Jan Assmann selber stets hervorgehoben hat – Echnaton bereits nach kurzer Zeit vergessen war und Moses als historische Figur nirgends belegt ist. Die Übertragung des durch Spuren gesicherten Wissens auf die mythische Erzählung des Exodus sieht Kaiser dann auf einem schwierigen Pfad vonstatten gehen: „In Ägypten wird zwar Echnatons Gedächtnis offiziell getilgt; subkutan aber wandert der Eingott Echnatons, der ein kosmischer Gott ist, in der auf Echnaton folgenden Ramseszeit als verborgenes göttliches Einheitsprinzip in den wiederhergestellten Polytheismus ein und wird zum Grund des ägyptischen Pantheons." (Kaiser 2003: 247) Damit würden also nicht nur die Konzepte der *Laws of Form* und der *Verdrängung* „ineinandergeschoben" (Kaiser 2003: 248), sondern unter Bezug auf Jan Assmanns eigene Studien müsse festgestellt werden, dass die Erinnerungen an den Aton-Kult *keine* strukturelle Ähnlichkeit zum Gottesglauben Moses' aufwiesen.[6] Für Kaiser führt dies zu drei Einsprüchen: „Ein so unsicheres und loses chronologisches Netz von Bezügen zur Basis eines gewaltig dimensionierten Argumentationsgebäudes zu machen, wie Assmann das tut, scheint mir sehr problematisch." (Kaiser 2003: 249) Der zweite Einspruch wendet sich gegen die Plausibilität der Gleichsetzung von Echnaton und Moses, weil ein ständiger Wechsel zwischen Betonung der inhaltlichen Differenz und der formalen Gleichheit stattfinde. Der dritte Einwand richtet sich auf den Charakter der Exodus-Erzählung: „Und indem Assmann ein Konstrukt herstellt, in dem er Verhaltensweisen und Handlungen der Gedächtnisfigur Moses, der doch ein von Gott Ergriffener und kein Logiker war, zur Ersten Unterscheidung stilisiert und komprimiert, tritt auch er als Historiker aus der Geschichte heraus und macht sie zum Objekt logischer Konstruktionen." (Kaiser 2003: 249)

Doch diese drei Einwände haben in Jan Assmanns ursprünglicher Darstellung auch drei Gegenpositionen. Grundsätzlich muss hierfür noch einmal hervorgehoben werden, dass erinnerungskulturelle Untersuchungen die zeitliche Perspektive umkehren: Sie blicken *in die Vergangenheit hinein* und erhalten ihre Bedeutung aus der jeweiligen *Gegenwart*. Das erste Gegenargument lautet nun, dass sich *Moses the Egyptian* für die Verbindung zwischen dem Aton-Kult und

---

6 Auch Klaus Koch hatte Jan Assmann unterstellt, er würde dem Aton-Kult mal eine kosmologische und mal eine monotheistische Note verleihen (vgl. Koch 2003: 231).

3 Wirkungsgeschichtliche Dimensionen des Werks 141

Moses auf nicht-biblische Quellen stützt. Die vielleicht bedeutendste Quelle ist eine indirekte, weil der jüdisch-hellenistische Geschichtsschreiber Flavius Josephus den ägyptischen Priester Manetho zitiert, der vermutlich unter Ptolemäus II. gelebt und gewirkt hat, also im dritten vorchristlichen Jahrhundert, womit auch Josephus Flavius über einen Zeitraum von mindestens dreihundert Jahren hinweg greift. Für die Quelle spricht jedoch, dass Flavius' Intention darin bestand, antijüdische Verleumdungen zu widerlegen und die Schriften Manethos somit als Konterpart gelesen wurden und nur diejenigen Passagen herausgegriffen worden sein dürften, die für wechselseitige Wahrnehmung kollektiver Identitäten tatsächlich bedeutsam waren. Josephus Flavius dürfte sich kaum bemüht haben, eine ägyptische Imagination des Judentums zu entkräften, die ohnehin bedeutungslos war.

Manetho berichtet nun eine phantastische Geschichte, deren wesentlicher Kern aber darin besteht, dass Moses ein ägyptischer Priester war, und zwar als Gegner der historischen Echnaton-Figur. Dem folglich habe Amenophis IV. – das ist der Krönungsname Echnatons – den Wunsch gehabt, den unsichtbaren Gott zu sehen. Dazu sei ihm von einem Priester angeraten worden, sein Land von Unreinheit zu befreien. Deshalb habe er alle Leprakranken in den Norden Ägyptens, das ehemaligen Zentrum der Hyksos, vertrieben. Dort habe sich ein Priester namens Osarsiph zum Führer der Verstoßenen gemacht und ihnen eine Gegen-Religion gegeben, die auf einer normativen Inversion des ägyptischen Kultes beruhte. Schließlich habe Osarsiph die einstmals vertriebenen Hyksos zur Hilfe gerufen, um in Ägypten einzufallen, dabei Amenophis vertrieben und eine dreizehnjährige Schreckensherrschaft ausgeübt: Die heiligen Stätten Ägyptens seien geschändet und ihre kultischen Tiere verspeist worden. Der Anführer Osarsiph habe sich den ägyptischen Namen Moses zugelegt. Manetho begründet diese Invasion als Strafe für die unbarmherzige Vertreibung der Aussätzigen durch Amenophis IV. Schließlich befreit Amenophis sein Land von Süden her und vertrieb das Bündnis aus Leprakranken und Hyksos – in denen Manetho (*nicht*: Flavius Josephus) den Ursprung der Juden erblickte (vgl. Assmann, Jan 1997: 29-33).

Wichtig ist nun, dass Jan Assmann (*nicht*: Manetho) in dieser Geschichte eine unverkennbare, verdrängte Erinnerung an Echnaton (*nicht*: an Moses) erkennen kann: Die Vermutung eines verbindenden Kerns erscheint zwingend, denn wie sonst hätten diese in der Realgeschichte so weit auseinander liegenden Aspekte zusammen gebunden werden sollen: „The story told by Manetho and other integrated many different historical experiences, among them the expulsion of the Hyksos from Egypt in the sixteenth century B.C.E. But the core of the story is a purely religious confrontation, and there is only one episode in Egyptian history that corresponds to these characteristics: the Amarna period. [...] The

Amarna experience retrospectively shaped the memories of the Hyksos occupation, and it also determined the way, in which later encounters with foreign invaders were experienced and remembered. [...] The Egyptian phantasm of the religious enemy first became associated with the Asiatics in general and then with the Jews in particular." (Assmann, Jan 1997: 30) Daraus ergibt sich zur Entgegnung auf Gerhard Kaiser: Ein jüdischer Schriftsteller aus der frühen Phase des Monotheismus zitiert außerbiblische Quellen, die auf Verschmähungen des Judentums abzielen. In diesen Quellen taucht der Krönungsname Echnatons – erstaunlicherweise als Befreier Ägyptens – auf. Dieser will in unverkennbarer Anspielung auf das Bilderverbot des Dekalogs einen unsichtbaren Gott sichtbar machen. Er greift auf das symbolträchtige, auch in der Bibel gegenwärtige Motiv der Aussätzigen zurück, und rahmt damit die unscharfe Hyksos-Erinnerung. Die Aussätzigen werden mit dem Motiv der normativen Inversion, das zur Lebzeit Josephus Flavius' wieder beim römischen Geschichtsschreiber Tacitus auftauchte (vgl. Assmann, Jan 1997: 37 f.), ausgestattet und konstituieren einen eindeutig religiösen Konflikt. Schließlich wird Ägypten für eine Zeitspanne, die der Herrschaftszeit des historischen Echnaton auffällig gleicht, terrorisiert und schließlich befreit. Die Verbindung zwischen Echnaton und Moses ist hier also präsent.

Die Geschichtsverhältnisse erhalten dadurch eine außerordentlich stabile Zwischenschicht: Es gibt realgeschichtliche Fundamente wie die Hyksos-Vertreibung, den Aton-Kult und eine offenkundige, aber eben verzerrte Erinnerung an den Zeitpunkt der Regierungszeit Echnatons. Auch die normative Inversion und die Schreckensherrschaft speisen sich zumindest vage aus historischen Tatsachen. Interessant ist, dass die Verdrängung hier nicht im psychoanalytischen Sinne, sondern als religiöse Entlarvungsabsicht des Josephus Flavius auftritt: *Dieser* behauptet, dass es sich bei Manethos Erzählung um „an example of anti-Jewish calumny" (Assmann, Jan 1997: 30) handelt.

Die Entgegnung auf Kaisers ersten Einwand lautete also: Der weite Horizont der erinnerungskulturellen Darstellung entstammt *nicht* der Initiative Jan Assmanns, sondern beruht auf dem zu Grunde liegenden Material. Es gibt zwischen der grundlegenden Rekonstruktion historischer Spuren und den neuzeitlichen Geschichtsverhältnissen eine sehr verdichtete, außerbiblische Erzählung aus der Antike. Diese Erzählung verweist direkt durch die Erwähnung seines Krönungsnamens und indirekt durch weitere narrative Motive auf die Herrschaftszeit Echnatons. Zusätzlich gibt sie dem Gegenspieler Echnatons den Namen Moses. Diese Konstruktion beruht allein auf Indizien – allerdings sehr überzeugenden Indizien, wie man Assmann zugute halten muss.

Die zweite Gegenposition beruht auf einer Betrachtung der formallogischen Wirkung der Entstehung eines Eingott-Glaubens im Aton-Kult in den Spuren der weiteren religiösen Entwicklung. Der inhaltlich entscheidende Schritt der Aton-

Religion, dem Assmann eine fundamentale Wirkung zuschreibt, ist die *Vereinheitlichung* durch Eliminierung des konstellativen Gefüges: Die Sonne tritt der Welt gegenüber, und die Welt wird aus einem konfliktbehafteten Prozess der ursprünglichen ägyptischen Mythologie zu einer Einheit: „In Amarna [...] reality is reduced to the visible, to the here and now of a human observer." (Assmann, Jan 1997: 179 f.; vgl.: 128) In neuzeitliche Begriffe gefasst, ist der Aton-Kult eine deistische Wende. Damit ändert sich zugleich sowohl der Charakter des naturalistischen Gottes Echnatons als auch der Welt. So ist das Böse nun nicht mehr integraler Bestandteil des Weltprozesses, sondern *das andere* des Glaubens, konkret: Im Dunkeln, wohin keine Sonnenstrahlen gelangen. Und Gottes Existenz gewinnt eine Unabhängigkeit von der kultischen Zuverlässigkeit des Menschen. „God is not *like* the rays of the sun; he *is* the rays of the sun. [...] Mythical imagery is replaced by visible reality; the mythical concept of meaning is replaced by a physical concept of function and causality." (Assmann, Jan 1997: 181 f.) Einen anderen Charakter bekommt auch die Ewigkeit, denn der Zeitverlauf entsteht durch Zuwendung Gottes zur Welt: „God is time, and everything unfolding, developing in time is transformation of his essence or energy." (Assmann, Jan 1997: 185) Die Ewigkeit als nicht bewegte und nicht verfließende Zeit ist nicht mehr Resultat menschlicher Handlungsweisen, sondern nur jenseitig im Gott denkbar. Das Verhältnis des Aton-Kultes zur von Moses geprägten Religion ist also inhaltlich grundverschieden: „Thus we may perhaps say that, instead of founding a new religion, Akhenaten was the first to find a way out of religion." (Assmann, Jan 1997: 189) Was hier aber vonstatten geht, ist die Transzendentalisierung von Religion: „All life comes from the sun. [...] In this view, the world becomes disenchanted, it becomes mere *nature*." (Assmann, Jan 1997: 191) Unabhängig vom Charakter des Sonnengottes bildet sich hier ein Verhältnis des Gottes zur Welt aus, dass dem des späteren Monotheismus gleicht. Und folglich kann nicht überraschen, dass in Psalm 104 Textpassagen auftauchen, die offenkundig dem *Großen Sonnenhymnus* Echnatons entstammen: Dass der Text auf zwei so unterschiedliche Religionen sinnhaft anwendbar ist, zeigt die logische Gleichgerichtetheit von inhaltlich verschiedenem. Wenn also Kaiser bezüglich der Wirkung von Echnaton und Moses rhetorisch fragt, ob „hier *dieselbe Tat*, was ja vollkommene Übereinstimmung bezeichnet, inhaltlich oder formal gemeint" (Kaiser 2003: 251) sei, kann ihm entschieden geantwortet werden: Formal.

Und deshalb geht der dritte Einwand Kaisers bezüglich der religiösen Motivation Moses' ins Leere, denn Jan Assmann thematisiert die Wirkung einer *gegenreligiösen* Bewegung, die durch die Transzendentalisierung Gottes zwingend auf eine Neukonzeptionierung der Welt und des Menschen hinausläuft. So verwundert nicht, dass Kaiser den Begriff des *politischen Monotheismus* von Jan

Assmann gründlich missversteht. Kaiser sucht hier aus der Perspektive der religiös Handelnden nach politischen Motivationen und Absichten und fragt also, ob die monotheistische Entwicklung politisch *gemeint* gewesen (vgl. Kaiser 2003: 254-259). Jan Assmann hat aber aus der Beobachterposition die grundlegend politisierende *Wirkung* des Monotheismus im Blick. Gott tritt der Welt gegenüber, und seine Anwesenheit ist – anders als in der Abhängigkeit von Kult und Opfergabe in der primären Religion[7] – unabhängig von politischer Herrschaft für jeden Menschen grundsätzlich verfügbar, wie die Sonnenstrahlen an einem hellen Tag. Dies hat *fundierende* Folgen für die Herrschaftsauffassung der Hebräer, weil die Zugänglichkeit des Gottes eine Distanzierung vom König erlaubt: „In Israel steht alle Herrschaft von Menschen über Menschen unter einem grundsätzlichen Vorbehalt, der sich in bestimmten Texten zu Kritik, Ablehnung, ja Hohn und Spott steigern kann." (Assmann, Jan 2002a: 47)

Zu dem von Kaiser kritisierten Verhältnis des konstruktivistischen Prinzips der *Laws of Form* und der inhaltsbasierten Hermeneutik kann festgehalten werden: Die erstmalige Etablierung einer Gegenreligion unter Echnaton verwandelte das kosmische konstellative Gefüge in die fundamentale Trennung von Gott und Welt. Bei Echnaton stand dahinter noch die Absicht der absoluten Konzentration politischer Macht: „The king is the one who is ultimately *meant* by the cosmic process and he is the only one for whom he has meaning. Meaning, in this world, is something between God and king, not shared by the people." (Assmann, Jan 1997: 189) Durch diese Angleichungsdynamik des „not shared by the people" wird es möglich, einen Bezug zu Gott gewissermaßen an der politischen Herrschaft vorbei herzustellen, und diese Option wird in der allmählichen Entstehung des Monotheismus wirksam: „Diese herrschaftsaversive Einstellung begleitet den Aufbau des Staates, bestimmt die prophetische Kritik und prägt schließlich die politische Theologie des Deuteronomiums und der deuteronomistischen Schule, die auf dem Begriff des Vertrages basiert." (Assmann, Jan 2002a: 47) Es ist der Zwang zur Reaktualisierung der Unterscheidung, der zu einer fortwährenden Schärfung des monotheistische Profils führt – so resultiert in der Sichtweise Jan Assmanns aus der religiösen Entwicklung in substanziell verschiedenen Glaubenskonzepten durch ein immanentes formallogisches Prinzip letztlich eine kategorial neue Glaubensform: Der Monotheismus als sekundäre Religion. Jan Assmann bilanziert dies: „Die Mosaische Unterscheidung ist kein die Welt ein für allemal veränderndes historisches Ereignis, sondern eine regulative Idee, die ihre weltverändernde Wirkung über Jahrhunderte und Jahrtausende hin in Schüben entfaltet hat." (Assmann Jan 2003c: 13) Noch sehr viel klarer arbeitet er das

---

7 Von solchen Praktiken finden sich im Pentateuch viele Spuren. Jan Assmann spricht hier von *zwei* Religionen, die hinter diesen Texten stünden. „Die eine unterscheidet sich kaum von den primären Religionen der damaligen Welt" (Assmann, Jan 2003c: 19).

3 Wirkungsgeschichtliche Dimensionen des Werks 145

Verhältnis von realgeschichtlicher Entwicklung und Ideenrevolution dann in seiner Wiener Vorlesung *Monotheismus und die Sprache der Gewalt* aus: „So mag auch der Monotheismus sich in Wirklichkeit allmählich aus dem Polytheismus entwickelt haben. In der biblischen Darstellung aber inszeniert er sich als ein Sprung und revolutionärer Bruch, wie er radikaler gar nicht gedacht werden kann." (Assmann, Jan 2007c: 18)

Die aufbereiteten Kritiken, die – selbst im Falle Gerhard Kaisers – immer auch christlich motiviert sind, haben mitunter sehr bedenkenswerte Schwierigkeiten zu Tage gefördert, die durch die Verwendung gänzlich unterschiedlicher Methoden der wissenschaftlichen Weltbetrachtung entstehen, aber sie sind auch durch einen Vorwurf an Jan Assmann gekennzeichnet, der nicht leicht zu identifizieren ist, wie dieser selbst feststellt: „Die einen werfen mir vor, die Mosaische Unterscheidung eingeführt zu haben, die anderen, sie aufheben zu wollen. Das eine mal geht es um den Vorwurf, ich unterstelle der biblischen Religion [...] eine Unterscheidung, und, damit verbunden, eine ausgrenzende Tendenz, die ihr von Haus aus fremd sei; das andere Mal geht die Kritik im Gegenteil dahin, dass ich eine Unterscheidung in Frage stelle, die für die biblische Religion und alle auf ihr basierenden abendländischen Werte konstitutiv sei." (Assmann, Jan 2003c: 16) Aber genau diese paradox anmutende Kritik erklärt sich durch das Motiv der *Laws of Form* von George Spencer-Brown: Denn die Kritiken kommen aus dem Innenraum des monotheistischen – hier: christlichen – Glaubens und sehen nur ihre identitäre Selbstbestimmung. Aus dem Blick gerät die grenzziehende Wirkung dieser Bestimmung. Wie bereits im Aton-Kult ist im Monotheismus die Heilswirkung prinzipiell allen zugänglich – aber gerade *deswegen* müssen diejenigen, die diese Option nicht ergreifen, exkludiert werden. Auf diese Weise entsteht der emphatische Wahrheitsbegriff eines solchen Glaubens, der wiederum jeden *grenzüberschreitenden* Versuch der Vermittlung zurückweisen muss, weil das Überwinden der Grenze keine Übereinstimmung bringen darf – dies würde die eigene Identität fundamental gefährden. „Ich konstatiere lediglich, dass der Monotheismus eine Religion ist, in deren kanonischen Texten die Themen Gewalt, Hass und Sünde eine auffallend große Rolle spielen und eine andere, nämlich spezifisch religiöse Bedeutung annehmen als in den traditionellen, *heidnischen* Religionen. Dort gibt es Gewalt im Zusammenhang mit dem politischen Prinzip der Herrschaft, aber nicht im Zusammenhang mit der Gottesfrage. Gewalt ist eine Frage der Macht, nicht der Wahrheit. [...] Der Monotheismus tritt uns in der Geschichte in zwei Gestalten entgegen. Die eine lässt sich auf die Formel bringen: *Alle Götter sind Eins*, die andere auf die Formel *Keine anderen Götter außer Gott!*" (Assmann, Jan 2007c: 23 f.) Der zweite Schritt ist als strukturelles Ergebnis des ersten durch permanente Reaktualisierung einer Grenzziehung zu denken, und die inhaltliche Ausprägung des ersten Schritts findet sich in den primären, die des zweiten Schritts in den sekundären Religionen.

Jan Assmann verspürt bei seinen hier bisher behandelten Kritikern einen noch viel schärferen Angriff, der sich jedoch in den Texten nirgends belegen lässt: „Beide Vorwürfe, obwohl sie doch diametral entgegengesetzt sind, implizieren einen Antisemitismus-Verdacht: Der eine sieht im Begriff der Mosaischen Unterscheidung die Implikation der Intoleranz, der andere in der Tendenz ihrer Aufhebung das Plädoyer für eine Rückkehr nach Ägypten, für Polytheismus, Kosmotheismus und eine Wiederverzauberung der Welt." (Assmann, Jan 2003c: 16 f.)

Während dies für die behandelten Autoren eine überzogene Unterstellung zu sein scheint, konnte ein Journalist im Nachrichtenmagazin *Der Spiegel* der Versuchung nicht widerstehen, offen antisemitische Schlussfolgerungen zu ziehen.

3.1.2 Verzerrung im Spiegel

Zu den theoretischen Grundannahmen der Erinnerungskultur gehört, dass die Gegenwart stets eine rahmende Funktion für ihre Bezugspunkte bildet – dass dies auch für die Rekonstruktion wissenschaftlicher Debatten in einer breiten Öffentlichkeit gilt, wurde für die Debatte über *Monotheismus und Gewalt* zum Jahresende 2006 deutlich. Der Journalist Matthias Schulz zeichnete sich für einen Artikel in der Weihnachtsausgabe des Nachrichtenmagazins *Der Spiegel* verantwortlich, der auf der Grundlage zusammenhangloser Zitate eine antisemitische Konstruktion über die Herkunft und den Charakter des Monotheismus fabrizierte. Dabei berief er sich vereinzelt auf Religions-, Sozial- und Kulturwissenschaftler (mit einer auffälligen Häufung an der Universität Heidelberg) und besonders auf Jan Assmann. An den Beginn des Artikels stellte Schulz seine Problemstellung, dass in einer Zeit des rückläufigen abendländisch geprägten Glaubens unter der bundesdeutschen Jugend nun die Wissenschaft die normative Kernaussagen des Christentums in Zweifel ziehe: „Gottes sittliche Integrität steht in Zweifel. Der Monotheismus, heißt es, sei per se ein gewalttätiger Glaube." (Der Spiegel 52/2006: 113) Dieses pointierte Missverständnis wird Jan Assmann zugeschrieben, um ihn dann persönlich durch die Schilderung zu verunglimpfen, er komme „wie eine grimme Sphinx auf die Nachwelt" (Der Spiegel 52/2006. 113). Schulz arbeitet durchgängig mit der gezielten Kombination von Vereinseitigungen und eigenen Übertreibungen, wenn er beispielsweise zu berichten können glaubt, dass die „aus Legenden geformte Vergangenheit der Israeliten [...] im Prinzip aus einer Abfolge von Massakern, Strafaktionen und Blutvergießen"

(Der Spiegel 52/2006. 113) bestünde und in eigener Wortwahl ergänzt, die von Moses abgegrenzten Religionen seien als „Tand, Dreck und machtloses Kroppzeug" (Der Spiegel 52/2006. 113) gekennzeichnet worden. Nach solch zornigem Auftakt lädt der Artikel schnell antisemitisch auf. Zunächst wird ohne Referenz in den Raum gestellt, das Judentum beanspruche das „besondere religiöse Genie" für die Erfindung des Monotheismus, um es ihm nachfolgend triumphierend absprechen zu können. „Ihre religiöse Pionierstellung haben die Juden damit [durch die Rekonstruktion des Aton-Kultes, JüS] eingebüßt." (Der Spiegel 52/2006: 115) Die vermeintlich sozialhistorische Schilderung des ersten Jerusalemer Tempels klingt dann so: „In diesem düsteren Kultbau auf dem Zionberg (wo heute die Aksa-Moschee steht) liefen einst alle Fäden zusammen. Bärtige Priester mit Kleidern, an denen blaue Kordeln hingen, liefen in dem Gemäuer umher. Sie schlachteten Stiere. Bei einem der Riten benetzten sie ihre Ohrläppchen mit Widderblut. Mit der Wahrheit nahmen es die bigotten Anhänger des Ewigen allerdings nicht so genau. [...] Wie alle Revolutionäre griffen die Jahwe-Anhänger zu Zwangsmitteln, um die alten Bräuche zu tilgen. Ständig führten sie Wörter wie *ausrotten, töten, ausmerzen* im Munde." (Der Spiegel 52/2006: 114 f.) Der eliminatorische Sprachgebrauch des Nationalsozialismus wird von Schulz auf die Hebräer verschoben. Um den Prozess der Herausbildung des Monotheismus in der existenziell bedrohlichen Situation der babylonischen Gefangenschaft zu schildern, greift Schulz schließlich ungehemmt auf rechtsextreme Argumentationsfiguren zurück: „Nun erst, fernab der Heimat und bedroht von Überfremdung, gewannen die biestigen Jahwe-Priester die Oberhand." (Der Spiegel 52/2006: 115)

Dies alles könnte als zwar bedauerlich bösartige, aber unbedeutende Karikatur einer wissenschaftlichen Debatte beiseite geschoben werden, wenn die Titelstory des verbreitungsstarken deutschen Wochenmagazins nicht in ihrem weiteren Verlauf zeigte, welche Verunstaltungen ermöglicht werden, wenn disparate Methoden auf unsichere Faktenlage treffen.

Immanuel Velikovsky (1895-1979) wurde im zaristischen Russland geboren und genoss wissenschaftliche Ausbildung in Russisch, Mathematik, Medizin und Psychoanalyse, studierte unter anderem in Montpellier, Edinburgh, Moskau und Wien. Nach dem ersten Weltkrieg verfasste er in Berlin einige Schriften, die er ins Hebräische übersetzte und die zum Grundstock der Hebräischen Universität Jerusalem hinzugefügt wurden. Von 1924 bis 1939 arbeitete er als Arzt im britischen Mandatsgebiet Palästina, und beschäftigte sich mit Psychoanalyse. Unter anderem konnte er bedeutsame Erfolge in der Analyse der Epilepsie vorweisen. Der erste unseriöse Ausflug aus der Wissenschaft bestand in einer Traumanalyse Freuds – die Träume hatte er lediglich den Schriften Freuds entnommen, und seine Interpretation galten als mindestens hypothetisch. 1939 besuchte er New York, um eine von Freuds *Der Mann Moses und die mo-*

> *notheistische Religion* inspirierte Arbeit zu vollenden, in der er die personale Identität von Echnaton und Ödipus nachzuweisen hoffte. Geschockt vom katastrophisch erlebten Ausbruch des Zweiten Weltkriegs verlegte sich Valikovsky in den folgenden Jahren beinahe ganz auf die Praxis frei assoziierender Erzählungen. Er kombinierte mythische Narrative mit spekulativen Thesen über die elektromagnetischen Beziehungen zwischen Erde, Mars und Venus zu phantastischen Erzählungen: Diese verkauften sich gut, wurden aber wissenschaftlich belächelt und zurückgewiesen. Das 1950 bei Macmillan in New York veröffentlichte *Worlds in Collision* kann heute als Vorläufer kreationistischer Literatur gewertet werden. Velikovskys weiteres Leben war von der gegenläufigen Bewegung von akademischer Missachtung zu wachsendem populären Erfolg gekennzeichnet.

Das Leitmotiv für den Artikel von Schulz bildet die sensationsträchtige Verbindung zwischen Echnaton und Moses. Hier hofft der Autor Enthüllungswissen präsentieren zu können und hangelt sich im folgenden exakt an den Ankerpunkten von Assmanns Werk entlang: Zunächst wird das ägyptologische Wissen um Echnaton mit archäologisch nicht tragfähigen Vermutungen angereichert, und als Referenz dient ein Psychoanalytiker, der mit der Deutungsfreiheit in seinen Narrationen auch in der Ansicht der überwiegenden Mehrheit seiner Fachkollegen zu weit ging: „War der König krank? Einige glauben, dass Echnaton an einer Hormonstörung litt. Der Antikenforscher Immanuel Velikovsky unterstellte ihm eine *homosexuelle Neigung*. [...] Es gibt Hinweise, dass Echnaton sowohl zu seiner ältesten Tochter Meritaton, zum Sohn Semenchkare als auch zur Mutter Teje sexuelle Beziehungen unterhielt." (Der Spiegel 52/2006: 119) Mit solchen Phantasien angereichert wird Echnaton zum Herrn einer „Eingottdiktatur" (Der Spiegel 52/2006: 119), der durch eine „Art demokratisches Roll-back der Götter" (Der Spiegel 52/2006: 119) entmachtet worden sei. Mit der Referenz auf Velikovsky überzeichnete Schulz nicht nur Vermutungen Assmanns, sondern schuf sich seinen eigenen Übergang zur Arbeit Sigmund Freuds: Schulz schildert die Annahmen Freuds über Echnaton und Moses in Verbindung mit dem kulturanthropologischen Theorem des Vatermords aus *Totem und Tabu* (vgl. Freud 1991), um daraus eine Skizze des Judentums als Priesterbetrug zu erstellen. Insbesondere die vermutete Gewalttätigkeit Echnatons wird über die Verbindungsfigur Moses auf das Judentum übertragen. Bezeichnend ist, wie Schulz den Bezugspunkt Manetho als Glied in der Kette behandelt: Er referiert dessen Geschichte mit Bezug auf Jan Assmann, allerdings unter vollständiger Auslassung des eigentlichen Kerns: Der Verbindung zu Amenophis IV. als Krönungsnamen Echnatons. Durch dieses Verschweigen wird Manetho stattdessen zum Anhaltspunkt für eine historische Person Moses. Da bekommt die Interpretation eine völlig andere Schlagseite: „Für Assmann liegt der Fall damit klar. Die Geschichte kreist um ein altes Trauma und spült vage die Erinnerung an die Zeit der

3 Wirkungsgeschichtliche Dimensionen des Werks

schlimmen Frevel und Versündigungen unter Echnaton und den Hyksos hoch. Die Lepra sei dabei nur ein Synonym für die kultische Unreinheit. Und mittendrin Mose." (Der Spiegel 52/2006: 122) Auf diese Weise erschafft Schulz aus dem ägyptologischen Befund eines Aussätzigkeitsvorwurfs gegen die Hebräer den Vorwuf einer faktischen kultischen Unreinheit an das Judentum unter Berufung auf Jan Assmann. Die hebräische Gestaltung des Religionsstifters Moses wird für Schulz zu einer großen Verkennung: „Die Ur-Juden dagegen, die die Sonnenrevolte von Amarna ja ebenfalls mitbekommen hatten, hielten den Guru wohl für einen genialen Mann." (Der Spiegel 52/2006: 122) Das Motiv der Vaterreligion wird schließlich unter Berufung auf eine umstrittene Publikation Franz Maciejewskis mit der rituellen Beschneidung gekoppelt, um das Judentum abschließend als eine Verknüpfung aus Terror und Kastrationsangst zu karikieren: „Es war eine Vaterreligion, die viele Zeichen und Schrecken und Gewalt trägt. [...] Sie brauchten nur ihre Mannbarkeit zu beschauen, um zu ahnen, mit welch furchtbaren Schnitten der Herr die Abtrünnigen bestrafen würde." (Der Spiegel 52/2006: 122) Die Veröffentlichung dieses abstoßenden Artikels erhält durch zwei Aspekte eine besonders stark diffamierende Wirkung für Jan Assmann: In der Mitte des Abdrucks wird auf anderthalb Seiten ein Interview mit Jan Assmann eingeschoben, und ein distanzierender offener Leserbrief Jan Assmanns zu dem Artikel blieb ungedruckt. Im Interview betont Assmann, dass die Gewalt nur ein sprachliches Element der biblischen Schriften sei, wenn es um den Aspekt der göttlichen Eifersucht gehe. Die ausgeübte Gewalt gegen Ungläubige und Ketzer wird zunächst als Kennzeichen des Christentums betont, allerdings bietet Jan Assmann auch eine unglücklich assoziierte Formulierung an: „Das Neue am biblischen Monotheismus ist, dass er die Moral zur Chefsache Gottes gemacht hat. Sicher, das kann auch ein sehr wirkungsvoller Schritt zur Gewaltbekämpfung sein. Was aber, wenn sich Menschen zum Vollstrecker des Willens Gottes machen und zum Beispiel einen Armen steinigen, der am Sabbat Holz sammelt?" (Der Spiegel 52/2006: 118) Wenn die Umsetzung der gewaltsamen Sprache des biblischen Monotheismus eine vornehmlich christliche Sache war, hätte es in der Schlussfolgerung auch *Sonntag* und nicht „Sabbat" heißen müssen – für den antisemitischen Artikel Schulz' ist dieser Versprecher eine Steilvorlage.. Der offene Leserbrief Jan Assmanns, den *Der Spiegel* zu drucken weigerte, soll hier dokumentiert werden:

„Sehr geehrte SPIEGEL-Redaktion,

der Artikel von Matthias Schulz, *Das Testament des Pharao* erweckt durch verschiedene Zitate und ein in seinen Zusammenhang gestelltes Interview den Eindruck, weitgehend auf meiner Sicht der biblischen Religionsgeschichte zu basieren. Das ist jedoch in keiner Weise der Fall. Vor allem von drei Punkten, die meiner Sichtweise besonders krass widersprechen, möchte ich mich in aller Schärfe distanzieren:

1. Die anachronistische Verwendung des Begriffs *Jude*. Die Bibel spricht nie von *Juden*, sondern von Israel oder den *Kindern Israel*, wenn es um die Trägergruppe der von Mose vermittelten Religion geht, und die Wissenschaft trägt dieser terminologischen Sorgfalt Rechnung, indem sie von Israeliten oder Hebräern spricht. Von *Juden* kann erst ab der Periode des II. Tempels (5.Jh. v.Chr.) und vom *Judentum* im Sinne einer Religion neben Christentum und Islam erst ab der Spätantike (2./3. Jh. n.Chr.) die Rede sein. Die Juden sind daher nicht für die Entstehung, sondern, genau wie die Christen, nur für den Umgang mit der hebräischen Bibel verantwortlich, und da ist zu sagen, dass gerade deren humanisierender und die Hassbotschaften marginalisierender Umgang mit den biblischen Texten den anderen Religionen ein Vorbild sein kann.

2. Der Vorwurf des Religionsplagiats: *die Juden kupferten ab, ihre religiöse Pionierstellung haben die Juden damit eingebüßt* usw. Einerseits halte ich dieses Einfluss- und Originalitätsdenken in der Religionsgeschichte für abwegig, und andererseits habe ich immer betont, dass es in meinen Augen zwischen dem exklusiven Sonnenkult Echnatons und dem biblischen Eingottglauben keinerlei kausale Beziehung gibt. Der eine beruht auf einer kosmologischen These (alles Sein kommt von der Sonne), der andere auf der politisch-theologischen Entscheidung, mit Einem Gott allein ein Bündnis nach dem Vorbild der orientalischen Staats- und Vasallenverträge einzugehen. Die beiden Phänomene haben nur eine strukturelle Parallele in der Verwerfung der anderen Götter. Aufgrund dieser Gemeinsamkeit sind sie im Nachhinein, z.B. bei Manetho und Josephus Flavius, in Verbindung gebracht worden.

3. Der Vorwurf des Priesterbetrugs: mit allen Tricks gingen die biblischen Mahner vor, die Jahwe-Priester nutzten die Mose-Figur als Rammbock, um ihre Kultpläne durchzusetzen, die Mär vom Sinai beruht zum größten Teil auf Propaganda und Fälschung, dabei entstand eine Camouflage, ein Märchenbuch usw.: das ist die Sicht der radikalen Aufklärung, die religiöse Phänomene nicht anders als in der Sprache des Priesterbetrugs behandeln kann. Nichts könnte meiner Sicht der Dinge ferner liegen.

Ich benutze die Gelegenheit, zu betonen, dass ich mich weder Franz Maciejewskis Interpretation des *Beschneidungstraumas*, noch Bernd Jürgen Diebners extremer Spätdatierung der biblischen Schriften anschließen kann. Riten, die im kulturellen Diskurs nicht verdrängt, sondern thematisiert und gedeutet werden, können meiner Meinung nach nicht traumatisierend wirken." (http://spiegelkritik.de/2007/01/05/offener-leserbrief-assmann-distanziert-sich/, Zugriff am 26. August 2010)

Dieses Kapitel der Rezeption von Moses der Ägypter wurde hier nicht nur geschildert, um eine erforderliche Klarstellung zu bewirken, sondern auch um abschließend auf die Gefahren zu verweisen, die in den Debatten über *Monotheismus und die Sprache der Gewalt* (vgl. Assmann, Jan 2007c) sowie in der Vermischung von psychoanalytisch assoziierenden Schriften und geschichtswissenschaftlichen Betrachtungen liegen. Selbst wenn zwischen dem Aton-Kult Echnatons und der Religionsstiftung durch Moses eine lediglich strukturelle Verknüpfung hergestellt wird, handelt es sich im ersten Falle um eine historisch umgesetzte Revolution mit tatsächlicher Gewalt und im zweiten Fall um die narrative Schilderung mythischer Stoffe. Der Wiener Historiker Hubertus Christian Ehalt hat als Kommentator der Wiener Vorlesung Jan Assmanns vom 17. November 2004 die Präzisierung zum Verhältnis von Narration und Gewalttat auf den Punkt gebracht „Der Anwendung physischer Gewalt [...] gehen Eskalationsprozesse in den Formen der Kommunikation und Sprache voraus. Individuen und Gruppen wurden vor ihrer zerniert, ausgegrenzt, ausgesondert, stigmatisiert." (Ehalt 2007: 13 f.) In der strukturellen Annäherung von Echnaton und Moses ist freilich die umgekehrte Wirkung angelegt, und dies gemahnt zum wissenschaftlich vorsichtigen Umgang mit solch hypothetischen Annahmen. Die Geschichtsverhältnisse zwischen historischer Rekonstruktion tatsächlicher Ereignisse und die gedächtnisgeschichtliche Analyse von Erinnerungskulturen müssen – das ist insbesondere aus der Kritik Gerhard Kaisers zu lernen – stets deutlich erkennbar voneinander separiert werden, um Missverständnisse zu vermeiden. Die direkte Kopplung und Vermischung dieses ohnehin prekären Verhältnisses von Gegenwart und mehreren Vergangenheiten mit der wissenschaftlich anders motivierten Psychoanalyse erscheint als eine insgesamt unglückliche Operation, die der missbräuchlichen Verwendung Vorschub leistet.

3.2 Boom der Erinnerungskulturen

Das Thema der Erinnerungskulturen hat gegen Ende des 20. Jahrhunderts einen Aufschwung erlebt, den der Kulturhistoriker Andreas Huyssen bereits 1995 als einen *Boom* deklarierte, und dieser ist bis heute nicht verebbt. Versuche, sich einen schnellen Überblick zu verschaffen, scheitern an der Komplexität der Thematik und vor allem an der Verzweigung in den unterschiedlichen Fachdisziplinen. In ihrem Handbuch *Kollektives Gedächtnis und Erinnerungskulturen* listet die Anglistin Astrid Erll in einer Auswahlbibliografie des Wichtigsten allein an Grundlagenliteratur 32 Werke auf (vgl. Erll 2005: 195 f.), ohne dass damit die philosophische Fundierung oder auch nur eine einzige Fallstudie erfasst wäre. Zur Erklärung führt Erll einige Phänomene an, die für die Herausbildung einer beinahe unüberschaubaren Publikationslandschaft im Spannungsfeld der Begriffe von *Erinnerung* und *Gedächtnis* verantwortlich sind.

Unter der Bezeichnung *historische Transformationsprozesse* bringt Erll ein Phänomen zur Sprache, dass hier in zwei Einzelaspekte aufgeteilt werden soll: Der erste ist die „kulturelle Erinnerung an die Schoah" (Erll 2005: 3), welcher insbesondere mit Bezug auf die Bundesrepublik, aber auch andere europäische Nationen eine große Erklärungskraft besitzt, weil sich ab den 1970er Jahren ein historisch kurzes Zeitfenster öffnete (und nun wieder schließt), in dem die kollektive Bewusstwerdung von kommunikativ vermittelbaren Erinnerungen an den „Zivilisationsbruch" (Diner 1988) stattfand (und noch stattfinden kann). Die Bereitschaft in den Täternationen der bürokratisch organisierten und industriell durchgeführten Massenvernichtung des europäischen Judentums zur Auseinandersetzung mit ihrer Schuld war lange Zeit kaum vorhanden. Das Grundproblem schilderte Dan Diner Ende der 1980er Jahre: „Obwohl ein gesellschaftliches Grundvertrauen erschüttert, annulliert worden ist, wird Leben nach Auschwitz so fortgeführt, als habe sich dieses Ereignis nicht zugetragen." (Diner 1988: 8) Dies galt insbesondere für die Nachfolgestaaten des Dritten Reiches, die auf eine je eigene Art mit der „Unfähigkeit zur Schuldakzeptanz oder auch durch die objektive Schwierigkeit, eine so große Schuld anzunehmen" (Dubiel 1999: 286) umzugehen versuchten, indem sie politische Imaginationen ihres Kollektivs eben unter *Ausblendung* des Zivilisationsbruchs konstruierten. In der westdeutschen Bundesrepublik zerbrach diese Strategie der kollektiven Verleugnung zuerst (vgl. Lepsius 1989), ihr folgte nicht nur Österreich, sondern auch viele von den Nationalsozialisten zeitweise besetzte Nationalstaaten, in denen sich Kollaborateure identifizieren ließen. Die späte Thematisierung und ein unmittelbar bevorstehender Kontinuitätsbruch erläutern die Dramatik: Eine auffällige Dynamik bekam die Perzeption von biographischen Erinnerungen an die Schoah in der deutschen Öffentlichkeit erst ab Ende der 1960er Jahre, aufsehenerregend befördert noch einmal im Anschluss an die fiktionale Darstellung der individuellen Schuldverstrickung gewöhnlicher Deutscher in der US-amerikanischen Fernsehproduktion *Holocaust – Die Geschichte der Familie Weiß* im Januar 1979 (vgl. Märthesheimer/ Frenzel 1979). Spätestens ab den 1990er Jahren wuchs das Bewusstsein, dass die mündlichen Überlieferungen durch den Tod der letzten Überlebenden bald versiegen würden. Dass sich dieses Bewusstsein im globalen Maßstab verbreitete, bezeugt beispielsweise die *Survivors of the Shoah Visual History Foundation*, die der Regisseur Stephen Spielberg 1994 – ebenfalls als Reaktion auf eine fiktionale filmische Darstellung in *Schindler's List* – gründete, um die Augenzeugenberichte multimedial zu dokumentieren, zu archivieren und öffentlich zugänglich zu machen. Dass es fiktionalen Aufbereitungen von Einzelschicksalen gelang, ein Massenpublikum zur Auseinandersetzung mit einer

3 Wirkungsgeschichtliche Dimensionen des Werks

lange verleugneten, oder zumindest doch de-thematisierten Vergangenheit zu motivieren, verweist bereits darauf, dass es sich hierbei um den gesellschaftlich virulent gewordenen Konflikt zwischen Geschichte und Erinnerung handelt. Schon in seinem Grundlagenwerk *Das kulturelle Gedächtnis* hatte Jan Assmann darauf verwiesen, dass in dem öffentlichen Streit deutscher Sozial- und Kulturwissenschaftler über die Singularität der Schoah im Jahre 1987 (vgl. Augstein/ Bracher/ Broszat 1997) eine „ununterbrochene Konfusion der Sphären von Gedächtnis und Historie" (Assmann, Jan 2005a: 44) stattgefunden hatte: Die Ansprüche an eine öffentlich normativ wirkende Vergegenwärtigung der Schoah wurde fortwährend mit dem Anspruch an eine wenigstens objektiv *orientierte* Geschichtswissenschaft zu diesem Thema konfligiert. Das Konzept des kollektiven Gedächtnisses löst diese Auseinandersetzung zunächst einmal auf, indem klar wird, dass hier von der normativen Kraft des *Gedächtnisses* statt von *Geschichtswissenschaft* gesprochen werden müsste, um sogleich den daraus resultierenden Folgekonflikt zu befeuern: Denn damit wird offenbar, dass sich die Gegenwartsgesellschaften unmittelbar an einem Übergang vom kommunikativen zum kulturellen Gedächtnis befinden, und dies zieht die Notwendigkeit zur *Auswahl* und *Formung* des kulturellen Gedächtnisses nach sich. Die kommunikativen Erinnerungen an die Schoah werden zusehends unerreichbar. *Kollektives Gedächtnis und Erinnerungskulturen* werden also thematisch virulent, weil in Bezug auf den tiefsten Abgrund der Menschheitsgeschichte ein unhintergehbarer Kontinuitätsbruch – und damit eine Krise der Reflexion – unmittelbar bevorsteht.

Der zweite Aspekt, den Erll den *historischen Transformationsprozessen* zurechnet, ist in der Auflösung der Idee von Nationalstaaten als Gebilden aus homogenen Bevölkerungen zu suchen: Die Dekolonialisierung in vielen Regionen der Welt und der Zusammenbruch des kommunistischen Staatenbundes im Ostblock sowie Migrationsbewegungen hatten als Katalysatoren für Konstruktionen kollektiver Identität gewirkt, die in multiplen Zugriffen auf die Vergangenheit ihren Ausdruck fanden (vgl. Erll 2005: 3). Gemeinsam ist diesen beiden transformatorischen Aspekten, dass die reflexive Frage nach dem kollektiven Selbstverständnis einen Konflikt durch den konkurrierenden Rückgriff auf Vergangenheiten schürt, auf den dann vermehrt auch wissenschaftliche Analysen zugreifen (vgl. für den deutschen Fall: Schwan 1997).

Das zweite von Erll genannte Phänomen bilden die Wandlungen der Medientechnologie. Hier wird in der soziologischen Theorie ein fundamentaler Wandel konstatiert: „Wir haben es mit nichts Geringerem zu tun als mit der Vermutung, dass die Einführung des Computers für die Gesellschaft ebenso dramatische Folgen hat wie zuvor nur die Einführung der Sprache, der Schrift und des Buchdrucks. [...] Jedes neue Verbreitungsmedium konfrontiert die Gesellschaft mit neuen und überschüssigen Möglichkeiten der Kommunikation, für deren selektive Handhabung die bisherige Struktur und Kultur der Gesellschaft nicht ausreichen. Jede Einführung eines neuen Verbreitungsmediums muss daher zur Umstellung dieser Struktur und dieser Kultur führen, soll sie auf breiter Front überhaupt möglich sein." (Baecker 2007: 7) Der Mechanismus solcher „selektiver Handhabung" ist eine Frage des kulturellen Gedächtnisses, und die Entwicklung des Internet zu „einer Art globalem Mega-Archiv" (Erll 2005: 3) wirft grundlegende Fragen auf, denen sich die vorliegende Publikation in einem Unterabschnitt separat widmen wird, weil es um die mediale Strukturierung des *zukünftigen* kulturellen Gedächtnisses geht (vgl.: 163 ff.).

Der dritte Faktor, den Erll für den Boom der Erinnerungskulturen benennt, ist im Zuge der Kritik an Assmanns Moses-Büchern bereits exemplarisch rekonstruiert worden: Die Auffassung von der Möglichkeit einer universalen Geschichte im Singular als angemessener Darstellung von Vergangenheit hat sich im Zuge der Debatten über Poststrukturalismus und Postmoderne vollständig aufgelöst (vgl. White 1973: 1-42; vgl. Moebius/ Reckwitz 2008). Damit werden alle Vergangenheitsdarstellungen immer auch auf die strukturellen und gegenwartskulturellen Spezifika ihrer Entstehung hin abgefragt – und so ist man inmitten einer gedächtnisgeschichtlichen Debatte, weil jede historische Darstellung doppelt erscheint, „als *Geschichte* und als *Geschichte der Geschichte*" (Erll 2005: 46). Entgegen der Skepsis manches Historikers kann also die Behauptung aufgestellt werden, dass Geschichtswissenschaft *ohne* Gedächtnisgeschichte nicht mehr denkbar ist. Astrid Erll sieht gar eine Umkehrung des Verhältnisses: „Die Historiographie ist ein Medium des kollektiven Gedächtnisses, das sowohl kulturautobiographische als auch kultursemantische Implikationen aufweisen kann." (Erll 2005: 45) Dieser Satz kann allerdings nur Gültigkeit beanspruchen, wenn damit die reflexive Selbstbetrachtung der Historiographie gemeint ist – eine Reduktion auf ein Medium der Erinnerungskultur würde ihren wissenschaftlichen Eigenwert sträflich verkennen.

3.2.1 Das Gedächtnis der Kulturwissenschaften

Bereits *Das kulturelle Gedächtnis* Jan Assmanns griff auf die Problematisierung des Verhältnisses von Historie und Gedächtnis beim Begründer der Debatte, Maurice Halbwachs, zurück: Dieser hatte der Geschichtswissenschaft ein Interesse an Objektivität und Unparteilichkeit zugebilligt, das aber gerade im Falle seiner vollständigen Durchsetzung zu einem paradoxen Ergebnis führe: „[D]iese Fakten [des Historikers] sind leere Abstraktionen, die niemandem etwas bedeuten, an die sich niemand erinnert, die von jedem Bezug auf Identität und Erinnerung gereinigt sind." (Assmann, Jan 2005c: 44) Diese These fand ihren gesell-

3 Wirkungsgeschichtliche Dimensionen des Werks 155

schaftlich wahrnehmbaren Ausdruck in der zeitgeschichtlichen Entwicklung der 1980er und 1990er Jahre der Bundesrepublik Deutschland, als zunächst eine Reihe von Konflikten zu einer bewussten öffentlichen Auseinandersetzung mit der Behandlung der nationalsozialistischen Vergangenheit führten, um dann von Debatten über die angemessenen Inhalte und Formen der kollektiven Erinnerung an diese Vergangenheit abgelöst zu werden. Auf der Ebene des unmittelbaren Vergangenheitsbezuges wurde dies im Mai 1985 ersichtlich, weil innerhalb weniger Tage zwei einschneidende Ereignisse in politisch gegenläufige Richtungen wiesen: Zunächst führte der damalige Bundeskanzler Helmut Kohl den US-amerikanischen Präsidenten Ronald Reagan während eines Staatsbesuchs auf den Soldatenfriedhof in Bitburg: Auf diesem Friedhof sind auch Soldaten der Waffen-SS, also einer Organisation, die Menschheitsverbrechen durchführte, beigesetzt. Das Staatsoberhaupt einer Befreiernation ausgerechnet an dieser Stelle zur Kondolenz zu nötigen, stellte eine symbolische Geschmacklosigkeit dar, die eine breite Öffentlichkeit in Aufruhr versetzte. Am 8.Mai 1985 als 40. Jahrestag der Befreiung vom Nationalosziaismus hielt der damalige Bundespräsident Richard von Weizsäcker eine Rede vor dem Deutschen Bundestag, die öffentlich beeindruckte, weil das bundesdeutsche Staatsoberhaupt hier stellvertretend in einer unumwundenen Form die historische und politische Verantwortung für die Verbrechen der Nationalsozialisten übernahm. In seiner Rede sparte von Weizsäcker kein Verbrechen und keine Opfergruppe aus und setzte damit der öffentlichen Verleugnung der Geschehnisse in der Bundesrepublik insbesondere durch die politische Elite vernehmbar ein Ende. 1987 folgte die bereits erwähnte publizistisch ausgetragene Debatte zwischen Sozial- und Kulturwissenschaftlern über die Singularität der Schoah. Schließlich musste 1988 der Bundestagspräsident Phillip Jenninger zurücktreten: Er hatte in einer Gedenkveranstaltung des Parlaments zur Reichsprogromnacht eine Rede gehalten, in der er die Vergangenheit durch Zitate aus der Zeit des Nationalsozialismus lebendig präsentieren wollte. Genau dies lud jedoch zu der Interpretation, Jenninger verträte dieses Zitate als eigene Überzeugung, ein.

Als Beispiele für die daran als nächste Stufe gesellschaftlicher Reflexion anschließende Auseinandersetzung über Formen und Inhalte der Erinnerung seien die mehrere Jahre währende Debatte über das *Denkmal für die ermordeten Juden Europas* in Berlin (vgl. Cullen 1999) und der Konflikt über einen aktiven Versuch der De-Thematisierung nationalsozialistischer Verbrechen in einer Preisverleihungsrede des Schriftsteller Martin Walser genannt (vgl. Walser 1998; Schirrmacher 2000). Auch geschichtswissenschaftliche Publikationen erhielten in dieser Phase eine weit über die Wissenschaft hinausgehende Aufmerksamkeit und lösten mitunter öffentliche Konflikte aus (vgl. Goldhagen 1996; Schoeps 1996).

Diese Auseinandersetzung über „Geschichte und/oder/als Gedächtnis" (Erll 2005: 41 f.) zog eine wissenschaftliche Reflexion dieser Thematik nach sich, für die das Werk Jan Assmanns eine fundierende Bedeutung hat. Das Grundlagenkapitel des Handbuchs *Kollektives Gedächtnis und Erinnerungskulturen* referenziert insgesamt vier Ursprünge der Debatte. Neben Maurice Halbwachs, dem Kulturhistoriker Aby Warburg (1866-1929) und dem französischen Historiker Pierre Nora (geb. 1931)[8] sind dies Aleida und Jan Assmann, die bescheinigt bekommen, nicht nur das im deutschsprachigen Raum am häufigsten rezipierte, sondern auch „im internationalen Vergleich das am besten ausgearbeitete" (Erll 2005: 13) Konzept entworfen zu haben: „Zentrales Verdienst der Theorie des kulturellen Gedächtnisses ist es, die Verbindung von Kultur und Gedächtnis systematisch, begrifflich differenziert und theoretisch fundiert aufgezeigt zu haben" (Erll 2005: 27). Die Wirkungsgeschichte dieses Werks anhand von Referenzen in den verschiedenen interdisziplinären Weiterentwicklungen und thematischen Fallstudien zu verfolgen, ist angesichts deren Anzahl schlichtweg unmöglich. Dies stellt Erll für alle fünf Stichwortgeber des Forschungsbooms fest: „Eine solche Liste von Themen geschichtswissenschaftlicher Gedächtnisforschung könnte beliebig lang fortgesetzt werden. Zu überbordend und international ist die Beschäftigung mit historischen Erinnerungskulturen mittlerweile, als dass ein thematisches Ordnungskriterium noch sinnvoll wäre. [...] Statt Themen stehen daher im folgenden *Konzepte* im Vordergrund." (Erll 2005: 47 f.) Da es in der vorliegenden Einführung nicht um die Konkurrenz der Entwürfe Assmanns mit den anderen Begründern der Debatte geht – die ohnehin ausnahmslos Berücksichtigung in seinen Werken finden – beschränkt sich die folgende Darstellung mit den Wirkungen und Weiterentwicklungen des Konzepts des kulturellen Gedächtnisses.

Bezeichnend für die weit- und tiefgreifende Bedeutung der beiden Assmanns ist, dass selbst die Anordnung der Grundlagenkonzepte auf der obersten Ebene lediglich durch die *Anwendung* einer Begrifflichkeit möglich erscheint, die von ihnen selbst geprägt worden ist: „Es geht um Ansätze, die für Erinnerungskulturen *diesseits und jenseits des ‚floating gap'* entwickelt wurden, die also – mit den Begriffen von Aleida und Jan Assmann – ebenso den weiteren Horizont des kulturellen Gedächtnisses abstecken wie den engeren Horizont des kommunikativen." (Erll 2005: 48) Während sich Jan Assmann mit seinen Studien zumeist jenseits dieser Grenze bewegt, liegt der Schwerpunkt Aleida Assmanns diesseits – daraus resultiert der Fokus des Folgenden.

---

8 Obwohl Aby Warburg und Pierre Nora auch im Werk von Jan Assmann referenziert werden (vgl. Assmann, Jan 2005c: 30, 60), spielen sie bei Aleida Assmann eine größere Rolle. Daher tritt deren Werk in der vorliegenden Einführung etwas in den Hintergrund.

3 Wirkungsgeschichtliche Dimensionen des Werks

Hinter dem Horizont des kommunikativ erreichbaren Zeithorizonts *jenseits des floating gap* identifiziert Erll insgesamt drei Ansätze: Die „mediävistische Memoria-Forschung" (Erll 2005: 48), die „Formen der Erfindung von Traditionen" (Erll 2005: 49) und das „Archiv" (2005: 49).

In der Memoria-Forschung, die im deutschsprachigen Raum wesentlich mit dem Historiker Otto Gerhard Oexle verbunden ist, wird die Vergegenwärtigung der Toten untersucht. Jan Assmann hatte in Referenz auf Oexle nicht nur den sozial sinnstiftenden Charakter herausgestellt (Assmann, Jan 2005a: 52 und 60-63), sondern mit der philologischen Analyse der ägyptischen Totenliteratur auch das Fernziel einer „kulturwissenschaftliche[n] Thanatologie" (Assmann, Jan 2003b: 23) benannt. Gerechtfertigt werde eine solch weitreichende Bedeutungszuschreibung durch die fundierende Wirkung der Auseinandersetzung mit dem Tod, die Oexle von der „Memoria als Kultur" (Erll 2005: 48) sprechen lässt. Diese Annahme der Wirkungsmächtigkeit des Themas Tod teilt er mit Jan Assmann. Der postuliert gegenüber dem gängigen Motiv vom Menschen als „Mängelwesen" eine anders pointierte anthropologische Grundannahme: „Wer den Menschen als Mängelwesen definiert, versteht die Funktion der Kultur als ein Projekt der ergänzenden und kompensatorischen Nachbesserung. [...] Die Richtigkeit dieser Diagnose ist natürlich nicht von der Hand zu weisen. Man kann sie jedoch trotzdem anders nuancieren [...]. Hier wird der Mensch als das Wesen gesehen, dass nicht zu wenig kann, sondern zu viel weiß" (Assmann, Jan 2003b: 3), nämlich von der eigenen Vergänglichkeit und Sterblichkeit. Für Ägypten ließe sich feststellen, dass der Tod nicht nur alle Dimensionen des menschlichen Lebens umfasst, sondern diese sogar zentriert: „Der Tod ist Ursprung und Mitte der Kultur. Der Tod – das bedeutet die Erfahrung des Todes, das Wissen um die Endlichkeit des Lebens, die rituellen Rahmungen von Sterben und Trauer, die Spur der Gräber, das Weiterleben der Toten, die Gemeinschaft der Lebenden mit den Toten, der symbolische Austausch zwischen den Welten der Lebenden und der Toten, das Streben nach Unsterblichkeit, nach Fortdauer in irgendeiner Form, irgendwelchen bleibenden Spuren und Wirkungen, nach mehr Welt und mehr Zeit." (Assmann, Jan 2003b: 1) Wie kulturgenerierend der Tod im Falle Ägyptens gewesen ist, hatte Jan Assmann in zahlreichen Einzelstudien dargelegt, von denen einige in dieser Einführung vorgestellt wurden. Die Thematisierung von Memoria *als* Kultur weitet diese Erkenntnisse ganz im Sinne einer *kulturwissenschaftlichen Thanatologie* aus. In der Memoria als der Erinnerung der Vergangenheit im Medium des Namens ist eine bestimmte Form des Memorierens verbunden, die auch politische Implikationen mit sich bringt, wie Jan Assmann am Falle des alten Ägypten heraus gestellt hatte: „Denn hier haben wir es mit einer Gesellschaft zu tun, der ihre Vergangenheit in überwältigend eindrücklicher Weise vor Augen stand, die sie mit Hilfe von Annalen und Königslisten ausgemessen hatte und die trotzdem so gut wie nichts mit ihr angefangen hat." (Assmann, Jan 2005c: 67 f.)

Dieses Verhältnis ändert sich grundlegend im Übergang zur Nationenbildung, und Aleida Assmann spürt dieser Veränderung in der literarischen Reflexion am Eingang neuzeitlichen Denkens nach, das in dem von ihr untersuchten Fall mit dem Wechsel zur Dynastie der Tudors auf dem englischen Königsthron, nach dem Ende des Hundertjährigen Krieges, einsetzte und dessen Gedächtnis exemplarisch in den Werken von William Shakespeare (1564-1616) gebildet worden sei. Die Praxis der Memoria, als rein genealogische Herleitung des eigenen Machtanspruchs trug in dieser historischen Umbruchsituation nicht mehr: Das Königshaus der Tudors „konnte sich nicht mehr erlauben, geschichtsfundamentalistisch aus vergilbten Urkunden einseitig politische Ansprüche abzuleiten. [...] Aus einer *historisch* geworden Vergangenheit lassen sich keine politischen Ansprüche mehr ableiten. [...] Die neue Nation muss sich von den alten Erinnerungen trennen." (Assmann, Aleida 1999: 76 f.) Insbesondere in den Historiendramen Shakespeares spürt Aleida Assman der Formierung eines neuartigen Vergangenheitsbezuges nach: „An die Stelle der Sakralisierung des Blutes und der Legitimation durch Herkunft tritt die Identifikation mit einer gemeinsamen Geschichte; an die Stelle der feudalen Sakralisierung des Namens tritt die patriotische Ehre der Nation. [...] Damit ändert sich der Gebrauch, den man von der Geschichte macht, grundlegend." (Assmann, Aleida 1999: 78) Hier liegt somit ein Wechsel von der quietiven zur inzentiven Qualität der Mythomotorik vor (vgl.: 22 ff.). Unter dem Blickwinkel der politischen Imagination erscheint in den literarischen Werken ein neues symbolisch verkörpertes Kollektiv auf der Bühne: „Die Nation tritt neben den König als neues Subjekt der Geschichte und wird damit zum Adressaten und Träger. Mit diesem Addressatenwechsel vollzieht sich ein Strukturwandel der Geschichtserinnerung. Sie dient nicht mehr vordringlich, wie bisher, der Instruktion oder Legitimation des Herrschers, sondern der kollektiven Identitätsbildung." (Assmann, Aleida 1999: 78) Allerdings ist dieser Wandel keineswegs nur unter einem mobilisierenden Effekt zu betrachten, denn der neue Erinnerungsmodus beinhaltet auch stabilisierende Wirkungen: „Unter der Voraussetzung eines kollektiven identifikatorischen Bezugs geht Geschichtserinnerung nicht mehr unmittelbar in Geschichtshandeln über. Erinnerung ersetzt vielmehr das Handeln, sie ist gewissermaßen der Riegel, der die Vergangenheit unter Verschluss hält." (Assmann, Aleida 1999: 79) Damit vollzieht sich die Umwälzung im Umgang mit der Vergangenheit durch die Bildung eines *Archivs*. Dieses Motiv geht auf Michel Foucault zurück und bezeichnet die Vorstellung eines strukturierten Wissensspeichers der Gesellschaft, der einer Legitimation zulässiger Aussagen dient (vgl. Foucault 1981: 113-190). Unter dem Namen der *Nation* wird folgend verhandelt, wer dem Kollektiv angehört und welche Handlungsorientierun-

3 Wirkungsgeschichtliche Dimensionen des Werks

gen seinen Entscheidungen Legitimation verschaffen. Diese neue Form des Gedächtnisses abstrahiert Aleida Assmann in einer grundsätzlichen Unterscheidung von „ars" (lat. Kunst, Handwerk) und „vis" (lat. Stärke, Kraft, Gewalt) (Assmann, Aleida 1999: 27). *Ars* bezeichnet das Gedächtnis als Einlagerungsstätte von Vergangenheit, aus dem die einzelnen Elemente aufgrund sorgsamer Verzeichnung abgerufen werden können. Dieses Bedeutungsspektrum ist mit dem Begriff des *Speichers* gut abgedeckt. Die Schwelle zum neuzeitlichen Umgang mit Erinnerung macht sich an politischen Phänomenen wie der Nationenbildung und technologischen Innovationen wie der Durchsetzung des Buchdrucks bemerkbar und rechtfertigt die neue Bezeichnung *Vis*: „Im Falle des Erinnerns wird die Zeitdimension, die beim Speichern stillgestellt und überwunden ist, akut. Indem die Zeit aktiv in den Gedächtnisprozess eingreift, kommt es zu einer grundsätzlichen Verschiebung zwischen Einlagerung und Rückholung. Während bei der Mnemotechnik [als zentralem Element der *Ars*, JüS] die exakte Übereinstimmung von input und output entscheidend war, kommt es bei der Erinnerung zu ihrer Differenz. Dem Verfahren des Speicherns möchte ich deshalb den Prozess des Erinnerns entgegenstellen." (Assmann, Aleida 1999: 29) Dies ist aber keineswegs als vollständiger Ablösungsprozess zu denken, sondern es handelt sich um einen Wandel im Verhältnis zwischen Speicher und Reaktualisierung: „Im Druckzeitalter richtete sich die Memoria-Kritik gegen die unsinnige Überfrachtung des Gedächtnisses. Eine neue Ökonomie und Ordnung des Wissens waren gefragt" (Assmann, Aleida 1999: 90). Die Regulierung dieser Ökonomie sieht Aleida Assmann – in Anlehnung an die Begriffe von Michel Foucault – durch neuartige „Diskurspraktiken" gewährleistet: „Der Begriff *Memoria* verbindet sich dabei mit anderen wie *Tradition* und *Rhetorik*; *Erinnerung* dagegen rückt immer enger mit *Subjektivität* und *Schrift* zusammen." (Assmann, Aleida 1999: 91) Diese Unterscheidung führt auf dem einen Pfad zu einer Erforschung des Verhältnisses von Individuum und den Medien des Gedächtnisses. Ins Zentrum rückt hierbei die Literatur. Dieser Pfad soll hier nicht weiter verfolgt werden, weil er zu weit von den in den Werken Jan Assmanns thematisierten Topoi wegführt – er ist der fachspezifische Schwerpunkt von Aleida Assmann. Die theoretische Grundlegung hierfür findet sich in den *Erinnerungsräumen* (Assmann, Aleida 1999). Einen Überlick, unter Berücksichtigung auch anderer theoretischer Zugänge bietet Erll (vgl. Erll 2005: 143-193).

Auf einem anderen Pfad führt die Unterscheidung von *Ars* und *Vis* zu einer weiteren Ausdifferenzierung des auf Jan Assmann zurückgehenden Konzepts des *kulturellen Gedächtnisses* durch die kategoriale Unterscheidung von Speicher- und Funktionsgedächtnis.

Unter Rückgriff auf die beiden grundlegenden Gedächtnis-Theoretiker Maurice Halbwachs und Pierre Nora sowie die Philosophie von Friedrich Wilhelm Nietzsche (1844-1900) greift Aleida Assmann das Problem des Verhältnisses von Gedächtnis und Geschichte noch einmal auf. Als wesentlichen Mangel in der Konzeption Maurice Halbwachs' kennzeichnet sie, dass sein Sozialkonstruktivismus keinen Platz für funktional nicht einsetzbare Erinnerungen aufweise: Was der Konstruktion eines aktuellen Gruppengedächtnisses nicht dienlich sei, falle dem Vergessen anheim. Uneindeutig bleibt diese Bestimmung bei Halbwachs, weil die Geschichtswissenschaft zum potenziellen Aufbewahrungsort solcher funktionsloser Erinnerungen wird. Dagegen sei Friedrich Nietzsche und Pierre Nora eine stark normativ geeichte Befürchtung gemeinsam: Dass nämlich die leblos gespeicherte Vergangenheit ein Übergewicht über die lebendige Erinnerung gewinne. Bei Nietzsche als Autor des 19. Jahrhunderts speist sich diese Befürchtung aus dem unermesslichen Anwachsen historischer Kenntnisse im Zuge des Wissenschaftsaufschwungs seiner Gegenwart. Pierre Nora, der zwischen 1984 und 1992 eine monumentale siebenbändige Publikation zu französischen Erinnerungsorten vorlegte (vgl. Erll 2005: 23-26), fürchtet in quasi umgekehrter Perspektive die Auflösung von aktivierter Erinnerung als über die Zeitdistanz wirkende Bindungskraft. Aleida Assmann ist mit den hier zu Tage tretenden allzu eindeutigen Zuschreibungen an Geschichte und Erinnerung genauso unzufrieden wie mit Vorschlägen zu einer – in der Regel normativ und politisch motivierten – vollständigen Auflösung der Historie zugunsten von Erinnerung. Stattdessen ergibt sich aus ihrer Analyse die Unterscheidung eines „bewohnten" von einem „unbewohnten" (Assmann, Aleida 1999: 133) Gedächtnis: Während das erste die von Gruppen aktivierten Erinnerungsbestände bezeichne, die eine Konnektivität zur Vergangenheit herstellten, indem es Wichtiges auswähle und Werte vermittele, könne das zweite auch in Ablösung von lebendigen Trägern nur in sachlichen Medien existieren und sich auf diese Weise vorübergehend von der Gegenwart abkoppeln. Diese Unterscheidung überführt Aleida Assmann in die Begriffe von Funktionsgedächtnis und Speichergedächtnis: „Der wesentliche Schritt über die Polarisierung oder Gleichsetzung der Konzepte Gedächtnis und Geschichte hinaus besteht darin, das Verhältnis von bewohntem und unbewohntem Gedächtnis im Sinne zweier komplementärer Modi der Erinnerung aufzufassen. Das bewohnte Gedächtnis wollen wir das *Funktionsgedächtnis* nennen. Seine wichtigsten Merkmale sind Gruppenbezug, Selektivität, Wertbindung und Zukunftsorientierung. Die historischen Wissenschaften sind demgegenüber ein Gedächtnis zweiter Ordnung, ein Gedächtnis der Gedächtnisse, das in sich aufnimmt, was seinen vitalen Bezug zur Gegenwart verloren hat. Dieses Gedächtnis der Gedächtnisse schlage ich vor, *Speichergedächtnis* zu nennen." (Assmann, Aleida 1999: 134)

Wie bereits im Abschnitt über die Schriftlichkeit angeführt, hat Aleida Assmann unter Einbeziehung zahlreicher weiterer wissenschaftlicher Fachdisziplinen eine Ausdifferenzierung des Gedächtnis-Begriffes insgesamt vorgenommen (vgl.:

3 Wirkungsgeschichtliche Dimensionen des Werks 161

31 ff.). Das Handbuch *Kollektives Gedächtnis und Erinnerungskulturen* von Astrid Erll verdeutlicht unweigerlich, dass dies eine Auszeichnung und ein Problem zugleich ist. Einerseits lassen sich die Werke Aleida Assmanns gleichsam als interdiziplinär erweiterte und stärker gegenwartsbezogene Erweiterungen der Studien Jan Assmanns lesen, und nicht ohne Grund gehört *Der lange Schatten der Vergangenheit* (Assmann, Aleida 2006) bereits wenige Jahre nach Erscheinen zum Kanon kulturwissenschaftlicher, aber auch sozialwissenschaftlicher Literatur. Andererseits werden dabei unterschiedliche Konzepte verschiedener Fachdisziplinen zusammengeführt, die nur unter Spannung in ihren jeweiligen Kurzfassungen miteinander gekoppelt werden können. Unmittelbar ersichtlich wird dies an den bereits dargestellten „Gedächtnisdimensionen" (Assmann, Aleida 2006: 33) des *Neuronalen, Sozialen* und *Kulturellen,* in denen so unterschiedliche Kategorien wie das „individuelle Gehirn", die „soziale Kommunikation" und „symbolische Medien" (Assmann, Aleida 2006: 33) zu einem Erklärungsmuster miteinander verbunden werden. Trotz der darin angelegten wissenschaftlichen Konflikte ist diese konzeptionelle Gliederung von Aleida Assmann in der deutschsprachigen Kulturlandschaft ähnlich prägend geworden wie die Unterscheidung von kommunikativem und kulturellem Gedächtnis. Beispielsweise skizziert Astrid Erll in dem bewussten Verzicht auf eine „alle Ansätze integrierende Super-Gedächtnistheorie" (Erll 2005: 95) in Selbstbeschränkung ein *heuristisches Modell*[9], das in seiner kürzest verfügbaren Zusammenfassung lautet: „Das kollektive *Gedächtnis* des Individuums und das kollektive *Gedächtnis* der Gesellschaft sind zwei Möglichkeiten, das Verhältnis von Kultur und Gesellschaft zu beschreiben. Keiner der so konstruierten Gegenstandsbereiche kann ausschließlich betrachtet werden, denn *collected* und *collective memory* sind erst in ihrer Verquickung miteinander zu begreifen. In beiden Fällen hat der Begriff kollektives Gedächtnis eine bildsprachliche Dimension. Beides ist legitim. Wichtig ist allein, sich bei dem Gebrauch der Metaphern und Metonymien über Richtung und Grad der Übertragung von Bedeutungen im Klaren zu sein, über die Produktivität des Tropus für das jeweilige Forschungsvorhaben sowie über mögliche Irrwege, die seine Begriffslogik implizieren könnte." (Erll 2005: 100) Diese Konzeptionierung erhält sowohl in ihren drei kultursemiotischen Dimensionen der materialen, sozialen und mentalen Erinnerungskulturen als auch im kommunikativen und kulturellen Gedächtnis als den „zwei Basis-Modi des kollektiven Gedächtnisses" (Erll 2005: 95) grundlegende Form durch den Rückgriff auf die Arbeiten von Jan und Aleida Assmann. Die kurze Umschreibung eines Forschungsfeldes durch Erll aus dem Jahre 2004 basierte auf Literaturhinweisen, die allein für die Geschichts-, Sozial-,

---

9 Dieses Modell basiert auf der Grundlage eines Konzepts, dass ein Jahrzehnt dem forschungs- und publikationsstarken Sonderforschungsbereich Erinnerungskulturen der Deutschen Forschungsgemeinschaft als Leitbild diente (vgl. Erll 2005: 34-39).

Literatur- und Kunstwissenschaften mehrere hundert Titel umfasste (vgl. Erll 2005: 39-39, 55-61 und 74-80), und in ihrem Versuch der Zusammenführung von individueller und kollektiver Ebene eine zweite Grundunterscheidung noch außen vor ließ, die in Referenz auf Jan Assmanns *Moses der Ägypter* bereits referiert worden ist: Diejenige zwischen Oberfläche und Tiefe. Hierzu reflektierte Jan Assmann selbst: „Die Wahrheit der Tiefe ist grundverschieden von der Botschaft bzw. dem Schein der Oberfläche. Aus dieser Differenz ergibt sich das Prinzip der Freudschen Hermeneutik. Sie ist eine Hermeneutik des Misstrauens, die in den expliziten Mitteilungen der Oberfläche nur verzerrte und verfälschte Spuren einer verschütteten Wahrheit sieht." (Assmann, Jan 2007b: 64) Auf die Problematik der Heranziehung psychoanalytischer Begriffe in kultur- und sozialwissenschaftlichen Studien ist zuvor eindringlich hingewiesen worden. Hier sei zusätzlich betont, dass sich die Befassung mit den biologischen und kognitiven Dimensionen des individuellen Gehirns noch einmal mindestens auf die Grunddisziplinen der Kognitionswissenschaften, Psychoanalyse, Neurobiologie und Philosophie erstreckt. Einen mehrseitigen Überblick über Literatur zu den Grundkonzepten bietet auch hier das Handbuch von Erll (vgl. Erll 2005: 91-94). Statt in dieses Gebiet, das kaum direkte Bezüge zum Wirken Jan Assmanns aufweist, einzusteigen, erscheint es sinnvoller, den gegenwärtig erreichten Forschungsstand der Theorie darzustellen, die von Jan Assmanns kulturellem Gedächtnis ihren Ausgang nahm. Es ist kein Zufall, dass sich die Darstellung hierzu bei Aleida Assmann findet.

In der aktuellsten Fassung werden die Gedächtnisformationen auf insgesamt drei Ebenen unterschieden.

Grundlage:	biologisch vermittelt		symbolisch vermittelt	
Verarbeitung:	neuronal	kommunikativ	kollektiv	individuell
Gedächtnis-formation	individuelles Gedächtnis	soziales Gedächtnis	politisches Gedächtnis	kulturelles Gedächtnis

Quelle: Assmann, Aleida (2006): 36

Grundlegend werden die biologische und eine symbolische Vermittlung in dem Sinne auseinander gehalten, dass im einen Fall die Interaktion von oder in leibhaftigen Menschen erforderlich ist, während im zweiten Fall eine auch eine zeit- und raumdistante Vermittlung erfolgen kann. Die vier Verarbeitungsweisen beziehen sich sinngemäß jeweils auf den Vermittlungsmodus: Das menschliche Gehirn arbeitet neuronal, und die soziale Interaktion verläuft kommunikativ. Die kategoriale Schlüssigkeit dieser Differenzierung muss allerdings kritisch hinterfragt werden, weil der einzig erkennbare Unterschied darin besteht, dass die neuronale Verarbeitung innerhalb einer Person nicht unmittelbar beobachtbar ist.

3 Wirkungsgeschichtliche Dimensionen des Werks 163

Inwiefern sie kommunikativ verläuft, hängt freilich von der zu Grunde gelegten Kommunikationstheorie ab. In der symbolischen Vermittlung wird ein kollektiv vermitteltes „politisches Gedächtnis" (vgl. Assmann, Aleida 2006: 36-40) von einem individuell erworbenen kulturellen Gedächtnis unterschieden. Das politische Gedächtnis erscheint hier als eine Konsequenz einerseits von Jan Assmanns Überlegungen zur politischen Imagination kollektiver Identitäten und andererseits Aleida Assmanns Forschungsergebnissen zum Übergang von *Ars* zu *Vis* am Beginn der Neuzeit mit der Implikation, dass die nun symbolisch als Einheit vermittelten *Nationen* eine kollektiv geteilte Identität benötigten. Etwas unklar bleibt, warum in der Konsequenz das kulturelle Gedächtnis nun exklusiv *individuell* vermittelbar sein soll. Den zentralen Wert dieser Zusammenfassung – und damit auch das Zentrum der gegenwärtig erreichten Forschungstätigkeit – beschreibt Aleida Assmann: „Mit der Aneignung von Geschichte, die mit den *Augen der Identität* gesehen wird, erweitert sich das episodische Erfahrungsgedächtnis durch das semantische Gedächtnis." (Assmann, Aleida 2006: 59) Dies ließe sich übersetzen als die Einsicht, dass ohne die Entwicklung eines kulturellen Gedächtnisses den Einzelpersonen letztlich ein verstehender Zugang zur Welt verwehrt bliebe.

Abschließend soll eine Debatte aufgegriffen werden, die einerseits an die Gründung des *Arbeitskreises Archäologie der literarischen Kommunikation* und somit an den Ursprung des Wirkens von Jan und Aleida Assmann zurückführt, andererseits aber auch eine der vermutlich zukunftsträchtigsten Zweige der Debatte verfolgt, weil es angesichts eines einschneidenden medientechnologischen Wandels um nichts geringeres als die Zukunft des kulturellen Gedächtnisses geht.

3.2.2 Erinnerungen, Medien und Struktur

Dieser letzte Abschnitt führt sowohl institutionell als auch intellektuell an den Ausgangspunkt dieser Einführung zurück: Im Vorwort zu *Das kulturelle Gedächtnis* hatte Jan Assmann hervorgehoben, dass die Initiative zur Erforschung des kollektiven Gedächtnisses auf die Gründung des Arbeitskreises *Archäologie der literarischen Kommunikation* zurückgeht. Dieser Arbeitskreis verstand sich als eine kulturwissenschaftliche Antwort auf eine strukturalistische und konstruktivistische Fragestellung: Nur sollte diese Antwort anhand empirisch erfassbaren Materials erfolgen statt in den immer komplexeren Verästelungen der Theorie. In einem Nachwort Jan Assmanns zu der konstruktivistisch geprägten Studie über das *Soziale Vergessen* von Elena Esposito (Esposito 2002) tauchen diese kulturwissenschaftlichen Vorbehalte deutlich erkennbar wieder auf. Zusätzlich kann mit dem Werk Espositos gezeigt werden, welche theoretischen Fragestellungen die mittlerweile massiv verzweigte kulturwissenschaftliche Fragestellung nicht mehr in genügender Klarheit stellt.

Intellektuell führt dieser Abschnitt an den Beginn zurück, weil jenes Vorwort zu *Das kulturelle Gedächtnis* mit der Vermutung einsetzt, die Gegenwart stünde an der Schwelle zu einer „kulturelle[n] Revolution, die an Bedeutung der Erfindung des Buchdrucks und vorher der der Schrift gleichkommt." (Assmann, Jan 2005c: 11) In dieser Diagnose herrscht Einigkeit mit führenden Theoretikern konstruktivistischer Gesellschaftstheorien (vgl.: 153), zu denen auch Elena Esposito gehört – aber die Schlussfolgerungen unterscheiden sich erkennbar.

Die zentrale Voraussetzung für Espositos Argumentation ist die systemtheoretische Grundannahme des Präsentismus: „Alles geschieht in einer Gegenwart, die Vergangenheit als Bedingung der eigenen Operationsfähigkeit rekonstruiert." (Esposito 2002: 13) Damit ist die banale Grundtatsache, dass bewusste Wahrnehmung des Menschen immer nur *jetzt* erfolgen kann, und Vergangenheit und Zukunft deshalb stets nur Projektionen auf Erfahrungen bzw. Erwartungen sind, mit dem komplexen logischen Argument des *re-entry* verknüpft: Wenn alle Operationen immer nur gegenwärtig vonstatten gehen, kann der operierende Akteur sich die Entscheidungen dadurch erleichtern, dass er in der Vergangenheit bereits getroffene Entscheidungen präsent und verfügbar hält. „Gedächtnis [ist] ein verkürzter Ausdruck für die Rekursivität von Operationen. […] Wiederholung erzeugt Redundanz und diese erspart es dem System, Informationen jedes Mal von neuem zu elaborieren." (Esposito 2002: 24) Dies stellt sich die Theorie funktionaler Differenzierung im Anschluss an Niklas Luhmann, der hierfür wiederum auf George Spencer-Brown referiert, als den eben benannten *re-entry* vor: Der Wiedereintritt einer einmal getroffenen Unterscheidung in das System kann nicht nur zur vereinfachten Reproduktion führen, sondern stellt auch eine grundsätzlich Gefährdung dar, weil der Logik der *Laws of Form* zufolge hiermit zwangsläufig auch die in der Entscheidung durch Ablehnung negierte Option wieder auftaucht (vgl. Luhmann 1998: 44-59; Spencer-Brown 2009: 57-63). Damit ist eine Selbstverständlichkeit des Alltagslebens als Paradox beschrieben: „Das Gedächtnis kann als eine Form der Selbstbeobachtung in der Gegenwart angesehen werden, das heißt als etwas Unmögliches: Als unmittelbare Selbstreferenz, die bekanntlich nur auf Umwegen über äußere oder angeblich äußere Bezüge – in diesem Fall über den Umgang mit der Zeit – hergestellt werden kann." (Esposito 2002: 12)

Ebenso zentral für die Ausführungen Espositos ist die in der Theorie funktionaler Differenzierung angelegte Selbstverständlichkeit, dass Gesellschaft als Ansammlung von miteinander kommunizierenden, sich selbst reproduzierenden Systemen zu denken ist. Hierbei wird das Individuum als psychisches System

3 Wirkungsgeschichtliche Dimensionen des Werks 165

von sozialen Systemen wie der Wirtschaft, Politik oder Religion einerseits als grundsätzlich *andersartig* unterschieden, und zugleich *in seiner funktionalen Operationsweise* gleichgesetzt: Das Individuum funktioniert auf gänzlich anderen Grundlagen als Gesellschaft, die Gemeinsamkeit besteht darin, sich ständig durch binäre Entscheidungen – also *Unterscheidungen* – zu reproduzieren. Diese Grundannahme kann hier nicht in der Tiefe diskutiert werden, wichtig soll allein die Konsequenz für das Thema des Gedächtnisses sein: Ontologisch betrachtet haben Individuen und Gesellschaft nichts miteinander zu tun. Menschen bestehen aus einem Leib, und Gesellschaft ist das Ergebnis von Kommunikationen, also dem Abgleich unterschiedlicher Systemzustände zwischen Systemen. Da sich aber Gesellschaft genau wie das Individuum ständig aus eigenen Ressourcen reproduziert, steht ihm die Option des Gedächtnisses als unmittelbare Selbstreflexion zur Verfügung. Das heißt, die Frage, ob ein Gedächtnis „neuronal" oder „kollektiv" (v)erarbeitet wird (vgl. Tabelle: 162), stellt sich für diese Theorie nicht, da Gedächtnis eine komplexitätssteigernde Funktionsvariante *aller* Systeme ist. Nicht *Menschen* oder *Gesellschaften haben Gedächtnisse*, sondern *alle Systeme* können auf dem Wege des *re-entry* einen *Reproduktionsmodus Gedächtnis* anlegen. Die Frage, ob es ein kollektives Gedächtnis denn überhaupt geben könne, wird obsolet, sofern akzeptiert ist, dass Gesellschaft als System funktioniert.[10]

Zum vollständigen Verständnis des Gedächtnisbegriffs bei Esposito müssen nun noch die Begriffe *Identität, Redundanz* und *Semantik* erläutert werden. Am einfachsten ist die Identität zu verstehen. Unter der Grundannahme des Präsentismus ist es alles andere als selbstverständlich, dass ein vergangener Zustand noch einmal erneut so auftauchen und wahrgenommen werden kann oder anders ausgedrückt: Was im Alltagsleben als Kontinuität erscheint, ist systemtheoretisch die Reaktualisierung eines vergangenen Zustands. Tritt der Fall ein, handelt es sich um Identität – sie bezeichnet also „dasselbe in anderen Situationen zu erkennen." (Esposito 2002: 21) Redundanz bezeichnet das Ergebnis einer Wiederholung. Ein erneut auftretender Zustand wird mit einem als *re-entry* gespeicherten vormaligen Ergebnis *identifiziert*, oder einfacher ausgedrückt: Die Wiederholung wird als Wiederholung *erkannt*. Dies ist eine zwar nicht zwingend notwendige, aber die Überlebenschancen eines Systems massiv steigernde Option, weil Redundanzen es erheblich erleichtern, Unterscheidungen vorzunehmen, indem sie beispielsweise die Identität mit erfolgreichen Unterscheidungen der

---

[10] Damit ist allerdings auch ein klares Urteil bezüglich der Hinzuziehung interdisziplinärer Erkenntnisse gefällt: „Da es um die Gesellschaft geht, darf der zugrunde liegende Gedächtnisbegriff nicht von biologischen oder psychologischen Konnotationen affiziert sein: Aus der Funktionsweise von Gehirn und Bewusstsein können keine Schlussfolgerungen hinsichtlich der Funktionsweise der Gesellschaft gezogen werden." (Esposito 2002: 18)

Vergangenheit herstellen. Wenn Redundanzen operative Unterscheidungen erleichtern, vergrößern sie damit zugleich die Option, auch Verschiedenes und damit verbundene Änderungsoptionen zu erkennen. Dies ermöglicht eine weitere paradoxe Aussage: „Redundanz und Varietät sind nicht im Sinne einer gegenseitigen Aufhebung gegensätzlich, sondern im Sinne wechselseitig steigender Sachverhalte. Es handelt sich um zwei Seiten einer Unterscheidung, die nur zusammen wachsen können." (Esposito 2002: 25) Diese Aussage ist gesellschaftstheoretisch wie erinnerungskulturell von großer Bedeutung, weil damit gesagt ist, dass die kulturelle Reproduktion auf dem Weg der Wiederholung *zugleich die Möglichkeit der Varietät* erhöht. Auf diesen Punkt wird zurückzukommen sein.

Zuvor muss aber noch geklärt werden, was denn Esposito nun als Gedächtnis konzipiert, und dies macht den Buchtitel verständlich: Gedächtnis ist eine Funktion, die eine Wiederholung von bereits zuvor erzielten Ergebnissen herbeiführt. Wenn diese Erzeugung von Redundanzen nach einem erfolgreichen Muster abläuft – das Gedächtnis also produktiv ist – entsteht als Ergebnis *Semantik*, also ein aufgrund seines erneuten Auftauchens in einem bekannten Sinnzusammenhang Orientierung gebendes Muster. Semantik als Ergebnis der Gedächtnisfunktion besteht konkret aus „Themen, über die kommuniziert werden kann, und die Begriffe, die man in der Erwartung benutzen kann, verstanden zu werden."[11] (Esposito 2002: 21) Um diese Wiederholungen zu ermöglichen, ist es die Aufgabe des Gedächtnisses, irritierende Zustände durch Neuigkeiten zu vermeiden, weil dies zum Erfordernis neuer Informationsverarbeitung führte – das Gegenteil dessen, wozu der Gedächtnismodus geschaffen wurde. Aufgrund des zuvor formulierten Paradoxons darf dieses Streben nach Wiederholung durch die Gedächtnisfunktion nicht mit dem Resultat einer statischen Semantik verwechselt werden, weil erhöhte Gedächtnisleistung zugleich eine gefahrlosere Varietät ermöglicht: In einer stabilen semantischen Struktur können vereinzelt neue Informationen problem- und gefahrlos verarbeitet werden, und die so verbesserte Struktur nachfolgend verbesserte Gedächtnisleistungen hervorrufen. Wenn Gedächtnis aber die Errichtung von Identität durch Redundanz bedeutet, wird ersichtlich, warum das Werk *Soziales Vergessen* heißt: „Letztlich ist das Gedächtnis eher für den Verlust von Inhalten denn für deren Aufbewahrung zuständig, eher für das Vergessen denn für die Erinnerung. Die Form des Gedächtnisses besteht nicht in der Identität der Erinnerung, sondern in der Differenz Erinnern/ Vergessen." Damit ist das Gedächtnis erstens theoriekonsistent als eine *Operati-*

---

11 Hier sei auf einen begrifflichen Fehler Espositos verwiesen, für die „Erinnerung [...] zugleich der Gebrauch von Gedächtnis und eine Art der Beobachtung von Gedächtnis" (Esposito 2002: 23) ist. Logisch zwingender erscheint: Erinnerung ist der Gebrauch von Gedächtnis und die Beobachtung von Semantik.

on – nämlich der *Unterscheidung von Erinnern und Vergessen* – konzipiert und zweitens erklärt, dass in einer Welt ständig neuer Zustände das Vergessen weitaus wahrscheinlicher ist als das Erinnern. Somit erscheint es aus dieser Perspektive sinnvoll, wenn Esposito im weiteren Verlauf ihrer Ausführungen darum bemüht ist, die von Niklas Luhmann im vierbändigen Werk *Gesellschaftsstruktur und Semantik* (grundlegend vgl. Luhmann 1993) heraus gearbeiteten gesellschaftstheoretischen Konstellationen mit entsprechenden Formen des Gedächtnisses zu korrelieren.[12] Im Ergebnis kommt Esposito dabei zur Charakterisierung früher Hochkulturen im Stadium zwischen segmentierter und stratifizierter Gesellschaft unter der Leitmetapher des Gedächtnisses als Wachstafel, der Antike und des Mittelalters als Zwischenstufe von stratifizierten und funktional differenzierten Gesellschaften unter der Leitmetapher des *Speichers*, und die moderne, funktional differenzierte Gesellschaft sei durch ein Gedächtnis als *Spiegel* gekennzeichnet. Schließlich wird die zukünftig zu erwartende Gesellschaft im Zuge der Ausweitung von Telematik mit dem Bild des Gedächtnisses als *Netz* gekoppelt. Weder die einzelnen Konzeptionen noch die sich daraus ergebende Debatte (vgl. Holl 2003; Zierold 2006) können hier rekonstruiert werden. Wirkungsgeschichtlich bedeutsam ist das Werk Espositos, weil im von Jan Assmann verfassten Nachwort Stärken und Schwächen beider Zugänge zum kulturellen Gedächtnis deutlich werden. Grundlegend hält Jan Assmann den Ansatz Espositos für fruchtbar: „Der Gedächtnisbegriff, den Elena Esposito vom Aspekt des Vergessens her entwickelt, stimmt mit dem Gedächtnisbegriff der Kulturwissenschaften darin überein, dass er die Frage nach den Medien der Speicherung, Kommunikation, Verbreitung und Erschließung in den Mittelpunkt stellt. (Assmann 2002b: 414) Wenn es allerdings um die Korrelation des jeweiligen neuen Form von Verbreitungsmedien mit einer jeweiligen Epochenschwelle in der semantischen Struktur geht, ist Jan Assmann pointiert in der Lage, die Argumente Espositos in Frage zu stellen: Beispielsweise verortet Esposito den Übergang vom „divinatorischen" Gedächtnismodell der *Wachstafel* (vgl. Esposito 2002: 44-97) zum rhetorischen mit seinen Mnemotechniken des *Speichers* (vgl. Esposito 2002: 98-182) im antiken Griechenland, weil dort die mediale Voraussetzung der Alphabetschrift und die sozialstrukturelle Bedingung eines Geburtsadels erfüllt gewesen sei. Diese Verknüpfung ist im Sinne ihrer Theorie folgerichtig konstruiert – aber kann von Jan Assmann gezielt widerlegt werden, weil er erstens andere Alphabetschriften des Orients sowie andere Bildschriften (z.B. in China) ohne die gleichen Entwicklungen anzuführen im Stande ist und zweitens als Gräzist pointiert darauf hinweist, dass die spezifisch sozialstrukturelle Spannung der griechischen Gesellschaftssemantik eher durch die Demokratie als den

---

12 Davor und dabei erarbeitete weitere Komplexitätsgrade der Gedächtnistheorie Espositos sollen hier vernachlässigt werden, da sie nicht Thema der Einführung sind.

Adel gekennzeichnet gewesen sei. An anderer Stelle hält Esposito den Übergang von der Handschriftlichkeit zum Buchdruck für den entscheidenden Schritt beim Aufbruch in die funktional differenzierte Gesellschaft. Dafür sammelt Esposito aber Kennzeichen, für die Jan Assmann nicht nur theoretisch, sondern ausführlich am empirischen Fall Ägyptens gezeigt hat, dass sie bereits beim Übergang von der Mündlichkeit zur Schriftlichkeit erkennbar werden. Die Etablierung des Buchdrucks zwischen dem 15. und 17. Jahrhundert stellt somit fraglos einen Sprung in der Verbreitung, jedoch *keinen qualitativen* Schritt in der semantischen Grundstruktur dar.

Was sich in diesen Argumentationen zeigt, ist die Überlegenheit einer archäologischen Herangehensweise an die kulturhistorischen Fragestellungen des Gedächtnisses. Jan Assmann kann in Kenntnis seiner detailreichen Studien zugestimmt werden, wenn er feststellt, dass mit der Pointierung des Vergessens in der Theorie Espositos „die komplexe, widerständige und kontrapräsentische Struktur des kulturellen Archivs, in dem eben auch gerade das Nicht-Gebrauchte, das in der jeweils vorherrschenden kulturellen Semantik nicht Unterzubringende erhalten bleibt und jederzeit wieder in den Vordergrund treten kann, systematisch ausgeblendet" (Assmann 2002b: 414) wird. Allerdings enthält das Nachwort Assmanns auch eine große Auslassung: Worüber er kein Wort verliert, ist die oben referierte theoretische Grundkonzeption Espositos. Und diese hat – unabhängig von ihren nachgeschalteten kulturhistorischen Darstellungen – einige Schärfungen zu bieten, die erhebliche Schwächen der Konzeption des kulturellen Gedächtnisses aufzuheben im Stande sind: Zunächst einmal ist die konstruktivistische Herangehensweise wegen ihrer sorgfältigen Trennung unterschiedlicher Fachdisziplinen zu bevorzugen. Interdisziplinarität kann nicht darin bestehen, dass Theoreme anderer Fachwissenschaften auf dem Wege der metaphorischen Übertragung Eingang in völlig fremde Konzepte finden (vgl. Zierold 2006: 88-91). Zum zweiten hat der systemtheoretische Zugang eine erstaunlich einfache Lösung für die kulturwissenschaftliche Konfusion von „Geschichte und/oder/als Gedächtnis" (Erll 2005: 41 f.) zu bieten, weil auf den ersten Blick klar wird, dass es sich bei der Geschichtswissenschaft um eine Beobachtung zweiter Ordnung handelt, in der die Sach-, Sozial- und Zeitbezüge eines vergangenen Ereignisses systematisch rekonstruiert werden, während es sich bei Gedächtnisgeschichte um die reflexive Selbstthematisierung innerhalb einer gesellschaftlichen Semantik handelt. Konfusion entsteht allein, weil auch diese reflexive Selbstthematisierung wissenschaftlich systematisiert erneut beobachtet werden kann. Dies ist keineswegs ungewöhnlich, sondern lediglich eine komplexe Errungenschaft gegenwärtiger Wissenschaft: Auch die Neurobiologie systematisiert als Beobachtung zweiter Ordnung die Erkenntnisse über Vorgänge im menschlichen Gehirn und stellt Hypothesen über Bewusstsein und Erinnerung auf. Diese Er-

3 Wirkungsgeschichtliche Dimensionen des Werks

gebnisse werden in der gesellschaftlichen Semantik als Fragen an den freien Willen als reflexive Selbstthematisierung virulent, was wiederum wissenschaftlich (dann eher soziologisch, vgl. Ahrens 2008) systematisiert werden kann – und deshalb noch lange nicht mit neurobiologischer Fachwissenschaft zu verwechseln ist. Und drittens – dies erkennt Jan Assmann implizit an (vgl. Assmann 2002b: 401) – löst der systemtheoretische Zugang den in der Thematisierung von kollektiven Identitäten immer wieder anklingenden leidigen Verdacht überindividueller Wesenheiten schlichtweg auf.

Somit kann in der Bilanz festgehalten werden, dass die detailgetreue Vorgehensweise am kulturellen Material eine unersetzliche Forschungspraxis darstellt, in der Jan Assmann zurecht als einer der Begründer gilt. Andererseits kann die Heranziehung konstruktivistischer Theorien zur strukturellen Klärung innerhalb dieser Forschungslandschaft wesentlich beitragen. Jan Assmann ist daher zuzustimmen, wenn er prognostiziert, dass mit dem Werk Espositos „eine Diskussion eröffnet [ist, JüS], die beide Seiten erheblich fördern und bereichern wird." (Assmann, Jan 2002b: 401)

Aber auch für die Eingangsfrage Jan Assmanns bezüglich der fundamentalen Wandlung gesellschaftlicher Erinnerung, für die Aleida Assmann zwischenzeitlich sogar die Rede von einer „Krise des kulturellen Gedächtnisses" (Assmann, Aleida 1999: 408) geprägt hat, liefert eine Betrachtung aus der theoretischen Perspektive funktionaler Differenzierung von Gesellschaftlichkeit eine Lösungsmatrix an. Die Befürchtung Assmanns beruht auf der Annahme, dass kulturelles Gedächtnis als ausgelagerter Wissensspeicher der Gesellschaft durch die telematischen Entwicklungen neuerer Kommunikationstechnologien in Bedrängnis gerät: „Die neuen Datenträger erlauben durch immer schnellere Sortier- und Suchverfahren eine immer effizientere Verwaltung der Daten, doch geht die Haltbarkeit der Datenträger gleichzeitig dramatisch zurück. [...] Angesichts dieser Entwicklung der Speichertechnologie erscheinen anthropomorphe Kategorien wie Erinnern und Vergessen immer mehr als unangemessen."[13] (Assmann, Aleida 1999: 410) In die Begriffe Jan Assmanns übersetzt ist also die konnektive Struktur der Gesellschaft gefährdet, weil ein überbordender, technisch verwalteter Präsentismus zusehends verhindert, dass gesellschaftlicher Sinn in Orientierung bietender Außeralltäglichkeit der Kultur hergestellt werden kann. Doch hierbei sei an eine Grundannahme des theoretischen Konstruktivismus im Sinne Espositos erinnert, wonach das kulturelle Gedächtnis nicht in der materialen Beschaffenheit seiner Medien verankert ist, sondern in der Qualität des kommunikativen Abgleichs von Systemzuständen: So haben die Studien Jan Assmanns

---

13 Die fragwürdige Herkunft der technologischen Prognose nicht ausreichender Haltbarkeit der Datenträger sowie die theorie-immanente Unterstellung, Erinnern und Vergessen seien anthropomorph sollen hier die Diskussion des Arguments nicht blockieren.

selbst gezeigt, dass einerseits gerade die universale Konzeption eines ägyptischen Kosmos, in dem eine widerständige Subjektivität nicht einmal gedacht werden konnte, dennoch allmählich zur Herausbildung sekundärer Religionen als Formen einer *systematischen Kritik* der Ist-Zustände geführt haben. Andererseits haben – wie Jan Assmann selbst in seinem Nachwort zu Esposito kritisch anmerkt (vgl. Assmann, Jan 2002b: 409) – qualitative Optionen von Medien nicht automatisch zu ihrer ungehemmten Verbreitung geführt. Hierfür ist vielmehr eine geeignete gesellschaftliche Semantik erforderlich. Es sind die Studien der *Archäologie der literarischen Kommunikation* selbst, die „die beiden Fragestellungen nach ihrer medialen Produktion von Sinnüberschuss und ihrer formalen Reduktion von Sinnüberschuss bereits recht trennscharf ermöglichen" (Baecker 2007: 8), wie es Dirk Baecker anhand eigener Studien formuliert hat. Damit soll nicht gesagt sein, dass sich ein verträgliches Gleichgewicht zwischen einer Gesellschaftsstruktur und ihrer Kulturform automatisch herstellt. Allerdings gibt es auch keine Präjudizierung des Ausgangs, und zur wissenschaftlichen Bearbeitung des Problems finden sich in den Werken Jan Assmanns zahlreiche gewinnbringende Grundlagen.

Literatur

Primärliteratur

Assmann, Jan (1975): Ägyptische Hymnen und Gebete. Zürich: Artemis.
Assmann, Jan (1984): Ägypten. Theologie und Frömmigkeit einer frühen Hochkultur. Stuttgart: Kohlhammer.
Assmann, Jan (1993): Die Katastrophe des Vergessens. Das Deuteronomium als Paradigma kultureller Mnemotechnik. In: Assmann, Aleida/ Harth, Dietrich (Hrsg.): Mnemosyne. Formen und Funktionen der kulturellen Erinnerung. Frankfurt am Main: Fischer [zuerst: 1991], S. 337-355.
Assmann, Jan (1997): Moses the Egyptian. The Memory of Egypt in Western Monotheism. Cambridge/Massachusetts: Harvard University Press [deutsch in überarbeiteter Fassung: Assmann, Jan 2007a].
Assmann, Jan (2000): Weisheit und Mysterium. Das Bild der Griechen von Ägypten. München: Beck.
Assmann, Jan (2002a): Herrschaft und Heil. Politische Theologie in Altägypten, Israel und Europa. Frankfurt am Main: Fischer [zuerst: 2000 München: Hanser].
Assmann, Jan (2002b): Nachwort. In: Esposito, Elena (2002): Soziales Vergessen. Formen und Medien des Gedächtnisses der Gesellschaft. Frankfurt: Suhrkamp, S. 400-414.
Assmann, Jan (2003a): Stein und Zeit. Mensch und Gesellschaft im alten Ägypten. München: Wilhelm Fink [zuerst: 1991].
Assmann, Jan (2003b): Tod und Jenseits im Alten Ägypten. München: Beck [zuerst: 2001].
Assmann, Jan (2003c): Die mosaische Unterscheidung oder Der Preis des Monotheismus. München: Hanser 2003.
Assmann, Jan (2005a): Das kulturelle Gedächtnis. Schrift, Erinnerung und politische Identität in frühen Hochkulturen. München: Beck [zuerst: 1992].
Assmann, Jan (2005b): Ägypten. Eine Sinngeschichte. Frankfurt am Main: Fischer [zuerst: 1996 München: Hanser].
Assmann, Jan (2006a): Ma'at. Gerechtigkeit und Unsterblichkeit im Alten Ägypten. München: Beck [zuerst: 1990].
Assmann, Jan (2006b): Thomas Mann und Ägypten. Mythos und Monotheismus in den Josephsromanen. München: Beck.
Assmann, Jan (2007a): Moses der Ägypter. Entzifferung einer Gedächtnisspur. Frankfurt am Main: Fischer [zuerst: 1998 München: Hanser].
Assmann, Jan (2007b): Religion und kulturelles Gedächtnis. Zehn Studien. München: Beck [zuerst: 2000].
Assmann, Jan (2007c): Monotheismus und die Sprache der Gewalt. Wien: Picus [zuerst: 2006].

Assmann, Jan (2007d): Religio duplex. Zur europäischen Rezeption der ägyptischen Religion. In: Simm, Hans-Joachim (Hrsg.): Die Religionen der Welt. Ein Almanach zur Eröffnung des Verlags der Weltreligionen. Frankfurt am Main: Verlag der Weltreligionen, S. 350-353.
Assmann, Jan (2008): Die Zauberflöte. Oper und Mysterium. Frankfurt am Main: Fischer [zuerst: 2005 München: Hanser].
Assmann, Jan/ Assmann, Aleida (1990): Kultur und Konflikt. Aspekte einer Theorie des unkommunikativen Handelns. In: Assmann, Jan (Hrsg.): Kultur und Konflikt. Frankfurt: Suhrkamp, S. 11-48.
Assmann, Jan/ Assmann, Aleida (Hrsg., 1987): Kanon und Zensur. Archäologie der literarischen Kommunikation II. München: Wilhelm Fink.
Assmann, Jan/ Hölscher, Tonio (Hrsg., 1988): Kultur und Gedächtnis. Frankfurt am Main: Suhrkamp.
Assmann, Jan/ Kucharek, Andrea (2008): Ägyptische Religion. Totenliteratur. Frankfurt am Main: Verlag der Weltreligionen.
Assmann, Jan/ Müller, Klaus E. (Hrsg., 2005): Der Ursprung der Geschichte. Stuttgart: Klett-Cotta.
http://spiegelkritik.de/2007/01/05/offener-leserbrief-assmann-distanziert-sich/ [Ungedruckter offener Leserbrief Jan Assmanns, Zugriff am 26. August 2010]

Sekundärliteratur

Adorno, Theodor W. (2003): Zu Subjekt und Objekt. In: Ders., Kulturkritik und Gesellschaft II. Eingriffe. Stichworte. Anhang. (Gesammelte Schriften 10.2) Frankfurt: Suhrkamp, S. 741-758.
Ahrens, Jörn (2008): Frühembryonale Menschen? Kulturanthropologische und ethische Effekte der Biowissenschften. Paderborn: Fink.
Albert, Hans (1990): Methodologischer Individualismus und historische Analyse. In: Acham, Karl/ Schulze, Winfried: Teil und Ganzes. Zum Verhältnis von Einzel- und Gesamtanalyse in Geschichts- und Sozialwissenschaften. München: DTV 1990, S. 219-239.
Arendt, Hannah (1996): Elemente und Ursprünge totaler Herrschaft. Antisemitismus, Imperialismus, totale Herrschaft. München: Piper.
Armstrong, John (1994): Nations before nationalism. In: Hutchinson, John/ Smith, Anthony D.: Nationalism. Oxford/ New York: Oxford University Press, S. 140-147.
Assmann, Aleida (1999): Erinnerungsräume. Formen und Wandlungen des kulturellen Gedächtnisses. München: Beck.
Assmann, Aleida (2006): Der lange Schatten der Vergangenheit. Erinnerungskultur und Geschichtspolitik. München: Beck.
Augstein, Rudolf/ Bracher, Karl Dietrich/ Broszat, Martin (Hrsg., 1997): Historikerstreit. Die Dokumentation der Kontroverse. München: Piper.
Baecker, Dirk (2007): Studien zur nächsten Gesellschaft. Frankfurt: Suhrkamp.

Literatur

Beck, Ulrich (2008): Der eigene Gott. Friedensfähigkeit und Gewaltpotenzial der Religionen. Frankfurt: Verlag der Weltreligionen.
Benjamin, Walter (1977): Illuminationen. Ausgewählte Schriften 1. Frankfurt: Suhrkamp.
Blumenberg, Hans (2006): Arbeit am Mythos. Frankfurt: Suhrkamp.
Breasted, James Henry (1909): A History of Egypt. London: Hodder & Stoughton.
Castoriadis, Cornelius (1990): Gesellschaft als imaginäre Institution. Entwurf einer politischen Philosophie. Frankfurt: Suhrkamp.
Cullen, Michael S. (1999): Das Holocaust-Mahnmal. Dokumentation einer Debatte. Zürich: Pendo Verlag.
Der Spiegel 52/2006 vom 22. Dezember 2006.
Diner, Dan (1988): Zivilisationsbruch. Denken nach Auschwitz. Frankfurt: Fischer.
Dubiel, Helmut (1999): Niemand ist frei von der Geschichte. Die nationalsozialistische Herrschaft in den Debatten des Deutschen Bundestags. München/ Wien: Carl Hanser.
Ehalt, Hubertus Christian (2007): Gewalt in der Sprache und in der Tat und die kulturelle Aufgabe ihrer Zurückdrängung. In: Assmann, Jan (2007c): Monotheismus und die Sprache der Gewalt. Wien: Picus, S. 11-16.
Eisenstadt, Shmuel (1987, Hrsg.): Kulturen der Achsenzeit. Ihre Ursprünge, ihre Vielfalt. Band 1: Griechenland, Israel, Mesopotamien. Band 2: Spätantike, Indien, China, Islam. Frankfurt: Suhrkamp.
Eisenstadt, Shmuel (1992, Hrsg.): Kulturen der Achsenzeit. Ihre institutionelle und kulturelle Dynamik. Band 1: Japan, China. Band 2: Indien. Band 3: Buddhismus, Islam, Altägypten, westliche Kultur. Frankfurt: Suhrkamp.
Erdheim, Mario (1995): Zur Lektüre von Freuds Totem und Tabu. In: Freud, Sigmund: Totem und Tabu. Frankfurt: Fischer, S. 7-42.
Erll, Astrid (2005): Kollektives Gedächtnis und Erinnerungskulturen. Stuttgart: Metzler.
Esposito, Elena (2002): Soziales Vergessen. Formen und Medien des Gedächtnisses der Gesellschaft. Frankfurt: Suhrkamp.
Foucault, Michel (1981): Archäologie des Wissens. Frankfurt: Suhrkamp.
Freud, Sigmund (1991): Totem und Tabu. Frankfurt: Fischer.
Freud, Sigmund (1992): Die Verdrängung. In: Ders.: Das Ich und das Es. Metapsychologische Schriften. Frankfurt: Fischer. S. 103-116.
Freud, Sigmund (1996): Vorlesungen zur Einführung in die Psychoanalyse. Frankfurt: Fischer.
Freud, Sigmund (2006): Der Mann Moses und die monotheistische Religion. Schriften über die Religion. Frankfurt: Fischer.
Füllsack, Manfred (2010): Die Habermas-Luhmann-Debatte. In: Stephan Moebius/ Georg Kneer (Hg.): Soziologische Kontroversen. Beiträge zu einer anderen Wissenschaft vom Sozialen, Berlin: Suhrkamp stw, S. 154-181.
Funkenstein, Amos (1993): Perceptions of Jewish History. Berkeley/ Los Angeles: University of California Press.
Giesen, Bernhard (1999): Kollektive Identität. Die Intellektuellen und die Nation 2. Frankfurt: Suhrkamp.
Goldhagen, Daniel Jonah (1996): Hitlers willige Vollstrecker. Ganz gewöhnliche Deutsche und der Holocaust. Berlin: Siedler.

Habermas, Jürgen (1974): Können komplexe Gesellschaften eine vernünftige Identität ausbilden? In: Habermas, Jürgen/ Henrich, Dieter (1974): Zwei Reden. Aus Anlass des Hegel-Preises, S. 23-84.
Halbwachs, Maurice (2001): Kollektive Psychologie. Konstanz: UVK.
Halbwachs, Maurice (2003): Stätten der Verkündigung im Heiligen Land. Eine Studie zum kollektiven Gedächtnis. Konstanz: UVK.
Halbwachs, Maurice (2003): Stätten der Verkündigung im Heiligen Land. Konstanz: UVK.
Holl, Mirjam-Kerstin (2003): Semantik und soziales Gedächtnis. Die Systemtheorie von Niklas Luhmann und die Gedächtnistheorie von Aleida und Jan Assmann. Würzburg: Königshausen und Neumann.
Hornung, Erik (2000): Echnaton. Die Religion des Lichts. Düsseldorf/ Zürich: Artemis und Winkler.
Hornung, Erik (2008a): Einführung in die Ägyptologie. Stand – Methoden – Aufgaben. Darmstadt: Wissenschaftliche Buchgesellschaft.
Hornung, Erik (2008b): Grundzüge der ägyptischen Geschichte. Darmstadt: Wissenschaftliche Buchgesellschaft.
Jaspers, Karl (1983): Vom Ursprung und Ziel der Geschichte. München: Piper.
Kaiser, Gerhard (2003): War der Exodus der Sündenfall? In: Assmann, Jan: Die mosaische Unterscheidung oder Der Preis des Monotheismus. München: Hanser, S. 239-271.
Kelsen, Hans (1982): Vergeltung und Kausalität. Wien: Böhlau.
Kemp, Barry J. (2007): Ancient Egypt. Anatomy of a Civilization. London/ New York: Routledge.
Kepel, Gilles (2004): Das Schwarzbuch des Dschihad. Aufstieg und Niedergang des Islamismus. München: Piper.
Koch, Klaus (2003): Monotheismus als Sündenbock? In: Assmann, Jan: Die mosaische Unterscheidung oder Der Preis des Monotheismus. München: Hanser, S. 221-238.
Kuschel, Karl Josef (2003): Moses, monotheismus und die Kultur der Moderne. In: Assmann, Jan: Die mosaische Unterscheidung oder Der Preis des Monotheismus. München: Hanser, S. 273-286.
Langenohl, Andreas (2007): Tradition und Gesellschaftskritik. Eine Rekonstruktion der Modernisierungstheorie. Frankfurt/ New York: Campus.
Lepsius, M. Rainer (1989): Das Erbe des Nationalsozialismus und die politische Kultur der Nachfolgestaaten des Großdeutschen Reiches, in: Kultur und Gesellschaft, Verhandlungen des 24. Deutschen Soziologentags, des 11. Österreichischen Soziologentags und des 8. Kongresses der Schweizerischen Gesellschaft für Soziologie in Zürich 1988, herausgegeben von Max Haller, Hans-Joachim Hoffmann-Nowotny und Wolfgang Zapf, Campus Verlag, Frankfurt/ New York, S.229-245.
Lévi-Strauss, Claude (1973): Das wilde Denken. Frankfurt: Suhrkamp.
Lévi-Strauss, Claude (1981): Die elementaren Strukturen der Verwandtschaft. Frankfurt: Suhrkamp.
Lévinas, Emmanuel (1987): Die Spur des Anderen. Untersuchungen zur Phänomenologie und Sozialphilosophie. Freiburg/ München: Verlag Karl Alber.

Loprieno, Antonio (1996, Hrsg.): Ancient Egyptian literature. History and Forms. Leiden: E. J. Brill.
Luhmann, Niklas (1972): Sinn als Grundbegriff der Soziologie. In: Habermas, Jürgen/ Luhmann, Niklas: Theorie der Gesellschaft oder Sozialtechnologie – Was leistet die Systemforschung? Frankfurt: Suhrkamp 1972, S. 25-100.
Luhmann, Niklas (1981): Kommunikation mit Zettelkästen. Ein Erfahrungsbericht. In: Baier, Horst/ Kepplinger, Hans Mathias/ Reumann, Kurt (Hrsg.): Öffentliche Meinung und sozialer Wandel. Opladen: Westdeutscher Verlag, S. 222-228.
Luhmann, Niklas (1993): Gesellschaftliche Struktur und semantische Tradition. In: Derselbe: Gesellschaftsstruktur und Semantik. Studien zur Wissenssoziologie der Gesellschaft Band 1. Frankfurt: Suhrkamp, S. 9-71.
Luhmann, Niklas (1998): Die Gesellschaft der Gesellschaft. Zwei Teilbände. Frankfurt: Suhrkamp.
Luhmann, Niklas (1999): Funktionen und Folgen formaler Organisation. Berlin: Dunker und Humblot.
Luhmann, Niklas (2009a): Temporalstrukturen des Handlungssystems. In: Ders., Soziologische Aufklärung 3. Wiesbaden: VS Verlag, S. 143-171.
Luhmann, Niklas (2009b): Identität – was oder wie? In: Ders., Soziologische Aufklärung 5. Wiesbaden: VS Verlag, S. 15-30.
Mann, Thomas (1954): Joseph und seine Brüder. Berlin (Ost): Aufbau Verlag.
Mann, Thomas (1978): Freud und die Zukunft. In: Mann, Thomas: Essays Band 3. Schriften über Musik und Philosophie. Frankfurt: Fischer, S. 173-192.
Märthesheimer, Peter/ Frenzel, Ivo (Hrsg., 1979): Der Fernsehfilm Holocaust. Eine Nation ist betroffen. Frankfurt: Fischer Taschenbuch Verlag.
Mauss, Marcel (1990): Die Gabe. Form und Funktion des Austauschs in archaischen Gesellschaften. Frankfurt: Suhrkamp.
Moebius, Stephan (2006, Hrsg.): Gift – Marcel Mauss Kulturtheorie der Gabe. Wiesbaden: VS Verlag.
Moebius, Stephan/ Reckwitz, Andreas (Hrsg., 2008): Poststrukturalistische Sozialwissenschaften. Frankfurt: Suhrkamp.
Niethammer, Lutz (2000). Kollektive Identität. Heimliche Quellen einer unheimlichen Konjunktur. Reinbek bei Hamburg: Rowohlt Taschenbuch Verlag.
Nietzsche, Friedrich (1999): Genealogie der Moral. In: Friedrich Nietzsche. Kritische Studienausgabe 5. Hrsg. Giorgio Colli/ Mazzino Montinari. München: dtv, S. 245-412.
Orwell, George (1977): 1984. New York: Signet Classics [zuerst 1950].
Rendtorff, Rolf (2003): Ägypten und die Mosaische Unterscheidung. In: Assmann, Jan: Die mosaische Unterscheidung oder Der Preis des Monotheismus. München: Hanser, S. 193-220.
Ruthven, Malise (2000): Der Islam. Eine kurze Einführung. Stuttgart: Reclam.
Sahlins, Marshall D. (1972): Stone Age Economics. New York: de Gruyter.
Schirrmacher, Frank (2000): Die Walser-Bubis-Debatte. Eine Dokumentation. Frankfurt: Suhrkamp.
Schlögl, Hermann A. (2006): Das Alte Ägypten. Geschichte und Kultur von der Frühzeit bis zu Kleopatra. München: Beck.

Schoeps, Julius H. (Hrsg., 1996): Ein Volk von Mördern? Die Dokumnetation zur Gooldhagen-Kontroverse um die Rolle der Deutschen im Holocaust. Hamburg: Hoffmann und Campe.

Schwan, Gesine (1997): Politik und Schuld. Die zerstörende Macht des Schweigens. Frankfurt: Fischer.

Schwarz, Anja (2008): Beached: A Postcolonial Reading of the Australian Shore (Dissertation Fachbereich Philosophie und Geisteswissenschaften FU Berlin, im Erscheinen).

Semprun, Jorge (1995): Schreiben oder Leben. Frankfurt: Suhrkamp.

Smith, Anthony D. (1994): The Origin of Nations. In: Hutchinson, John/ Smith, Anthony D.: Nationalism. Oxford/ New York: Oxford University Press, S. 147-154.

Spencer-Brown, George (2009): Laws of Form. Leipzig: Bohmeier.

Taylor, Charles (2002): Modern Social Imaginaries. In: Public Culture 14 (1), S. 91-124.

Vansina, Jan (1985): Oral Tradition as History, Madison: University of Wisconsin Press.

Walser, Martin (1998): Erfahrungen beim Verfassen einer Sonntagsrede. Frankfurt: Suhrkamp.

White, Hayden (1973): Metahistory. The Historical Imagination in Nineteenth-Century Europe. Baltimore/ London: The John Hopkins University Press.

Zenger, Erich (2003): Was ist der Preis des Monotheismus? In: Assmann, Jan: Die mosaische Unterscheidung oder Der Preis des Monotheismus. München: Hanser, S. 209-220.

Zierold, Martin (2006): Gesellschaftliche Erinnerung. Eine medienkulturwissenschaftliche Perspektive. Berlin: de Gruyter.

MIX
Papier aus verantwortungsvollen Quellen
Paper from responsible sources
FSC® C105338

If you have any concerns about our products,
you can contact us on
ProductSafety@springernature.com

In case Publisher is established outside the EU,
the EU authorized representative is:
**Springer Nature Customer Service Center GmbH
Europaplatz 3, 69115 Heidelberg, Germany**

Printed by Libri Plureos GmbH
in Hamburg, Germany